Ideenbuch Kinderfeste
© 2013 Wehrfritz GmbH, Jako-o GmbH
Alle Rechte vorbehalten.

Konzeption und Texte: Karin Kinder
Illustrationen: Karin Kinder, Nadine Romankiewicz
Spiel- und Bastelideen: Karin Kinder, Elke Sauer, Nadine Romankiewicz
Lieder, Theaterstücke und Kinderreime: © **kakiphonie** Karin Kinder, 96486 Lautertal
Grafische Gestaltung: Nadine Bösemüller
Lektorat: Christine Diezel
Fotografie: Fotostudio Hummel, Steinach; Fotostudio Habermaaß GmbH, Bad Rodach
Druck: Interak SP. z o.o, Polen

Bestell-Nr.: 070383
ISBN: 978-394180538-5

Die **S**achenmacher

Kinderfeste

Ein Ideenbuch mit CD-ROM von Wehrfritz und JAKO-O

Feier-Tipp:

Ein blaues Fest

Alles ist Blau – oder Gelb, Grün, Rot …

- Die Gäste erhalten blaue Einladungen und kommen in blauen Klamotten und blau geschminkt.
- Die Dekoration ist blau: Decken, Luftballons, Krepp-Papier-Girlanden …
- Es gibt blaue Mitbringsel-Tüten, blaue Luftschlangen, blaue Kerzen, blaue Pappteller und Servietten …
- Für die ausgesuchten Spiele denkt man sich neue blaue Namen aus.
- Zu Essen gibt es vielleicht „Blaue Zipfel", ein fränkisches Rezept, Blaukraut oder Blaubeerkuchen oder einfach nur Muffins mit blauer Glasur.
- Blauer Traubensaft ist das Getränk des Tages!
- Die Gäste bekommen neue Namen und heißen, Herr von Blauklaus, Frau von Blaupaula, Herr von Blauphilipp, Frau von Blaulisa usw.
- Sogar der Hund trägt ein blaues Halstuch und heißt jetzt vielleicht Wastl Blauer von Vierbein …

Die Sachenmacher

Vorwort

In diesem Buch gibt es viele erprobte Tipps und Ideen für Kinderfeste, Straßenfeste und Nachbarschaftsfeiern, für Ferienaktionen eines Vereins oder für fröhliche Nachmittage mit Freunden. Sie sollen anregen, gemeinsam weiterzuspinnen und eigene Ideen umzusetzen.

Auf Seite 8 gibt es Regenspiele, damit der Spaß – neben den Bratwürsten – nicht ins Wasser fallen muss.

Ein Schnee- und Eis-Fest (siehe CD-ROM) kann man an einem krachkalten Winternachmittag feiern.

Auf den Seiten 3 - 15 findet man allgemeine Tipps rund ums Feiern sowie „Spiele-Klassiker", die immer passen, „Beruhigende Spiele" für die aufgekratzte Rasselbande und Wissenswertes zu Bastelaktionen.

Die CD-ROM enthält Schnitte in Originalgröße, Checklisten und Rezeptkarten zum Ausdrucken, passende Lieder und Gedichte, Stücke für das Kindertheater und vieles mehr.

Wir wünschen allen Lesern ein kreatives, gelungenes Fest und fröhliche, ausgelassene, unvergessliche Stunden!

Karin Kinder
Sachenmacherin
im Juli 2013

Inhalt

Kinderfeste, die keiner vergisst!

Tipps für ein gelungenes Fest

• Zusammen spielen
Sein Leben lang wird man sich an die Feste erinnern, bei denen Alt und Jung gleichwertige Spielgefährten waren: z.B. wie Papa als Indianerhäuptling „Schießvorbei" im Kriechtunnel stecken blieb oder wie Opa als Ritter „Kuno der Furchtsame" beim Anblick des Schlossgespenstes zitterte wie Espenlaub.

• Zeit füreinander haben
Alle, auch die Großen, machen mal einen Nachmittag lang nichts anderes als miteinander fröhlich zu sein: Handy ausschalten, Stecker vom Fernseher herausziehen und für ein paar Stunden eigene Interessen zurückstellen. Dafür ist morgen wieder Zeit.

• Platz zum Spielen
Lieber mal auf die Kaffeetafel verzichten und den vorhandenen Raum ganz zum Spielen zur Verfügung stellen. Gegenstände, die kaputtgehen könnten, in ein anderes Zimmer räumen.
Den Spielplatz im Garten abseits von Rosenhecken, Gartenteichen und Staudenbeeten wählen. Wo das nicht möglich ist, kann die Spielfläche mit Wimpelketten oder rotweißen Absperrbändern (gibt's im Baumarkt) begrenzt werden.

• Beweglich sein
Auf laute und lebhafte Spiele sollte man in einem Mietshaus trotz netter Nachbarn verzichten und sie lieber draußen stattfinden lassen. Frische Luft hat noch niemand geschadet und die Nachbarn bleiben auch weiterhin nett, besonders wenn sie vorgewarnt wurden, dass es heute ein bisschen lauter sein wird als sonst. Natürlich freuen sie sich nach dem Fest über ein kleines Dankeschön fürs Lärm-Aushalten!

• Die Notfall-Apotheke
Vielleicht braucht man ja Pflaster, Mullbinden, Mittel gegen Insektenstiche, Wunddesinfektionsmittel, Kopfschmerz-Sprudeltabletten, Bullrich-Salz oder Magen-Darm-Tee gegen Bauchweh. Kühlkissen am besten schon vorher in den Kühlschrank legen. Außerdem Eiswürfel auf Vorrat vorbereiten und Zauber-Pastillen (z.B. Notfall-Bonbons) besorgen. Die helfen manchmal „sofort", besonders „wenn sie eine gute Fee gerade eben für den Patienten hingelegt hat".

Planung – Vorbereitung – Checklisten

• Planung ist alles
Alle Beteiligten können schon während der gemeinsamen Vorbereitung auf das Fest viel Spaß haben und Aufgaben verteilen, sodass jeder etwas zum Gelingen des Festes beiträgt. Da werden Ideen gesammelt, Spiele ausgedacht und die Dekoration wird gebastelt. Je länger die Vorbereitungszeit ist, desto länger kann man sich auf das Fest freuen und Stress für alle Beteiligten vermeiden. Sicher bleiben noch genug Dinge übrig, die erst in letzter Minute erledigt werden können.
Die **Checklisten** zum Ausdrucken auf der beiliegenden CD-ROM sollen bei der Planung helfen. Dort werden alle geplanten Dinge vermerkt: Zutaten für Speisen, Material für Dekorationen und Bastelaktionen, Kostüme und Spiele, Preise und Mitgebsel.
In verschiedenen Spalten kann dann abgehakt werden, was bereits vorhanden ist, was besorgt oder gekauft wer-

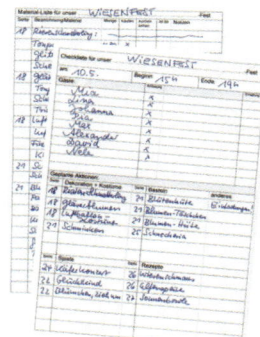

den muss, wer was wann mitbringt. In einer Spalte für Notizen werden Änderungen notiert.

• Das leibliche Wohl
Spielen macht hungrig, dennoch sollte das Essen nicht die Hauptsache sein. Lieber nette Kleinigkeiten anbieten, die zum Thema passen, als ein großes Menü servieren. Lange still sitzen will an diesem Tag sowieso keiner.

Gemeinsam kochen: Wenn alle Gäste beim Kochen helfen dürfen, schmeckt das Essen noch einmal so gut. Die Rezepte mit Geling-Garantie sollten so einfach wie möglich sein.
Das mag jeder:
- Pizza, Nudeln mit Tomatensoße, belegte Brötchen oder lustig dekorierte Brote, Muffins, Kekse, Pudding oder Wackelpudding in Schälchen, Crêpes mit Marmelade oder Waffeln mit Sahne

- Statt Cola und Limo gibt es mit Mineralwasser vermischte Fruchtsäfte oder Früchtetee. Das prickelt und schmeckt genauso gut. Wird der Tee noch warm mit Honig statt mit Zucker gesüßt, tut man auch gleich etwas für die Figur, denn Honig macht nicht dick. Im Gegenteil: Er hilft durch die vielen Fermente, die in ihm stecken, sogar beim Fett-Abbau.

Den abgekühlten Tee in leere Flaschen umfüllen und verschließen.

Zitronenlimo
Auf 1 Liter heißes Wasser 2 Zitronen auspressen, umrühren und mit Honig süßen. In Literflaschen füllen und nach dem Abkühlen in den Kühlschrank stellen.

Eiswürfel-Cocktail
Cocktails zum Selbermixen sind der Knaller auf jeder Party. Man kann sie lange und reichlich vorbereiten.
Verschiedene Fruchtsäfte oder Kompott

in Eiswürfelbehältern einfrieren, die Eiswürfel in Tüten umfüllen und beschriften. Die Eiswürfel kurz vor dem Servieren in Gläser mit Zuckerrand geben und eine Zitronenscheibe auf den Rand stecken. Jetzt noch mit Mineralwasser auffüllen, fertig!

• Kleine Geschenke

Es ist üblich, bei Geburtstagen Preise und Belohnungen für gewonnene Spiele zu verteilen. Es sollen nur Kleinigkeiten sein, die wenig oder gar nichts kosten. Man kann sie schon während des Jahres sammeln.
Für jedes Kind wird ein Tütchen vorbereitet und mit seinem Namen beschriftet. So können alle Gewinne, Preise und Süßigkeiten während des Festes gut aufbewahrt werden. Die Tütchen können passend zum Festthema gestaltet werden.

• Knallbonbons

Die kann man als Preise schon lange vor der Party basteln.
Lustige kleine Dinge oder Naschereien in Papphröhren (z.B. von Küchenkrepp) stecken und in buntes Papier (selbst bemalt oder Geschenkpapier) einwickeln. Die überstehenden Enden wie ein Bonbon zusammendrehen und mit einer Schnur

oder Schleife fest umwickeln und verknoten.
Wird an beiden Enden gleichzeitig gezogen, platzt das Papier auf und es gibt einen Knall.
Jede Papphröhre klingt anders: Große Röhren knallen lauter als kleine!

• Vekleidung

Wenn die Gäste nicht schon verkleidet kommen, sollte für den ersten Programmpunkt des Festes **„Gemeinsam Kostüme, Hüte oder Requisiten basteln"** genügend Zeit eingeplant werden.
Bastelaktion vorbereiten:
- Jeder hat ein Erfolgserlebnis, wenn einfache Sachen gebastelt werden.
- Eigene kreative Ideen, die beim Basteln entstehen, zulassen – auch wenn die Aktion dadurch länger dauert!
- Genügend Unterlagen, Scheren, Kleber sowie alte Hemden oder Schürzen bereitlegen!
- Ausreichend Material bereithalten: siehe Checklisten auf der CD-ROM.

• Hautfreundliche Schminke

1EL Penatencreme oder Rasierschaum mit ein paar Tropfen Lebensmittelfarbe vermischen.

Welche Farbe entsteht, wenn man verschiedene Farben einträufelt:
z.B. 4 Tropfen Blau und 2 Tropfen Rot oder Grün oder Gelb …? In kleinen Schraubgläsern kann die Schminke eine Weile aufbewahrt werden.
Abschminken: Mit Vaseline und Papiertüchern lässt sich alles wieder entfernen. Reste mit Wasser, Seife und Waschlappen abspülen.
- Das Gesicht vor dem Schminken eincremen.
- Die Schminke auf den feuchten Schminkschwamm reiben und flächig auf dem Gesicht verteilen.
- Zum Linienziehen Stifte oder dünne Pinsel benutzen.
- Alles mit Abschminke wieder entfernen.

• Eine Krone für das Geburtstagskind

Den Schnitt von der CD-ROM ausdrucken, auf goldenen oder gelben Fotokarton übertragen, ausschneiden und mit Buntstiften, Papierresten, Glitzerfarbe, Schmucksteinchen oder Goldstiften verzieren. Den Zuschnitt je nach Kopfumfang mit dem Klammerhefter verbinden oder zusammenkleben.

Ungeladene Wespen-Gäste

Damit Wespen nicht stechen:
- Nicht wild herumfuchteln, sondern Ruhe bewahren!
- Ein paar glänzende Kupfermünzen auf dem Tisch verteilen oder Kupfersonnen basteln, siehe S. 114.
- Mit Gewürznelken gespickte Zitronenhälften auf den Tisch stellen!
- Ersatzfutter anbieten: Ein paar Meter weiter einen Teller mit Obststückchen aufstellen.
- Keine dunkle Kleidung anziehen. Braun ist die Farbe des Feindes, des Bären! Und den greifen die Wespen an!

… und wenn es trotzdem passiert ist:
- Zwiebel- oder Zitronenscheiben auflegen.
- Den Stich mit Spucke einreiben. Die neutralisiert das Gift!
- Eiswürfel auflegen. Bei Stichen in Mund und Rachenraum Eis lutschen! Bei Stichen im Hals oder Gesicht kühlen und sofort zum Arzt gehen!
- Kalte Umschläge mit essigsaurer Tonerde oder verdünntem Teebaumöl ziehen die Haut zusammen und lindern die Schmerzen.
- Eine Kalziumtablette in Wasser auflösen und sofort trinken. Das verhindert eine allergische Reaktion.

Alte Kinderspiele auf der CD-ROM!

Miteinander spielen – nicht gegeneinander ...

Beim Spielen sollen **alle** miteinander Spaß haben. Obwohl konkurrierende Spiele sicher auch ihren Wert haben, sind sie auf dem Kinderfest oft der Spaßverderber Nr. 1, weil die Schnellen und Starken bei jedem Spiel gewinnen und die Langsamen und Schwachen logischerweise immer verlieren. Das soll aber kein Grund sein, diese Spiele aus der Planung zu streichen. Tränenreich gefrustete „Ich-will-nicht-mehr!"-Ausrufe kann man verhindern, wenn bei solchen Spielen von vornherein Mannschaften (ab 2 Spielern) gegeneinander antreten. Oft ist ein schwacher Spieler an der Seite eines starken Partners zu Leistungen fähig, die er alleine niemals erreichen würde.

Wer in welcher Mannschaft spielt, wird ausgelost. Damit es wirklich gerecht zugeht, wechseln die Spieler nach einer festgelegten Zeitspanne (Minuten, Runden, Aktionen) ihre Partner.

Gewinne

- Statt bei einem Spiel einen Preis zu gewinnen, könnte der Sieger auch Vortänzer bei der Polonaise sein dürfen.
- Der Gewinner darf einen Zettel mit einer Losnummer ziehen. Erst am Ende des Festes werden die Lose eingelöst.

Gefrustete Dauerverlierer

können ein paar Runden lang mit „wichtigeren" Aufgaben betreut werden: als Aufpasser, dass keiner schummelt, als Zeitstopper, der mit einer Stoppuhr Abläufe stoppt und aufschreibt, als Listenführer, der „endlich" mitschreiben kann, wer wie oft gewinnt ...
Bestimmt kommt die Lust zum Mitspielen sehr schnell zurück.

Erwischte Schummler

werden ermahnt, damit aufzuhören. Wiederholungstäter werden „streng" mit 1 Runde Aussetzen bestraft, damit schlechte Stimmung erst gar nicht aufkommen kann.

Quengelkindern sollte man die nötige Aufmerksamkeit schenken. Vielleicht geht es ihnen ja wirklich nicht gut und sie möchten lieber in einer ruhigen Ecke sitzen und ein Buch anschauen, als mit den anderen herumzutoben.

Auslosen oder Wer fängt an?

- Mit 2 Würfeln würfeln: Wer die höchste Zahl hat, darf anfangen.
- Ein Spieler bricht Hölzchen in verschiedene Längen und steckt sie zwischen Daumen und Zeigefinger, sodass nur noch ein Stückchen zu sehen ist. Jeder Spieler zieht ein Hölzchen heraus. Wer das kürzeste hat, fängt an.
- *Abzählverse:* Die Spieler stellen sich im Kreis auf. Einer sagt einen Abzählvers auf und zeigt bei jeder Silbe reihum auf ein anderes Kind – und natürlich auch auf sich. Der Spieler, auf den der Finger bei der letzten Silbe zeigt, tritt einen Schritt zurück. Wer am Schluss übrig bleibt, darf anfangen.
Beispiel:
„Ene mene muh und raus bist du!"
Weiter geht's:
„Raus bist du noch lange, lange nicht. Sag mir erst, wie alt du bist."
Das ausgezählte Kind sagt sein Alter. Dann wird so abgezählt:
„1, 2, 3, 4 ..."

Spiele-Klassiker – die passen immer

Apfelsinen-Rennen

Zwei Spieler klemmen eine Apfelsine zwischen ihre Stirn und transportieren sie über eine festgelegte Strecke. In diese kann man auch noch Hindernisse einbauen: z.B. über eine Bierbank steigen, um einen Baum herumlaufen oder – für die Zimmer-Variante – um einen Tisch herumlaufen, unterm Tisch durchkrabbeln usw. Wer das Ziel erreicht, ohne dass die Apfelsine heruntergefallen ist, erhält einen Preis!

Luftballon-Tanz

Dafür braucht man Musik!
Jeweils zwei Tänzer halten mit ihren Wangen einen prall aufgeblasenen Luftballon fest.
Die Paare dürfen sich gegenseitig nicht behindern!
Wer den Luftballon fallen lässt, muss ausscheiden.
Wer ein ganzes Lied lang durchhält, bekommt einen Preis.

Pantomime

Bei diesem Spiel versuchen die Spieler, etwas darzustellen, ohne etwas zu sagen. Jeder macht sich Gedanken, was er darstellen möchte.
Man kann das Spiel auch vorbereiten und viele Zettel mit Dingen beschriften, die man darstellen kann.
Das kann ein Gegenstand sein, ein Tier, ein Beruf oder eine Tätigkeit.
Geübte Pantomimen können sogar Schiffsschrauben, Gewitter, Holzschuhe oder die Neunte Sinfonie von Beethoven darstellen.
Anfänger probieren es mal mit Köchin, Holzhacker, Fensterputzer usw.

Jetzt geht es los:
Der Darsteller darf nur ein einziges Wort sagen: Beruf, Tätigkeit, Gegenstand oder Tier.
Man darf seinen ganzen Körper dazu benutzen: Arme, Beine, Hände, Füße, Gesicht – aber nicht die Stimme. Alles geht ohne Geräusche und auch ohne Hilfsgegenstände vor sich.
Die anderen schauen aufmerksam zu und

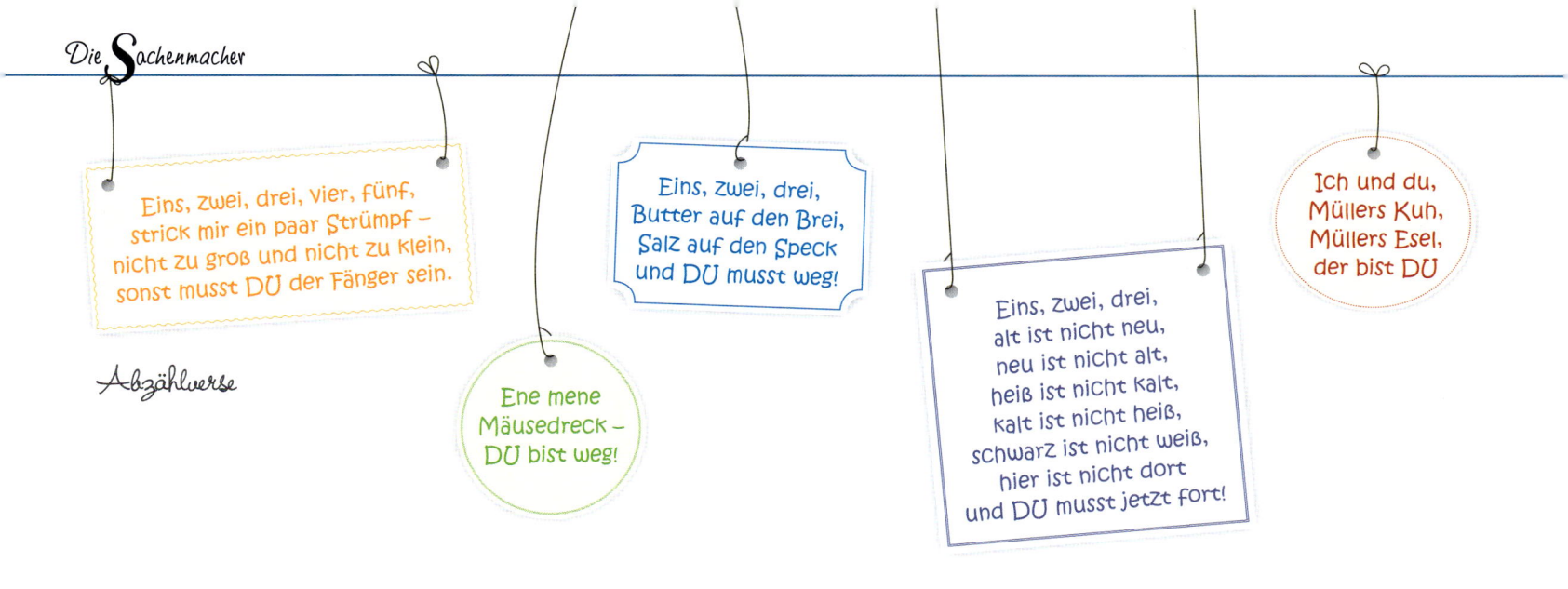

Eins, zwei, drei, vier, fünf,
strick mir ein paar Strümpf –
nicht zu groß und nicht zu klein,
sonst musst DU der Fänger sein.

Abzählverse

Ene mene
Mäusedreck –
DU bist weg!

Eins, zwei, drei,
Butter auf den Brei,
Salz auf den Speck
und DU musst weg!

Eins, zwei, drei,
alt ist nicht neu,
neu ist nicht alt,
heiß ist nicht kalt,
kalt ist nicht heiß,
schwarz ist nicht weiß,
hier ist nicht dort
und DU musst jetzt fort!

Ich und du,
Müllers Kuh,
Müllers Esel,
der bist DU

versuchen zu erraten, was dargestellt wird. Dann kommt der nächste an die Reihe.

Polonaise
Die Kinder stellen sich hintereinander auf und legen die Hände auf die Schultern des Vordermanns.

Man kann sich – je nach Festthema – auch ein Seil um den Bauch binden oder bunte Tücher in die Hände nehmen und die Reihe so verbinden.
Zu passender Musik zieht man jetzt durch den Garten oder durch das ganze Haus. Der Anführer macht vor, was alle tun sollen: in die Hocke oder rückwärts gehen, hüpfen, auf Zehenspitzen schleichen, auf einem Bein hüpfen, die Zunge herausstrecken usw.
Wer der Anführer sein darf, wird ausgelost!

Die Reise nach Jerusalem
Es werden Stühle in einer Reihe aufgestellt – einer weniger als Spieler da sind. Der Spielleiter ist für die Musik zuständig: Geht sie an, gehen alle um die Stuhlreihe herum. Hört sie auf, müssen sich alle schnell auf einen Stuhl setzen. Wer keinen Stuhl mehr erwischt hat, scheidet aus. Dann wird ein Stuhl aus der Reihe entfernt und die Musik wieder angestellt. Alle gehen um die Stuhlreihe herum … Das Spiel ist aus, wenn nur noch 1 Stuhl und 1 Spieler übrig sind.

Pfänderspiele

Wer bei einem Spiel verliert oder einen Fehler macht, muss dem Spielleiter ein persönliches Pfand geben. Die Pfänder sammelt er in einem Korb oder Beutel. Besonders bei Sprach-Spielen (z.B. Zungenbrecher), Zeigespielen (z.B. Kommando Pimperle, Alles was Federn hat, fliegt) oder bei Spiel-Liedern (Auf der Mauer, auf der Lauer, Jetzt fahr'n wir über den See) kommen viele Pfänder zusammen.

Der Spielleiter deckt den Korb mit einem Tuch ab, langt hinein, nimmt eines so in die Hand, dass es keiner sehen kann und fragt:
„Was soll das Pfand in meiner Hand? Was soll derjenige tun?"
Die Teilnehmer überlegen sich eine Aufgabe, die der Besitzer des Pfands gleich ausführen muss. Der Spielleiter achtet darauf, dass die Aufgabe weder peinlich noch schädlich ist und entscheidet als Letzter. Dann legt er das Pfand auf den Tisch. Hat der Besitzer die Aufgabe erfüllt, bekommt er sein Pfand zurück.

Aufgaben können sein:
- Ein Blatt Papier mit dem Mund aufheben.
- Auf einem Bein stehen und krähen.
- Sich mit verbundenen Augen einen Schnurrbart malen.
- Speck schneiden: Am Tisch sitzen und so tun, als ob man Speck schneidet und dabei rufen: „Ich sitze hier und schneide Speck und wer mich lieb hat, holt mich weg." Erst wenn sich einer erbarmt und den Speckschneider umarmt, gilt die Aufgabe als gelöst.
- Eine Kerze auspfeifen.
- Das ABC von hinten aufsagen.
- Einen Satz ohne S sagen.
- Einen Zeitungsartikel nach einer bekannten Melodie vorsingen.
- Einen Zungenbrecher aufsagen.
- Seinem Tischnachbarn 1 Minute lang in die Augen schauen, ohne dabei zu lachen.
- Einmal rückwärts um den Tisch herumlaufen.

Rätsel und Zungenbrecher auf der CD-ROM!

Was tun, wenn's regnet? Ein Fest, das im Freien geplant ist, muss deshalb nicht ins Wasser fallen.

So kann es trotzdem schön werden:

Ein paar lustige

REGENSPIELE

spielen und das Pfützenpflatscher-Lied (auf der CD-ROM) singen, und schon ist das Fest gerettet …

Tipp: Fichten- oder Kiefernzapfen sind gute Wetterpropheten. Sie können mit ziemlicher Sicherheit voraussagen, wie das Wetter in den nächsten Stunden sein wird.

- Bei hoher Luftfeuchtigkeit schließen sich die Schuppen, damit die Samenkerne nicht nass werden: Es wird bald regnen.
- Bei niedriger Luftfeuchtigkeit sind die Schuppen geöffnet: Das Wetter bleibt schön.

Lichter auslöschen

Das Spiel funktioniert nur, wenn es schon aufgehört hat zu regnen.

Man braucht dazu eine schöne große Pfütze und Schraubdeckel, in die man brennende Teelichte stellt. Die lässt man auf der Pfütze schwimmen und versucht mit Wasserspritzen, die Lichter auszulöschen.

Nach dem Spielen die Pfütze und die Umgebung wieder ordentlich aufräumen.

Rein in die Pfütze, raus aus der Pfütze

Das Spiel kann man nur barfuß oder mit Gummistiefeln spielen.

Einer ist der Fänger. Alle rennen durcheinander. Der Fänger muss alle anderen Spieler abschlagen.

Vor dem Abschlagen kann sich retten, wer in eine Pfütze springt und bis 30 zählt. Bei 31 hüpft man wieder aus der Pfütze und rennt weiter.

Wer abgeschlagen wurde, darf dem Fänger beim Fangen helfen!

Regenorgel

Mehrere Blechdosen an verschiedenen Stellen im Freien aufstellen und eine Weile vollregnen lassen.

Die Dosen einsammeln, nebeneinander aufbauen und mit Holzstöckchen darauf klopfen.

Jede Dose klingt anders, je nachdem, wie viel es hineingeregnet hat.

Man kann gemeinsam darauf spielen. Jeder nimmt 2 Holzstöcke oder Äste in die Hand. Einer klopft einen Rhythmus vor, die anderen müssen ihn nachklopfen.

Pfützen-Polka

Alle stellen sich – barfuß oder mit Gummistiefeln – im Kreis um eine Pfütze herum und fassen sich bei den Händen oder legen sich die Arme um die Schultern, wenn die Pfütze klein ist.

Jetzt wird gesungen, z.B. das Pfützenpflatscher-Lied, und um die Pfütze getanzt. Jeder muss seinen Nebenmann so lange schieben und drücken, bis er in die Pfütze tritt, denn dann muss er ausscheiden.Der Kreis wird immer kleiner und das Polkatanzen immer schwieriger.

Wer bis zum Schluss trocken bleibt, ist Sieger!

Das „Pfützenpflatscher-Lied" mit Noten auf der CD-ROM!

Pfützensuppe kochen

Alle stellen sich um eine Pfütze herum und jeder bläst kräftig in ein Stück Wasserschlauch, bis das Wasser anfängt zu blubbern und zu sprudeln!

Regenfänger

Jeder nimmt einen Becher in die Hand. Auf Kommando sausen alle durch den Regen, halten ihre Becher hoch und

fangen so viel Regenwasser wie möglich auf.Wenn nach ein paar Minuten der Schluss-pfiff ertönt, rennen alle ins Trockene (z.B. unter einen Sonnenschirm). Jetzt wird gemessen, wer am meisten Regen aufgefangen hat.

Was tun, wenn jetzt alle patschnass sind?

- Handtücher austeilen zum Trockenrubbeln.
- Heißes Fußbad: In die Badewanne oder kleinere Plastikwannen knöchelhoch heißes Wasser füllen und eine Handvoll Salz daruntermischen.
  In der Zwischenzeit im Sockenfundus für jeden ein paar mollige Strümpfe suchen. Das ist richtig lustig, wenn die viel zu groß sind.

Was tun, wenn allen kalt ist?

Wer hüpft am höchsten?

Wer kann springen wie ein Frosch, ein Känguru, ein Affe, ein Hase, eine Bachstelze oder gar wie ein Floh?

Es macht riesigen Spaß, das auszuprobieren. Das Hüpfen macht die Gelenke locker, die Muskeln kräftig und der Kreislauf kommt in Schwung. Das ist besonders wichtig, wenn allen kalt ist. Ein bisschen hüpfen und schon wird's wieder warm …

Man kann im Rhythmus hüpfen oder über Hindernisse springen: hoch und weit, auf einem Bein, in der Hocke und rückwärts, von einer Stufe herunter und wieder hinauf, man kann sich beim Springen drehen und die Arme dabei hoch über den Kopf strecken …

Wenn man erst mal so richtig eingehüpft ist, kann man so schnell nicht wieder damit aufhören.

Das Pfützenpflatscher-Lied

Flott: Refrain

(Noten)

Wir sind die Pfüt-zen-pflat-scher und Was-ser-lö-cher-mat-scher!
Pflitsch, pflützsch, pflatsch - der Re-gen macht pitsch-patsch.

1. - 4. Vers:

1.Seht ihr, wie in den Pfützen die Re-gen-trop-fen sprit-zen? Die
Son-ne macht am! Pau-se und nimmt 'ne Re-gen - brau-se.

*Wir sind die Pfützenpflatscher
und Wasserlöchermatscher!
Pflitsch, pflützsch, pflatsch –
der Regen macht pitsch-patsch!*

Seht ihr, wie in den Pfützen
die Regentropfen spritzen?
Die Sonne macht mal Pause
und nimmt 'ne Regenbrause.

Wir sind die Pfützenpflatscher ...

Wir ziehen Schuh und Strümpfe aus
und rennen in den Regen raus.
Wir hüpfen wie der Blitz
hinein in jede Pfütz.

Wir sind die Pfützenpflatscher ...

Heut kann's nichts Schön'res geben
als diesen nassen Regen.
Lasst uns durch Pfützen flitzen,
bis dass wir alle schwitzen.

Wir sind die Pfützenpflatscher ...

Seid ihr jetzt richtig nass
nach diesem Regenspaß?
Das hat uns richtig gutgetan.
Jetzt zieh'n wir trock'ne Sachen an.

*Wir sind die Pfützenpflatscher
und Wasserlöchermatscher!
Pflitsch, pflützsch, pflatsch –
der Regen macht pitsch-patsch!*

Text und Melodie: Karin Kinder

Regenkunst

Regen kann auch Bilder malen.
Man braucht dafür Zeichenkarton und
wasservermalbare Wachsmalkreiden,
alte Zeitungen und einen Schirm.
1. Bunte Striche und Kreise auf den
   Karton malen.
2. Unter einen Regenschirm stellen,
   Zeitungspapier vor die Füße legen, das
   Bild in die Hand nehmen und in den
   Regen halten.
3. Wenn alles schön nass ist, das Bild vorsichtig, damit nichts heruntertropft,
   wieder unter den Schirm holen und vorsichtig über dem Zeitungspapier hin
   und her schwenken, damit die Farbe
   verläuft.
4. Wenn es schön genug ist, kann man
   mit dem Schwenken aufhören und das
   Bild trocknen lassen.

Dunkelspiele

Im Dunkeln ist gut munkeln und besonders spannend ist es im Freien. Da muss
man leise sein, besonders im Wald, damit
die Tiere nicht erschrecken. Nur wer leise
ist, kann viel entdecken, wenn die Welt in
der Nacht stiller ist als am Tag: Da grunzt
ein Wildschwein, dort flattert eine Eule,
huscht die Fledermaus, piepst ein Mäus-
lein, schwirrt die Motte, ruft ein Kauz ...
Für Spiele im Dunkeln, ob drinnen oder
draußen, sollte es richtig finster sein.

Notfalls kann man Schlafbrillen aufsetzen
oder ein Tuch um die Augen binden. Wird
im Freien gespielt wird, sollte man den
Platz so wählen, dass sich keiner verletzen
oder verloren gehen kann.
Auf jeden Fall sollten mehrere Erwachsene
dabei sein. Ängstliche Kinder werden
nicht zum Mitmachen gezwungen, sondern
dürfen mit einer Stirnlampe ausgestattet
als Notbeleuchter in der Nähe der
Erwachsenen bleiben, die auch das
Kommando zum Lichtanknipsen geben,
falls es nötig ist.

Dunkelpfad

Der Pfad wird vorbereitet, wenn es noch
hell ist: Einen Weg durch den Garten oder
einen Waldweg mit Pfeilen aus Leuchtfolie
oder Geisterkreide markieren.
Wenn es ganz dunkel ist, seilen sich alle
mit einem langen Wäscheseil aneinander.
Der Mutigste geht voran.
Einer hat eine Taschenlampe dabei für
den Fall, dass man den Weg nicht finden
kann. Er knipst diese aber wirklich nur im
Notfall an.
Jetzt huscht die Seilschaft so leise und
vorsichtig wie möglich von Pfeil zu Pfeil.

Finsterball

Ein Ball wird mit Leuchtpunkten beklebt.
Jeder Spieler schreibt mit Geisterkreide
einen anderen Buchstaben oder eine
andere Zahl auf ein Stück Pappe (z.B.
Bierdeckel) und hängt sie sich mit einer
Schnur um den Hals.
Alle Spieler stellen sich im Kreis auf und
sind mucksmäuschenstill.
Der Werfer sagt einen Buchstaben oder
eine Zahl, worauf der gerufene Spieler
„HIER" antworten muss, denn in diese
Richtung wird der Ball geworfen.
Es ist gar nicht so einfach, den Finsterball
zu fangen.

Beruhigende Spiele

Teekesselchen

Zwei Spieler denken sich ein Wort aus, das zwei Bedeutungen hat: z.B. Birne – Obst und Lampe, Bank – Institut und Sitzgelegenheit, Hamburger – Essen und Person, Röhre – Rohr, Fernseher oder Backröhre …

Der Deckname für das Wort ist „Teekesselchen". Beide Spieler beschreiben abwechselnd ihr Wort mit lustigen und vieldeutigen Worten: z.B. „Mein Teekesselchen riecht lecker!" Sie dürfen immer nur eine Eigenschaft erwähnen! Wer den Begriff errät, darf sich für die nächste Runde einen Partner aussuchen und sich mit ihm ein neues Wort ausdenken.

Stille Post

Die Spieler sitzen im Kreis. Einer flüstert seinem Nebenmann eine Nachricht ins Ohr und der wieder seinem Nebenmann und so weiter, bis die Nachricht einmal im Kreis herumgegangen ist. Der letzte Spieler verkündet die Nachricht laut, woraufhin der 1. Spieler seine ursprüngliche Nachricht auch laut sagt. Der Lacherfolg ist garantiert!

Deckenschaukel

Eine Decke oder ein festes Laken auf den Boden legen.

Ein Kind legt sich in die Mitte, die anderen Kinder verteilen sich um die Decke und fassen die Ränder mit beiden Händen, heben sie gleichzeitig vorsichtig hoch und schwingen sie sanft hin und her. Dazu kann ein Vers gesprochen werden:

Flieg mit uns zum Mond,
wo noch keiner wohnt.
Doch zum Glück
kommst du wieder …
zurück!
(Die Decke wieder auf den Boden legen.)

oder

Hin und her
und auf und nieder
schwebst du durch die Zeit.
Leider musst du wieder landen –
Achtung, Achtung –
gleich ist's so weit!
(Die Decke wieder auf den Boden legen.)

Ich sehe was, was du nicht siehst

Ein Spieler sucht sich mit den Augen einen Gegenstand im Raum aus – aber so, dass keiner merkt, wo er hinschaut – und sagt: „Ich sehe was, was du nicht siehst. Die Farbe ist ROT!" Die anderen raten drauflos! Wer den Gegenstand errät, ist als Nächster dran.

Was fehlt?

10 oder mehr verschiedene Gegenstände auf einen Tisch legen. Alle schauen sich die Dinge genau an und sagen laut, wie sie heißen.

Dann wird ein Tuch darübergedeckt und wieder entfernt. Dabei wird ein Gegenstand weggenommen.

Was fehlt? Wenn der Gegenstand erraten ist, wird er wieder zu den anderen gelegt und das Spiel geht weiter.

Das innere Auge

Alle gehen durch einen Raum und schauen sich alles genau an. Nun schließen sie die Augen und stellen sich den Raum vor. Die Augen bleiben geschlossen und der Spielleiter fragt:
• Welche Farbe haben die Gardinen?
• Wie viele Stühle stehen um den Tisch?
• Was ist auf dem Bild an der Wand zu sehen?
• Wie viele Fenster gibt es? usw.
Wenn alle Fragen beantwortet sind, dürfen die Augen wieder geöffnet werden. Ehrensache, dass vorher keiner blinzelt. Nach einer Weile kann man das Spiel wiederholen und neue Fragen stellen.

Alle Mäusle geh'n ins Häusle

Alle Mäusle
geh'n ins Häusle,
's wird schon finster
und auch kalt.

Mond scheint gerne
und die Sterne
blitzen silbern
in die Welt.

Mäusle kuscheln,
manche tuscheln.
Mutter sagt:
„Nun ist mal Ruh!"

Mäusle träumen
von Käsebäumen
und Salami-
Brot dazu.

Nacht ist lange –
keine Bange.
Bald schon geht die Sonne auf.
(flüstern …)
und die Mäusle wachen auf.

Text und Melodie: Karin Kinder

Ein Lied zur Beruhigung:
Alle Kinder sitzen im Kreis und spielen den Text mit.
Beim 4. Vers legen sich alle hin und schließen die Augen.
Danach die Melodie ein paarmal summen, bevor der 5. Vers gesungen wird.
Wenn die Mäuse aufwachen, recken und dehnen sie sich, alle Kinder springen auf und schütteln sich kräftig aus.

Lieder zur Beruhigung mit Noten auf der CD-ROM!

Mäuschen macht Päuschen

Mäuschen macht Päuschen,
kriecht in sein Häuschen.
Da kommt das Hündchen,
knurrt ein Viertelstündchen,
bellt laut WAUWAU.
Mäuschen wacht auf.

Mäuschen macht Päuschen,
kriecht in sein Häuschen.
Da kommt das Kätzchen,
kratzt mit den Tätzchen,
macht laut MIAU.
Mäuschen wacht auf.

Mäuschen macht Päuschen,
kriecht in sein Häuschen.
Da kommt das Schweinchen,
trippelt mit den Beinchen,
macht laut OINKOINK.
Mäuschen wacht auf.

Mäuschen macht Päuschen,
kriecht in sein Häuschen.
Da kommt das Gäulchen,
klappert mit dem Mäulchen,
macht laut WIEHERWIEHER.
Mäuschen wacht auf.

Mäuschen macht Päuschen,
kriecht in sein Häuschen.
Da kommt das Kläuschen,
klopft an das Häuschen,
ruft laut HELAU.
Mäuschen wacht auf.

Da sagt das Mäuschen:
„Mein liebes Kläuschen,
ich mach grad Päuschen
in meinem Häuschen.
Lass mich in Ruh!",
und macht die Augen zu!

Mäuschen macht Päuschen
in seinem Häuschen.
Kläuschen passt auf.
Kätzchen macht MIAU,
Hündchen macht WAUWAU,
Schweinchen macht
OINKOINK,
Gäulchen macht WIEHER,
Kläuschen passt auf!
Laut schnarcht die Maus.

Text und Melodie: Karin Kinder

Mäuschen macht Päuschen

Mit diesem Lied kann die aufgekratzte
Meute wieder beruhigt werden.
Die Kinder sitzen im Kreis und machen
Bewegungen (Häusle, schlafen) und die
Tiergeräusche mit.
Beim letzten Vers legen sich alle hin und
schnarchen laut.

Entspannung pur

Schlafbrillen aufsetzen und mit geschlossenen Augen Türme aus Bausteinen bauen
oder Bilder malen und dabei schöne beruhigende Musik hören.

Fühlsack

Viele verschiedene Gegenstände (z.B.
Baustein, Spielauto, Stift, Stein, Radier-
gummi …) in einen Stoffbeutel füllen.
Reihum darf jeder hineingreifen und tas-
ten, was in dem Beutel ist. Der Spielleiter
nimmt die erkannten Gegenstände heraus.
Das Spiel ist aus, wenn der Sack leer ist.

Geräuschekette

Alle sitzen im Kreis.
Der erste Spieler macht ein Geräusch,
z.B. brrrmbrmm, der nächste Spieler
wiederholt das Geräusch und fügt ein weiteres dazu, z.B. tatüütatüü. Der dritte
Spieler wiederholt die beiden Geräusche
und macht wieder ein neues dazu: z.B.
brrrmbrmmtatüütatüühatschi. So geht es
weiter, bis alle dran waren. Man kann
auch mehrere Runden hintereinander spielen.
• Variante: Statt Geräuschen Wörter oder
Sätze sagen. So kann man ganze
Geschichten erfinden.

Ausklang

Kaspertheater

Auf der CD-ROM gibt
es ein paar Kasperstücke
zum Nachspielen. Lustig
ist auch, wenn man den
Spielern Anfänge vorgibt und aus
dem Stegreif weitergespielt wird: z.B.
„Die schreckliche Geschichte von Omas
Apfelkuchen und wie doch noch alles ein
gutes Ende nahm" (siehe CD-ROM).
Wichtig ist, dass das Publikum mit einbezogen wird. Das kann der Kasper
besonders gut. Der darf auch frech sein

**Kasper-
stücke
auf der
CD-ROM!**

und vorlaut. Schlimme Schimpfwörter
nimmt er allerdings nicht in den Mund,
denn er ist ja trotz aller Frechheit gut
erzogen, sonst würden die Leute ihn ja
nicht so sehr mögen.

Alle Leut geh'n jetzt nach Haus …

Mit einem stimmungsvollen Laternenumzug mit selbst gebastelten Lampions
geht das Fest zu Ende.
Wenn die Gäste nicht zu weit weg wohnen
und ihre Wohnungen zu Fuß erreichen
können, wird eine Route festgelegt und
jedem Kind bis vor die Haustüre „geleuch-
tet".
Tipp: So verbrennt man sich beim Lam-
pionkerzen-Anzünden nicht die Finger:
Eine Spaghetti-Nudel als „Streichholz"
benutzen!
Alle Leut, alle Leut geh'n jetzt nach Haus,
geh'n in ihr Kämmerlein,
lassen fünf grade sein:
Alle Leut, alle Leut geh'n jetzt nach Haus.
Dünner Mann, dicker Mann,
zünden Laternen an.
Alle Leut blasen ihr Lichtlein jetzt aus!

wissenswertes rund ums Basteln

Schnitte übertragen

Die Schnittvorlagen nach Belieben vergrößern oder in Originalgröße von der CD-ROM ausdrucken. Vorlagen ausschneiden und Schnittkanten mit dem Bleistift umfahren oder schwarzes Kohlepapier unterlegen und Konturen mit einem Kugelschreiber übertragen.

Vergrößern mit einem Raster

Vorlage rastern: Mit Lineal und Bleistift auf der Vorlage waagerechte und senkrechte Linien im 1-cm-Abstand ziehen. Je nach gewünschter Motivgröße Rasterlinien auf Papier ziehen (z.B. 3 x so groß = Linienabstand 3 cm), Schnittzeichnung Kästchen für Kästchen von der Vorlage auf den Papierschnitt übertragen.

Schnitte auf der CD-ROM

Alle Schnittvorlagen aus diesem Buch sind auch auf der beiliegenden CD-ROM, meist in Originalgröße. Sie können also bequem am Computer ausgedruckt und anschließend zusammengeklebt werden.

Außerdem gibt's auf der CD-ROM noch jede Menge Basteltipps und Informationen zu verschiedenen Basteltechniken. Also Reinklicken lohnt sich!

Kleber-Erklärung:
- Bastelkleber: Wehrfritz-Bastelkleber
- Alleskleber: Tesa-Alleskleber stark + schnell, Uhu extra
- Papierkleber: Wehrfritz-Klebestift
- Weißleim: Wehrfritz-Bastelkleber
- Holzleim: Wehrfritz-Bastelkleber, Ponal express

Kleben und Schneiden

- *Papier-Klebeband*
ist absolut wasser- und reißfest und eignet sich dadurch gut für Pappmaché-Arbeiten, die anschließend bemalt werden.

- *Krepp-Klebeband*
lässt sich leicht ablösen und ist deshalb für kurzfristiges Verbinden ideal.

- Ein preiswerter *Papierkleber* ist dünnflüssig angerührter Tapetenkleister.

- Mit *Dispersionsbastelkleber* kann man Textilien versteifen, Mörtel herstellen (z.B. mit Sand vermischen), Bücher mit Schmuckpapier einbinden und lösungsmittelfreie Farben wasserfest machen.

- *Lösungsmittelhaltige Klebstoffe*
... verbinden rasch, härten schnell aus.
... eignen sich fürs Verkleben von Materialien, die nicht saugfähig sind oder deren Oberfläche leicht „angelöst" werden muss.
... sind für Moosgummi, Glas, Leder, Terrakotta verwendbar.

- *Lösungsmittelfreie Klebstoffe (Wasserbasis)*
... trocknen langsam.
... sind für einfache Bastelarbeiten verwendbar.
... eignen sich für Papier, Filz, Holz, Stoffe, Styropor.
... verursachen auf weichem Papier manchmal Wellen.

Für verschiedene Basteltechniken gibt es verschiedene *Scheren*: Stoffscheren, Drahtscheren, Zick-Zack- und Wellenscheren, Pappscheren, Papierscheren. Stoffscheren werden stumpf, wenn sie zum Papierschneiden benutzt werden!

- *Der richtige Umgang mit dem Cutter*
Immer auf einer Arbeitsunterlage arbeiten und vom Körper wegwärts schneiden. Wird für gerade Schnitte ein Lineal als Schiene benutzt, unbedingt darauf achten, dass sich die Fingerkuppen hinter der Schnittlinie befinden. Wenn die Klinge stumpf ist, die Oberkante mit einer kleinen Zange vorsichtig abbrechen.

Garantiert BIO

- *Mehlkleister*
2 EL Mehl in ein Gefäß geben, langsam Wasser dazugießen und alles mit der Gabel kräftig verrühren, bis eine cremige Masse entstanden ist.
Dieser Kleber aus Mehl und Wasser ist Natur pur und klebt stabil Pappe, Papier, Holz und Stoff. Er eignet sich für viele Gestaltungstechniken. Eingefärbt mit Lebensmittelfarbe verleiht er Dingen aus Ton oder Modelliermasse einen glasurähnlichen, aber nicht wasserfesten Überzug. Mit Sand oder anderen Dingen vermischt kann man ihn auch als Strukturpaste auf Keilrahmen verwenden.
Man kann ihn je nach Verwendungszweck dünn oder dick anrühren. Im Schraubglas hält er sich eine ganze Weile.

- *Papierkleber: Kirschbaum-Gummi-Kleber*
Dazu braucht man Kirschbaumtränen. Das sind die weißen, gelben oder roten Harztropfen, die an verletzten Stellen der Kirschbäume austreten.

Ein Schraubglas zur Hälfte mit Wasser füllen, 2 - 3 Kirschbaumtränen hineinlegen und über Nacht stehen lassen. Bis zum nächsten Morgen hat sich alles aufgelöst und ein selbst gemachter Gummikleber für alle Papiersorten ist entstanden, der nur noch gereinigt werden muss: Die Lösung durch ein feinmaschiges Sieb filtern. Ist die Masse zu dick, kann sie mit wenig Wasser verdünnt werden.
Wer keine Kirschbaum-Tränen findet, kann stattdessen auch Perlen aus Gummi arabicum im Fachhandel für Künstler-Bedarf kaufen.

Papier

- *Tonpapier* ist farbig getöntes Papier mit einem Gewicht bis 135 g/m². Es ist vor allem geeignet, wenn Teile gefaltet oder Motive aufgeklebt werden.

- *Fotokarton* ist mit dem Gewicht von 300 g/m² stabil und dennoch nicht zu fest, sodass er sich noch gut bearbeiten lässt.

- *Tonkarton* liegt mit 220 g/m² und seinem Namen zwischen TONpapier und FotoKARTON.

- *Plakatkarton* ist noch etwas dicker als Fotokarton und wiegt 380 g/m².

- *Origamipapier* ist sehr dünn, leicht und stabil und lässt sich deshalb besonders fein falten.

- *Naturpapier* wie Elefantenhaut, Strohseide, Reis- und Bambuspapier eignet sich gut für beleuchtete Papierarbeiten. Papierkleber hält da oft nicht so gut wie Weißleim oder Bastelkleber.

- *Metallpapier und Metallkarton*
Je schöner Goldkarton glänzt, desto schwieriger ist die Kleberei. Manche Kleber lösen die Beschichtung auf. Manchmal hilft da nur doppelseitiges Klebeband, das in kleinen Stückchen auf der Klebefläche verteilt wird. Auf jeden Fall sollte man flüssigen Kleber auf Reststückchen erst einmal ausprobieren.

- *Papier falten*
Lineal an der Falzlinie anlegen, mit der Rückseite der Cutterklinge oder der

Scherenspitze die Linie nachfahren. Papier umknicken und den Falz mit dem Fingernagel oder dem Falzbein gut ausstreichen.

- *Gleichzeitig mehrere Teile ausschneiden*
Mehrere Blätter aufeinanderlegen, auf das oben liegende Blatt die Vorlage auflegen oder den Schnitt aufzeichnen und alle Papierränder außerhalb der Schnittlinien mit dem Klammerhefter zusammenfügen. Zuerst alle Innenteile ausschneiden, dann die Außenkanten. Damit beim letzten Schnitt nichts verrutscht, können die bereits ausgeschnittenen Kanten mit Büroklammern zusammengehalten werden.

- *So klebt man Transparentpapier:*
- Ränder der Öffnungen mit Papierkleber bestreichen.
- Transparentpapierstücke grob zuschneiden und aufdrücken.
- Nach dem Trocknen das Papier außerhalb der Klebelinie mit dem Cutter vorsichtig einritzen, überstehendes Papier abbrechen und abziehen.
oder
- Das Papier außerhalb der Klebelinie nach innen falten und mit der Cutterspitze entlang der Faltlinien aufschneiden. Wenn man das abzuschneidende Stück dabei festhält, geht das ganz einfach.

Farbeninfo

- *Temperafarbe* ist sehr ergiebig. Sie eignet sich für großflächiges plakatives Malen, Schablonieren und einfache Drucktechniken. Die Farbe trocknet wischfest, ist aber nicht wasserfest und hält besonders gut auf Papier, Pappe, Holz oder selbsthärtender Modelliermasse.

- *Fingerfarbe* ist eine pastöse, deckende Farbe auf Wasserbasis. Besonders gut eignet sie sich für freies Malen mit dem Pinsel oder den Fingern. Sie trocknet rasch auf Papier, Pappe oder am Fenster.

Spezielle Bitterstoffe machen die Farbe ungenießbar.

- *Acrylfarbe* ist eine leuchtende hochdeckende Kunstharzfarbe auf Wasserbasis. Man kann damit grundieren, schablonieren, Nass-in-Nass-Techniken anwenden oder reliefartig malen.
Sie haftet gut, trocknet rasch, ist wisch- und wasserfest und häufig auch witterungsbeständig. Acrylfarbe eignet sich prima für Holz, Kunststoffe, Styropor, Metall, Pappe, Papier und – mit viel Wasser verdünnt – auch als Holzlasur.

- *Bastelfarbe*
Mit diesem Begriff ist jede Farbe gemeint, die sich für allgemeine Basteltechniken eignet: z.B. Plakatfarbe, Schulmalfarbe, Deckfarbe, Bastellack, Perlmuttfarbe, Biocolor-Farbe usw.

- *Konturenfarbe*
Zum Verzieren und Beschriften von Stoff, Filz, Holz, Papier, Glas und Kunststoff eignen sich Perlenmaker, Funliner und Glitterfarbe im Linerfläschchen. Fest gewordene Farbe kann mit ein paar Tropfen Wasser wieder flüssig geschüttelt werden. Von Zeit zu Zeit sollte die Linerspitze sauber ausgewaschen werden.

- *Perlenmaker-Augen*
Zwei weiße, gleich große Perlen auftupfen und sofort blaue oder grüne Pupillen in die noch nassen Perlen tropfen.
Tipp: *Bastel-Augen auf Vorrat*
Viele große und kleine Augen auf Folie tupfen und durchtrocknen lassen. Bei Bedarf von der Folie abziehen und mit Uhu extra festkleben.

- *Glitterfarbe selber machen*
Glimmer in Papierkleber einrühren und mit dem Trichter in ein leeres Liner-Fläschchen füllen.

- *Goldkontur selber machen*
Goldfarbe (z.B. Creall metall) in Weißleim einrühren und mit dem Trichter in ein leeres Liner-Fläschchen füllen.

Gestalten mit dem Brennkolben

Mit dem Brennkolben kann man auf Holz und Leder zeichnen und schreiben.
Die Spitze wird sehr heiß. Deshalb soll das Gerät immer mit der Spitze schräg nach oben auf einem Ständer abgestellt werden. Man arbeitet immer vom Körper weg zur Seite hin und achtet darauf, dass das Kabel nicht mit der heißen Spitze in Berührung kommt. Es gibt verschiedene Einsätze zum Schreiben und Verzieren. Vor dem Wechseln der Einsätze oder wenn sich die Spitze verbiegt, muss der Kolben abkühlen und der Stecker herausgezogen werden.
Wie Konturmittel beim Stoffmalen bremsen die entstandenen Linien dünnflüssige Farbe, die sich sonst auf der Holzoberfläche ausbreiten würde. Gebranntes Holz wirkt am schönsten mit einer Lasur aus Acrylfarbe, die mit viel Wasser verdünnt ist.

Holz bemalen und lackieren

• Bemalen

Knallige Farben und klare Konturen erreicht man mit dickflüssiger Bastelfarbe, Plakatfarbe oder Acrylfarbe. Eine Farbschicht als Grundierung auftragen. Nach dem Trocknen Schmuckfarben und Details aufmalen.

Lasur:
Verdünnte Farben werden vom Holz aufgesogen und verlaufen ineinander. Die Holzmaserung ist noch sichtbar. Sogar Seidenmalfarben eignen sich als Holzlasur. Sie dringen in die Fasern ein und sind nach dem Trocknen wischfest.

• *Schutzlack*

... auf Acrylbasis macht wasserdicht.
... auf Wasserbasis genügt in der Regel, ist aber nicht frostfest.

Bootslack wird verwendet für Dinge aus Holz, die dauernd jeder Witterung aus-

gesetzt sind. Zum Verdünnen und Pinselreinigen braucht man Terpentinersatz.

Tipp: *Wasser-Lack aus der Sprühflasche*
Eine leere Glasreiniger-Flasche heiß ausspülen. Klarlack auf Wasserbasis einfüllen, mit wenig Wasser verdünnen. Deckel aufschrauben, kräftig schütteln und gleich lossprühen.

Nach dem Lackieren den Deckel mit Düse und Schlauch gleich unter fließendem Wasser durchspülen, damit sich keine Lackreste festsetzen. Den sauberen Schlauch bis zum nächsten Lackieren mit einem Gummiring außen an der Flasche befestigen.
Die Flasche wieder fest verschließen.

Grünholz schnitzen

Fast alle Holzarten kann man in frischem Zustand (Grünholz) leicht schnitzen, weil es noch im Saft steht und weich ist.
So bleibt das Holz schnitzfrisch: Frische Holzstücke in einer Plastiktüte aufbewahren! Ab und zu lüften, damit es nicht schimmelt!

Schnitzmesser
Zum Schnitzen von einfachen Dingen genügt ein Bastelmesser, Kinderschnitzmesser oder Taschenmesser.
Die Messerklingen sollten von Zeit zu Zeit mit einem Schleifstein geschärft werden: Den Schleifstein vorher ein paar Minuten ins Wasser legen. Die Klinge ein paarmal an der feuchten Kante abziehen.
Damit die Klinge nicht stumpf wird, muss sie nach dem Schnitzen immer sauber abgewischt werden.

Schnitz-Tipps

- Das Messer immer vom Körper weg bewegen.
- Die Haltehand mit einem Arbeitshandschuh und die Oberschenkel mit einem Kissen schützen.
- Abstand zu anderen Menschen oder Tieren halten!

- Abgebrochene Teile mit Holzleim wieder ankleben und bis zum Trocknen mit Krepp-Band fixieren.

Trocknen
Geschnitzte Gegenstände aus Grünholz müssen langsam trocknen, damit sie nicht reißen! Deshalb nicht in die Sonne oder auf die Heizung legen.

Nachbearbeiten
Die Oberfläche mit Schleifpapier oder einem Schleifschwamm glätten. Speiseöl, Holzwachs oder Lederfett mit einem weichen Lappen in das Holz reiben. Mehr zur Holzbearbeitung gibt es auf der CD-ROM.

Textilgestaltung

Aus Stoffen, die bemalt und mit Textilgestaltungsfolie bearbeitet werden, sollte vorher die Appretur herausgewaschen werden.

- *Filz* wird aus Woll- und Synthetikfasern unter feuchter Hitzeeinwirkung gewalkt und eignet sich zum Basteln (Schneiden, Kleben und Bemalen) sowie zum Nähen, Besticken und Applizieren.

- *Märchenwolle* ist gekämmte Wolle vor dem Filzen. Man kann damit Dinge umwickeln oder mit der Filznadel *„trockenfilzen"*: Auf einer Unterlage aus Schaumstoff wird die auseinandergezupfte Wolle in mehreren Schichten kreuz und quer übereinandergelegt. Mit der Filznadel wird so lange hineingestochen, bis die Wolle miteinander verfilzt. Dabei wird das Filzstück mehrmals gewendet und in Form gebracht.

Einzelteile verbinden: Teile aufeinanderlegen und mit der Filznadel mehrmals von beiden Seiten durchstechen.
Beim Arbeiten ohne Unterlage muss man sehr vorsichtig durch die Wolle stechen. Die Fingerspitzen können mit Heftpflaster geschützt werden.

Basteln mit Naturmaterial

• Blätter

So werden Blätter glatt:

• Pressen: Die Blätter zwischen Seidenpapier und in Bücher legen und beschweren oder mehrere Bücher aufeinanderlegen.

• Bügeln: Die Blätter auf einer Unterlage (Tuch) bügeln und gleich verwenden oder flach lagern. Sind die Blätter vor dem Verarbeiten zu trocken geworden, kann man sie mit einem Wassersprüher leicht einnebeln.

• Bröselblätter

Trockene Blätter klein zerbröseln: Weißleim oder Decoupage-Kleber auf Schachteln oder Bilderrahmen streichen, Blätterkonfetti einstreuen und nach dem Trocknen mit Weißleim oder Wasserlack überziehen!

• Kastanien und Eicheln

Am besten lassen sich frische Früchte mit weicher Schale verarbeiten.

• Bohren: Webnadel, Prickelnadel, dicke Stopfnadel mit Spitze oder Kastanienbohrer.

• Verbinden: Knetmasse, Streichhölzer, Zahnstocher, dünne Zweige oder Schnur.

• Kleben: Heißkleber oder Uhu extra.

• Bemalen: Permanentmarker, Decopainter, Konturmittel wie Perlenmaker, Funliner, Glitterpen (siehe auch S. 13 „Farben-Info").

Lieder zum Basteln auf der CD-ROM!

• Der Knüllwalzer
• Das Lied vom alten Socken
• Das Alles-Aufheb-Lied
• Der Pi-Pa-Pappkarton

• Getrocknete Zapfen

• Verbinden und verzieren mit Knetmasse, Heißkleber, Weißleim oder Uhu extra.

• Einzelne Schuppen herausziehen oder abbrechen.

• Zersägen mit der Laubsäge.

• *In Mehlglasur tauchen:* Mehl mit wenig Wasser glatt rühren, Farbpulver dazurühren und bis zur gewünschten Konsistenz verdünnen (siehe auch S. 12: Mehlkleister).

• Astscheiben

• Trockene Äste je nach Dicke mit der Laubsäge, dem Fuchsschwanz oder der Stichsäge in Scheiben sägen.

• Grüne Astscheiben nicht gleich nach dem Sägen ins geheizte Zimmer legen, sondern langsam trocknen lassen.

• Astscheiben kann man mit Bastelfarbe oder Buntstiften bemalen, mit dem Brennkolben oder Perlenmakern verzieren und mit Weißleim, Uhu extra oder Heißkleber verbinden.

• Kartoffelstempel

• Eine Kartoffel mit einem glatten Schnitt halbieren. Den austretenden Saft mit einem Küchentuch abtupfen.

• Das Motiv mit einem Fasermaler vormalen.

• Die Stellen, die nicht drucken sollen, vorsichtig mit einem Bastelmesser oder Küchenschnitzmesser herausschneiden. Augen, Verzierungen und Linien kann man mit einem Zahnstocher einritzen.

• Den Stempel in ein buntes Stempelkissen drücken oder die Stellen, die drucken sollen, mit Pinsel und Farbe bemalen. Einen Probedruck auf ein Schmierpapier machen, um zu sehen, ob alles passt oder ob man nachschneiden muss.

• Wird der Stempel gleich abgewischt, kann das gleiche Motiv noch in einer anderen Farbe gestempelt werden.

• Will man am nächsten Tag weiterstempeln, müssen die Stempel in einem Frischhaltebeutel im Kühlschrank aufbewahrt werden.

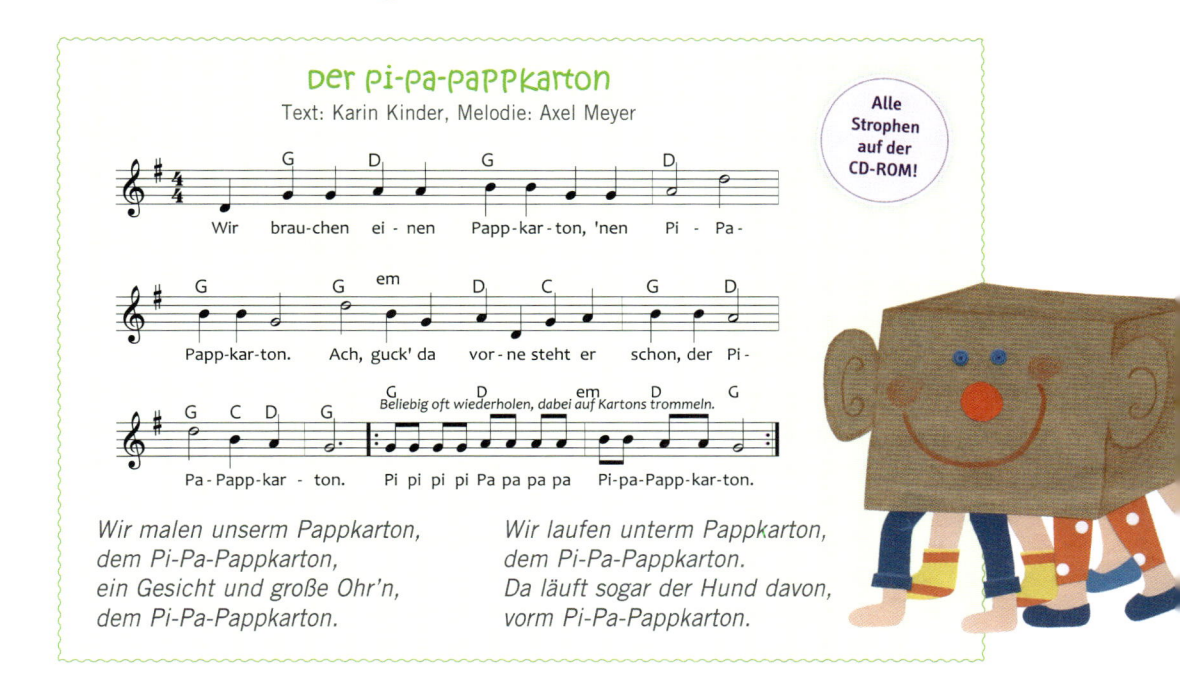

Der Pi-Pa-Pappkarton

Text: Karin Kinder, Melodie: Axel Meyer

Alle Strophen auf der CD-ROM!

Wir brau-chen ei-nen Papp-kar-ton, 'nen Pi - Pa-

Papp-kar-ton. Ach, guck' da vor-ne steht er schon, der Pi-

Beliebig oft wiederholen, dabei auf Kartons trommeln.

Pa-Papp-kar - ton. Pi pi pi pi Pa pa pa pa Pi-pa-Papp-kar-ton.

Wir malen unserm Pappkarton,
dem Pi-Pa-Pappkarton,
ein Gesicht und große Ohr'n,
dem Pi-Pa-Pappkarton.

Wir laufen unterm Pappkarton,
dem Pi-Pa-Pappkarton.
Da läuft sogar der Hund davon,
vorm Pi-Pa-Pappkarton.

Auf unsrer Wiese krabbelt was ...

Mitten in der Wiese wird ein fröhlicher Festplatz aus Biertischgarnituren aufgebaut.
Dort tummeln sich als Käfer oder Blumen verkleidete Wiesenfest-Gäste bei lustigen Spielen und Basteleien. Sonnenschirme oder Pavillons, an denen bunte Papiergirlanden und Riesenschmetterlinge flattern, sorgen für Schatten.
Zum Ausklang machen es sich alle auf einer großen Decke gemütlich und lauschen einem Blumenmärchen.

Vorlesetipps:
Hans Christian Andersen: „Das Gänseblümchen", „Der Rosenelf", „Däumelinchen" oder „Fliedermütterchen"
Volksmärchen aus Schwaben: „Drei Rosen"
Ludwig Bechstein: „Die Rosenbraut"

Einladungs-Wunderblume

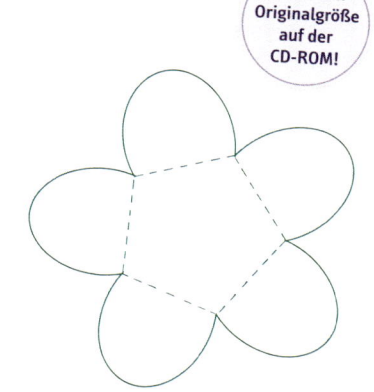

1. Den Blumen-Schnitt von der CD-ROM auf nicht zu dickem Papier (ca. 90 – 130 g/m²) ausdrucken und ausschneiden.
2. Die Blütenblätter lustig bemalen und verzieren.
3. In die Blütenmitte den Einladungstext schreiben.
4. Alle Blütenblätter nach innen falten.
5. Die geschlossene Blüte in einen Briefumschlag stecken und Folgendes daraufschreiben:

Blütenblätter nach innen falten

Liebe Anna! Ich lade dich herzlich ein zum Wiesenfest am Samstag 15 Uhr ... oder Käfer. ... Bitte verkleiden. Deine Paula

Bitte vorsichtig öffnen!

- Eine Schüssel mit Wasser füllen.
- Den Inhalt mit der geschlossenen Seite nach unten auf die Wasseroberfläche legen!

Briefumschlag

geschlossene Blüte

Blumengirlanden

Krepp-Papierstreifen aufrollen, mit Draht zusammenbinden und an einer langen Schnur festknoten, siehe auch Seite 21: Blumen aus Krepp-Papier.

Schnippelblüte

Dekoration

Falt-anleitung auf der CD-ROM!

Blumen-Tischdecke

Alle Gäste dürfen beim Schnippeln helfen:
1. Dünnes quadratisches Faltpapier oder Transparentpapier 3 x zur Spitztüte falten und viele Muster einschneiden.
2. Die Tüten öffnen, glatt streichen und mit Wasserlack (Serviettenlack) oder verdünntem Weißleim auf weiße Papiertischdecken kleben und gleich mit einem dicken Pinsel überstreichen.

Der Lack trocknet in der Sonne ganz schnell und die Decke ist bereit für Kaffee und Kuchen.

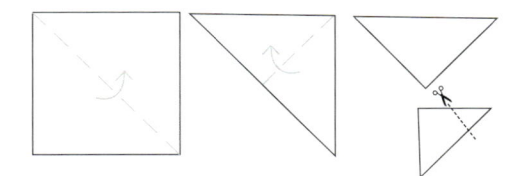

Käfer-Tischdecke

Auch die Gäste stempeln fleißig mit:
1. Eine Kartoffel in der Mitte auseinanderschneiden und die Schnittflächen mit Küchenkrepp trocken tupfen.
2. Einen Klecks rote Bastelfarbe auf einem flachen Teller verteilen.
3. Die Kartoffel in die Farbe und gleich auf die Papiertischdecke drücken.
4. Viele Käfer stempeln und trocknen lassen.
5. Mit einem schwarzen Filzschreiber Beine, Kopf, Fühler und schwarze Punkte aufmalen.

Man kann auch weißen Stoff, ein altes Bett-Tuch oder T-Shirts bestempeln! Textilien, die später gewaschen werden sollen, mit Stoffmalfarbe bestempeln.

Gläserblumen

1. Zwei verschieden große Kreise aus Tonpapier ausschneiden, z. B. einen großen weißen Kreis und einen kleinen gelben.
2. Die Kreise aufeinanderkleben und zwei kleine Querschlitze einschneiden.
3. Den kleinen Kreis verzieren und den Namen des Gastes daraufschreiben.
4. In den großen Kreis Blütenblätter einschneiden.
5. Einen Trinkhalm durch die beiden Schlitze schieben.

Riesenschmetterlinge

- Quadratisches Papier falten (z.B. 50 x 50 cm) und mit bunten Papierresten und Glitter verzieren.
- Die Flügelränder können rund oder zackig beschnitten werden.
- Fühler: Zwei Papierstreifen mit der Scherenklinge ringeln und festkleben.
- Aufhängen: Schnur durch die Rückenmitte ziehen und verknoten.

Gläserblumen

Deko-Tipps

Die Schnippelblüten einzeln laminieren und in Bäume und Sträucher hängen.

Leuchtblumen

Verschieden große bunte Schnippelblumen aus Transparent- oder Seidenpapier ausschneiden.
Zwei bis drei Blumen aufeinanderlegen.
Ein Marmeladenglas in die Mitte stellen und die Blumen mit Bast um das Glas binden.
Ein Teelicht in das Glas stellen.

Laternen-Blüten

Luftballon-Kostüme: Marienkäfer und Bienen

1. Rote oder gelbe Luftballons aufblasen und mit schwarzem wasserfesten Filzschreiber Gesicht, Flügel und Punkte oder Streifen aufmalen.
2. Die Fühler aus langen schwarzen Tonkarton- oder Flechtstreifen basteln:
- Einen Streifen je nach Ballonumfang zum Kreis zusammenkleben.
- Zwei kürzere Streifen in der vorderen Kreismitte befestigen (tackern oder festkleben) und die Enden mit einer Scherenklinge vorsichtig rund ziehen.

Luftballon-Kostüme

Laternen-Blüten

Material:

Luftballons
Gefäße
Klebeband
Tapetenkleister oder Weißleim
Transparentpapier
Schere
Bierdeckel
Kerzenhalter
Lampionkerze
Lampionbügel
Laternenstab

1. Einen Luftballon aufblasen und mit der breiten Seite nach oben bis zur Hälfte in ein passendes Gefäß (Blumentopf, Schüssel, Eimer) legen. Mit ein paar Streifen Klebeband am Rand fixieren.
2. Transparentpapier in Blütenfarben in kleine Stücke schneiden oder reißen.
3. Die Ballonhälfte mit angerührtem Tapetenkleister oder verdünntem Weißleim bestreichen und mit mehreren Schichten Papier verkleiden.
4. In die letzte Schicht andersfarbige Tupfen oder Streifen legen oder die Blüte nach dem Trocknen bemalen und verzieren.
5. Wenn die Blüte trocken ist (Weißleim trocknet schneller und ist stabiler als Kleister!), den Ballon zerstechen und vorsichtig entfernen.

6. Mit der Schere Blütenblätter in den Rand schneiden und die Ränder etwas nach außen biegen.
7. Zwei Schlitze in einen Bierdeckel schneiden, einen Kerzenhalter durchschieben und umbiegen. Den Bierdeckel in die Blütenmitte legen.
8. Einen Laternenbügel unterhalb der Blütenblätter befestigen.

Gestaltungstipps

Blumenstiele
- Grüne Streifen aus Transparentpapier zu Hexentreppen falten und am Blütenboden festkleben.
- Holzperlen auf grüne Fädelschnüre oder Kordeln auffädeln, durch ein Loch im Blütenboden ziehen und verknoten.

Blütenlichterkette
Wasserbomben aufblasen und wie beschrieben kleine Blüten formen. Nach dem Trocknen Kreuzschlitze in den Blütenboden schneiden und die Lichterkettenbirnchen durch die Schlitze schieben.

Verkleiden

Wiesenkostüme

Die Gäste werden bereits mit der Einladung gebeten, Kleidungsstücke in passenden Farben anzuziehen: z.B.
- die Krabbelkäfer schwarze Hose und rotes T-Shirt,
- die Blumenkinder grüne Hose und grünes T-Shirt.

Die restliche Verkleidung wird gemeinsam gebastelt.
Für andere Wiesenbewohner wie Bienen, Schmetterlinge, Grashüpfer und andere Krabbeltiere können die nachfolgenden Anleitungen ganz leicht abgewandelt werden.

Flügel

1. Krepp-Papier doppelt legen und zwei Flügel in Armlänge ausschneiden.
2. Schwarze Punkte aufkleben.
3. Die oberen Flügelränder 2 x umfalten und mit einer dicken Stopfnadel Garn oder Schnur nacheinander durch beide Flügel ziehen.
4. In Höhe des Handgelenks eine Schnur zum Festbinden durch die Flügel ziehen. Damit das Krepp-Papier nicht einreißt, die Stelle vorher verstärken, z.B. einen schwarzen Punkt aufkleben.

Schnitt in Originalgröße auf der CD-ROM!

Fühler
- Einen langen schwarzen Tonkartonstreifen in Kopfweite zusammenkleben oder -klammern.
- Zwei kurze Tonpapierstreifen oder zwei dicke Pfeifenputzer in der vorderen Hälfte des Kopfstreifens befestigen und Quasten aus Krepp-Papier daran festnähen oder -kleben.

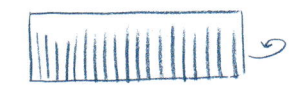

Quaste: Den Rand eines Papierstreifens einschneiden, aufrollen und den Rand festkleben.

Blätterkragen
Blätter aus Tonpapier oder Filz auf eine Schnur fädeln.

Brille
Den Schnitt von der CD-ROM ausdrucken, auf schwarzen Fotokarton übertragen und ausschneiden.
Zwei Fühler (siehe oben) daran befestigen.

Elfen-Fest

Der **Festplatz** wird mit Blumengirlanden geschmückt (siehe S. 17).
Das Fest beginnt erst am späten Nachmittag oder frühen Abend und endet mit einem Laternenumzug.
Mit selbst gebastelten Blütenlaternen ziehen die Elfen hintereinander im tanzenden Elfenschritt durch die Wiese.
Die **Gäste** verkleiden sich als Elfen und basteln Blumenhüte oder Blütenkränzchen und Elfenstäbe:
- Einen Stern aus Fotokarton ausschneiden und zwei Quer-Schlitze einschneiden.
- Beide Seiten mit Glitter und Schmucksteinchen verzieren.
- Einen dicken farblosen Trinkhalm durch die Schlitze schieben und den Stern festklemmen.

Die **Wiesenspiele** können elfenmäßig verändert werden:
- Aus „Blümchen, zieh um" wird „Elfchen, zieh um".
- Aus dem Käfertanz wird ein Elfentanz.
- Aus dem Wiesenkonzert wird ein **Elfenkonzert**: Zarte Töne werden gesungen oder geflötet und verschiedene Glöckchen klingeln dazu.

Tipps
- Für Flügel, die länger als einen Festnachmittag halten sollen, nimmt man statt Krepp-Papier Bastelfilz.
- Wer keine Flügel basteln will, kann ausgeschnittene Punkte aus Klebefolie auf ein rotes T-Shirt kleben oder mit Stoffmalfarbe Punkte aufmalen.

Schminken

Krabbel-Käfer
Gesicht: rot, Nase: schwarz.

Blumen-Kinder
Gesicht grün oder passend zum Hut.

Wie man Schminke selbst machen kann, steht auf Seite 5.

Blütenhüte

Material:

*weiße Pappteller (Unterseite ohne
Beschichtung) oder Käseschachteln
Bastelfarbe und Pinsel
Krepp-Papier, Transparentpapier
oder Seidenpapier
Schere und Kleber
Gummifaden oder Bänder
Tonkartonstreifen
Blumendraht
Schere
Bastelkleber und Heißklebepistole*

Flacher Blütenhut

1. Die Unterseite eines Papptellers
   (= die Blütenmitte) bunt bemalen.
2. Solange die Farbe trocknet, viele
   Blütenblätter zuschneiden: Papier
   falten und gleich mehrere auf einmal
   ausschneiden.
3. Den Teller umdrehen und die Blütenblätter an den Rand der unbemalten
   Seite kleben.
4. Nach dem Trocknen beidseitig ein
   Loch durch den Tellerrand stechen,
   Gummifaden oder Bänder durchziehen
   und passend verknoten.

Blumenhut

1. Die Unterseite eines Papptellers bunt
   bemalen und trocknen lassen.
2. Den Teller in der Mitte falten und beidseitig je einen Schlitz einschneiden.
3. Geschenkband durch die Schlitze
   ziehen.
4. Viele gebastelte Blumen aus Krepp-
   Papier aufkleben und die Lücken mit
   grünen Blättern aus Krepp-Papier füllen.

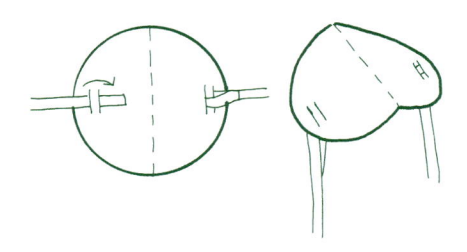

Blumen aus Krepp-Papier

1. Krepp-Papier in Blumenfarben in unterschiedlich breite Streifen schneiden
   (breite Streifen = große Blumen, schmale Streifen = kleine Blumen) und längs
   zusammenfalten.
2. Verschiedene Muster in die Faltränder
   einschneiden.
3. Die beschnittenen Streifen aufrollen,
   dabei in Falten legen, zusammendrücken
   und mit Blumendraht umwickeln. Zu
   lange Papierzipfel abschneiden.

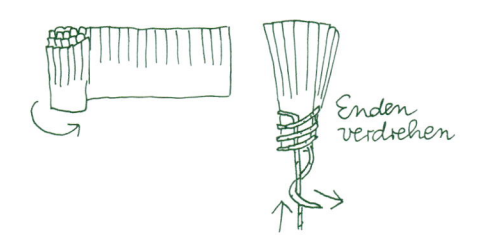

Enden
verdrehen

Zipfelhüte

- Auf einen Tonkartonstreifen, der etwas
  größer ist als der Kopfumfang, werden
  verschiedenfarbige Lagen Krepp-Papier
  geklebt. Die Stücke sollten ca. 60 cm
  lang und zwischen 15 und 30 cm breit
  sein.
- Beim Aufkleben wird das Krepp-Papier
  leicht in Falten gelegt.
- Zuerst immer zwei Lagen grünes Papier
  und darauf zwei bis drei Lagen Blütenfarben kleben: z.B.
  Gänseblümchen: ROSA + WEISS,
  Löwenzahn: GELB + ORANGE,
  Veilchen: VIOLETT + GRÜN.

Beispiel mit 4 Lagen:

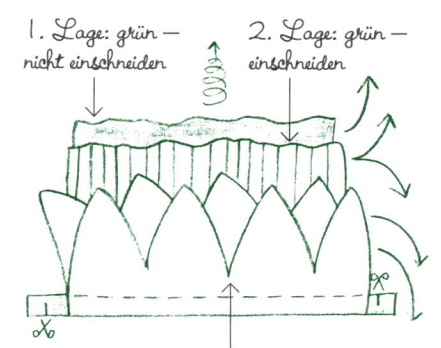

1. Lage: grün — nicht einschneiden   2. Lage: grün — einschneiden

3. und 4. Lage: verschiedene Blütenblätter
einschneiden und nach dem Aufkleben nach unten ziehen

- Den Kartonstreifen zu einem Ring zusammenkleben. Die grünen Lagen stehen
  nach oben, die Blütenblätter nach unten.
- Die 1. grüne Lage fest zusammendrehen
  und mit Schnur oder Bast umwickeln.
- Die Blütenblätter in Form zupfen.
- Damit der Zipfelhut nicht rutschen
  kann, zusätzlich Gummifaden
  am Kartonstreifen
  festknoten.

Blumenhut

flacher
Blumenhut

Zipfelhut

Wiesenspiele

Wiesen-Wettrennen

Alle Käfer müssen auf allen Vieren vom Start ins Ziel sausen und dabei ein paar Hindernisse überwinden. Alle Schmetterlinge legen den Weg flatternd zurück, die Bienen müssen rückwärts rennen und falls Vögel unter unseren Gästen sind, müssen sie den ganzen Weg auf zwei Beinen hüpfen.

Glückskind

Viele Glückskleeblätter aus Faltpapier ausschneiden – für jeden Gast 3 Stück. Während die Gäste die Augen verbunden haben, werden die Kleeblätter auf der Wiese verteilt.
Auf Kommando darf jeder Spieler die Augenbinde abnehmen und auf die Suche gehen.
Wer die meisten Kleeblätter gefunden hat, ist das Glückskind des Tages.

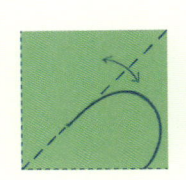 

Wiesenquiz

Allen Spielern wird ein Zettel auf den Rücken geklebt oder mit Wäscheklammern festgezwickt. Auf den Zetteln steht jeweils ein Wort, das mit der Wiese zu tun hat: z.B. Storch, Frosch, Zitronenfalter, Kleeblatt usw.
Durch geschicktes Ausfragen der anderen Spieler muss das Wort erraten werden: „Bin ich rot?", „Habe ich Beine?", „Rieche ich gut?", „Kann ich fliegen?" Die anderen Spieler dürfen nur mit **JA** oder **NEIN** antworten Das kann eine Weile dauern, sodass eine Wiesenquiz-Runde in der Regel ausreicht.

Hase   Maus

Gänseblümchen-Orakel

Mit Orakelblumen kann man das Schicksal befragen: z.B. „Werde ich, wenn ich groß bin, den Stefan heiraten?"
Jetzt wird der Reihe nach ein Blütenblatt nach dem anderen abgezupft und mehrmals folgender Vers dabei aufgesagt:

Er liebt mich
von Herzen,
mit Schmerzen,
über alle Maßen,
er kann's nicht lassen,
ganz rasend,
ein wenig,
gar nicht.

Die Antwort des Schicksals ist die Verszeile, bei der das letzte Blütenblatt herausgezupft wird.

Petersilie Suppenkraut

Ein Mädchen ist die Braut.
Die anderen bilden einen Kreis um sie, fassen sich an den Händen und gehen um die Braut herum. Dabei wird gesungen:

Petersilie Suppenkraut
wächst in unserm Garten.
Unsre .... ist die Braut,
soll nicht länger warten.
Roter Wein, weißer Wein,
morgen soll die Hochzeit sein.

Petersilie Suppenkraut
überliefert

Ein Mädchen ist die Braut. Die anderen Kinder stellen sich im Kreis auf, fassen sich an den Händen und gehen um die Braut herum. Dabei wird gesungen:

Pe-ter-si-lie Sup-pen-kraut wächst in un-ser'm Gar-ten.
Uns'-re Li-sa ist die Braut, soll nicht län-ger war-ten.
Ro-ter Wein und wei-ßer Wein, mor-gen soll die Hoch-zeit sein.

Wenn das Lied zu Ende ist, wählt sich die Braut einen Bräutigam aus. Jetzt wird das Lied noch einmal gesungen und das Brautpaar tanzt dazu miteinander im Kreis herum.
Dann ist die nächste Braut dran und das Spiel beginnt von vorn!

BLUMENSPIELE

BLÜMCHEN, ZIEH UM

Dazu braucht man viele Tücher – genau eines weniger als Kinder da sind.
Die Tücher in einem großen Kreis mit großen Abständen auf die Wiese legen. Ein Kind stellt sich in die Kreismitte. Alle anderen Kinder setzen sich auf ein Tuch. Wenn das Kind in der Mitte ruft: „Blümchen, zieh um!", stehen alle auf und rennen durch den Kreis, bis sie ein neues Tuch gefunden haben, auf das sie sich setzen können.
Wer kein Plätzchen mehr erwischt, darf sich in die Mitte stellen und rufen: „Blümchen, zieh um!"

DER KLEINE GÄRTNER
Kreisspiel von Carosa Romelskin

Alle Kinder liegen im Kreis auf dem Rücken. Die Füße liegen eng beieinander. Über die Beine ist eine große Decke gedeckt, die jedes Kind mit beiden Händen festhält.
Ein Kind ist der Gärtner und läuft mit einer Gießkanne ohne Wasser um den Kreis.

Den Vers kann der kleine Gärtner bzw. der Spielleiter sagen oder singen:

*„Wachse Blümelein fein,
warum bist du so klein?
Sprieße, Blümchen, sprieße,
wenn ich dich jetzt gieße."*

Das Kind, das „gegossen" wurde, setzt sich auf.

Wenn alle Kinder sitzen:

*„Mein Blümelein
ist aufgewacht
und blüht jetzt auf
in ganzer Pracht."*

Alle Kinder stehen auf und halten die Decke mit ausgestreckten Armen in die Höhe.

GROßE BLUMEN-RALLYE

Die muss gut vorbereitet werden. Zuerst werden viele Papierblumen gebastelt:
1. Ein Papierquadrat zu einer Tüte falten und Blütenblätter in den Rand schneiden.
2. Die Tüte öffnen, glatt streichen und in die Mitte beider Seiten eine runde Papierscheibe kleben.
3. Auf eine Seite große Ziffern von 1 - … schreiben.
4. Die Blütenmitte der anderen Seite mit verschiedenen Aufgaben beschriften: z.B.
   - Singt gemeinsam ein Lied.
   - Fasst euch bei den Händen und lauft 50 Schritte rückwärts.
   - Der Finder darf sich eine Aufgabe ausdenken.
   - Alle schneiden fürchterliche Grimassen.

Man kann sich selber noch viele lustige Aufgaben ausdenken und muss sich merken, wie viele Blumen beschriftet worden sind. Denn jetzt werden sie versteckt. Man kann sie in Bäume hängen, mit Wäscheklammern an Sträuchern oder Gartenzäunen befestigen, in Ritzen von Steinmauern stecken …
An der besonders gut versteckten letzten Blume wird eine lange Schnur befestigt, die zu einer **Überraschungskiste** führt. Das kann ein lustig bemalter Karton sein, in dem viele kleine Geschenke liegen. Davon darf sich jeder etwas aussuchen.

Und so macht die Rallye allen Spaß:
- Alle gehen gemeinsam auf die Suche.
- Wenn eine Blume entdeckt wird, bleiben alle stehen, warten auf Nachzügler und lösen die Aufgabe gemeinsam.
- Erst dann geht die Suche weiter.

Käferspiele

Käferkonzert/Wiesenkonzert

Die Käferband spielt ganz ohne Instrumente. Jeder Käfer muss ein anderes Geräusch machen: z.B.
Maikäfer: brummbrummbrumm,
Marienkäfer: dingelingeling,
Hirschkäfer: rööööhrööööhr,
Mistkäfer: schniefschniefschnief
usw.
Wenn sich jeder eine Stimme ausgedacht und ein bisschen geübt hat, geht es los. Zuerst dürfen alle Käfer ihre Stimme als Solo singen. Die anderen hören still zu. Dann singen zwei Käfer, dann drei … bis alle Käfer gemeinsam singen.
Damit es nach Musik klingt, klatschen alle dabei im Rhythmus in die Hände oder stampfen mit den Füßen.
Falls das Chaos zu groß ist, muss ein Dirigent gewählt werden.
Bei einem **Wiesenkonzert** dürfen auch Frösche quaken, Bienen brummen, Feldmäuse quieken …

Fit wie ein Zappelkäfer

Platsch! Vom Blatt auf dem Rücken gelandet! Und was macht ein Käfer, wenn er auf dem Rücken liegt? Genau: Aufgeregt zappeln!
Alle spielen Käfer: Sie legen sich auf den Rücken und strampeln kräftig mit den Beinen. Der Käferrücken wird rund, wenn der Kopf leicht gehoben wird.
Und los geht's: 10 Sekunden zappeln, kurz ausruhen und wieder zappeln – bis zu fünfmal Mal hintereinander.
So kommen kleine Käfer schnell wieder auf die Beine und kriegen dabei auch noch tolle Bauchmuskeln.

Krabbler-Parade

Alle Käfer krabbeln auf allen Vieren zu flotter Musik im Kreis herum. Einer schlägt die Trommel, auf die alle hören müssen.
1 x schlagen: Alle Käfer bleiben stehen und legen sich auf den Rücken.
2 x schlagen: Alle Käfer krabbeln rückwärts.
3 x schlagen: Alle Käfer drehen sich im Kreis.
Man kann auch andere Instrumente einsetzen, z.B. eine Tröte oder Glocke, und sich andere Bedeutungen dafür ausdenken – so viele wie sich die Käfer merken können.

Käfer-Rendezvous

Jeweils zwei Käfern wird eingeflüstert,
- was sie tun sollen: herumhampeln, sich am Bauch kratzen …,
- wie sie sein sollen: traurig, müde, fröhlich …
- oder was sie rufen sollen: brummbrumm, summsumm, tilletille, zirpzirp, raschelraschel, flatterflatter, trippeltrippel.

Dann laufen alle durcheinander und die zwei passenden Käfer müssen sich finden. Wer sich gefunden hat, umarmt sich fest oder hält sich an den Händen und bleibt stehen, bis sich alle Paare gefunden haben.

Springseil-Vers

Käfer, Käfer, hüpf ganz hoch,
hüpfen, springen kannst du doch.
Alle deine Beine
springen von alleine:
eins – zwei – drei – vier – fünf – sechs.
Käfer, Käfer, fall nicht um,
sonst liegst du auf dem Rücken rum.

Käferspaziergang

Text: Karin Kinder
Melodie: Auf unserer Wiese gehet was

1. Alle Käfer gehen aus,
gehen heut spazieren.
Jeder fasst den andern an,
woll'n sich nicht verlieren.

   Kleine Käfer, krabbelkri,
geht mal alle in die Knie,
purzelt alle hin und her
in der grünen Wiese.

2. Alle Käfer geh'n spazieren,
trippeln rund im Kreise,
gehen jetzt auf allen Vieren
ganz auf Käferweise.

   Kleine Käfer, krabbelkrö,
hüpft jetzt alle in die Höh',
macht noch einen Purzelbaum
in der grünen Wiese.

Käfertanz

Lieder und Gedichte auf der CD-ROM!

von Carosa Romelskin
Melodie überliefert

Die Käfer stehen sich in zwei Kreisen gegenüber.

Käferchen, komm tanz mit mir,
beide Füßchen reich ich dir.
Einmal hin, einmal her,
rundherum das ist nicht schwer.

Die Käfer lassen ihren Tanzpartner los, marschieren gegeneinander im Kreis herum und singen dabei:

Hallo, hallo,
was sind wir heute froh.
Wir tanzen unsern Käfertanz
und der geht so.

Das Lied beginnt wieder von vorne. Jeder Käfer tanzt mit einem neuen Tanzpartner.

Bastelspaß

Blumenkette

Gänseblümchen oder Löwenzahn mit langen Stielen pflücken.

Mit einem dünnen Zweig ein Loch in den Blütenkopf stechen und den Stiel von unten nach oben hineinschieben, sodass aus der Blüte ein Stück vom Stiel herausschaut.

Die nächsten Gänseblümchen wie Kettenglieder in den Ring hängen, bis die Kette lang genug ist.

Löwenzahnkette

Gleich lange Stücke von Löwenzahnstängeln abzwicken. Ein Stück zum Ring biegen und das dünnere Ende in das dickere schieben. Den nächsten Stängel in den Ring legen und zusammenstecken. So weitermachen, bis die Kette lang genug ist.

Kerbelflöte

- Ein dickes gerades und saftiges Stück eines Wiesenkerbel-Stängels unterhalb eines Wachstumsknotens abschneiden, sodass die Flöte unten verschlossen ist.
- In die Mitte des Stängels mit einem Bastel- oder Taschenmesser einen etwa 10 cm langen Schlitz schneiden.

Wenn man nun kräftig in die Flöte bläst, entstehen merkwürdige Töne.

Unterschiedliche Töne entstehen durch verschiedene Stärken und Längen des Kerbelstängels.

Gestempelte Blumenkarten

Material:

frische Löwenzahnblätter und Blütenköpfe oder andere Blüten
Faltpapier
Fotokarton-Zuschnitte in Postkartengröße
Bastelfarbe, Borstenpinsel und Teller
Zeitungspapier

---

1. Eine Unterlage auf den Basteltisch legen.
2. Die Blätter mit Stoffmalfarbe einpinseln und vorsichtig auf das Papier legen.
3. Zeitungspapier darüberlegen und mit dem Handballen fest darüberstreichen.
4. Die Farbe auf Teller verteilen.
5. Die Blütenköpfe in die Farbe tauchen, auf dem Zeitungspapier abtupfen und zwischen die Blätter stempeln.

Die Blätter und Blüten kann man öfter verwenden – so lange, bis sie welken.

Textilien (T-Shirts, Stoffbeutel) **bestempeln:** Stoffmalfarbe verwenden, trocknen lassen und nach Anweisung des Herstellers fixieren.

Gartenzaun-Kunst

Mit bunten Streifen aus Krepp-Papier Blumen, Käfer, Schmetterlinge oder bunte Muster in den Gartenzaun flechten.

Blumentäschchen

Darin können kleine Gewinne verstaut werden und am Ende des Festes kommen noch ein paar Mitgebsel dazu.

Material:

Tonpapier
Faltpapier
Bastelkleber
Büroklammern
Prickelnadel und Prickelunterlage oder Lochzange
Garn, Schnur oder Kordel
Stopfnadel ohne Spitze

---

1. Zwei gleich große Kreise (Kuchenteller oder Unterteller) aus Tonpapier ausschneiden.
2. Die Zuschnitte übereinanderlegen, mit Büroklammern fixieren und den Rand mit einer Prickelnadel oder Lochzange lochen.
3. Die Taschenteile bis auf eine ausreichend große Öffnung mit Garn, Schnur oder Geschenkkordel zusammennähen. Das Ende als Tragegriff festknoten.
4. Aus Faltpapier mehrere unterschiedlich große Blumen ausschneiden, siehe Seite 18: Schnippelblüten, und übereinander auf die Vorderseite kleben.

Schneckeria-Kunstausstellung

Leere Schneckenhäuser sammeln und bunt anmalen.

Die Kunstwerke auf einem großen Teller oder Holzbrett schön dekorieren und Namensschildchen dazu schreiben.

Leckerer Wiesenschmaus

Gurkenkäfer · Käseblume

Eierbiene

Tomatenkäfer

Gurkenfrosch

Radieschenmaus

Möhrenlibelle

Der macht zweimal Spaß: zuerst bei der Zubereitung und dann beim Verschnurpsen. Ein Backblech mit Salatblättern belegen, Kräuter klein schneiden, z.B. Schnittlauch, Basilikumblätter oder Petersilie, drüberstreuen und die Salat-Wiese mit essbaren Blumen und Krabbeltieren bevölkern.

Käseblumen: Mit Ausstechförmchen aus Käsebrot ausstechen, eine Cocktailtomate halbieren, die Käseblume zwischen die beiden Tomatenhälften legen, einen Zahnstocher durch die Mitte schieben und die fertige Blume auf eine dicke Gurkenscheibe stecken.

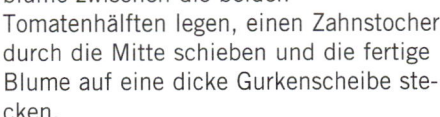

Tomatenkäfer: Eine halbe Tomate auf ein Salatblatt und zwei Salzstangen als Fühler dazwischen legen. Mit Remoulade Tupfen auf den Käferrücken malen.

Eierbiene: Zwei Kräcker nebeneinanderlegen, darauf eine dicke Scheibe hart gekochtes Ei legen, dann einen schmalen roten Paprika-Streifen als Mund und zwei halbe Oliven als Augen auflegen. Salzstangen-Stückchen als Fühler unter den Kopf schieben.

Gurkenkäfer: Frischkäse auf eine dicke Gurkenscheibe streichen. Die Gurke auf drei Salzstangen-Beine legen, klein geschnittenen Schnittlauch auf den Frischkäse streuen. Möhrenscheibchen als Augen auflegen.

Petersilienstängel als Fühler in den Frischkäse stecken.

Gurkenfrosch: Eine dicke Gurkenscheibe zur Hälfte einschneiden und ein Basilikumblatt als Zunge in den Schlitz klemmen. Zwei Cocktailtomaten oder Möhrenscheiben als Augen auflegen und in die Mitte Remouladenpupillen tupfen. Eine längs halbierte Weintraube als Füße danebenlegen.

Möhrenlibelle: Eine Möhre längs halbieren, zwischen die beiden Hälften Feldsalatblätter legen. Augen mit Frischkäse auftupfen.

Salatschmetterlinge: Wie die Libelle, aber Radiccio-Blätter als Flügel zwischen die Möhrenhälften legen.

Radieschenmäuse: Radieschen halbieren, Augen mit der Spitze eines Kartoffelschälers herausschälen, Petersilie als Schwänzchen und Basilikumblätter als Ohren in eingeschnittene Schlitze stecken. **Wem fallen noch andere lustige Wiesenbewohner ein?**

Wiesen-Dip

Zutaten:
150 g Joghurt
150 g Sauerrahm
3 EL Olivenöl
1 klein gehackte Zwiebel
1 Handvoll heiß gewaschene und zerkleinerte Gänseblümchenblätter und -blüten
1 Handvoll gewaschene und in Streifen geschnittene Sauerampfer-Blätter
Salz, Pfeffer und Kräuter

Alle Zutaten vermischen und mit Salz und Pfeffer abschmecken.
Den Dip in eine Schüssel füllen, glatt streichen und mit gewaschenen Gänseblümchenblüten garnieren.

Rezepte zum Ausdrucken auf der CD-ROM!

Giftgrüne Elfenspeise

1. Grüne und gelbe Götterspeise kochen.
2. In Eiswürfelbehälter sauber gewaschene Gänseblümchenköpfe legen, die Götterspeise darübergießen und kalt stellen.
3. Gelbe und grüne Würfel in kleine Schalen legen und mit Sahnehäubchen garnieren.

Wer nicht so viele Eiswürfelbehälter hat, gießt die Götterspeise direkt in Schalen mit Gänseblümchenköpfen.

Gegen Wespen

· Scheiben aus Kupfer-Metallfolie ausschneiden und aufhängen.
· Eine Zitrone mit Nelken spicken und auf den Tisch legen.
· Glänzende Kupfermünzen auf dem Tisch verteilen.
Siehe auch S. 5: Ungeladene Wespengäste.

Löwenzahn-Quark

Junge Löwenzahnblätter (ca. 100 g) waschen, abtropfen lassen und sehr klein schneiden.

200 g Speisequark mit 1 EL Sahne und 1 EL Sojasoße verrühren, mit Salz und Pfeffer abschmecken und die Löwenzahnblätter unterheben.

Frisch gehackte Kräuter darüberstreuen.

Dazu schmeckt

Selbst gebackenes Sonnenbrot

Das gelingt immer und ist in 2 Stunden fertig!

Zutaten:
500 g Weizen, grob gemahlen
500 g Roggen, grob gemahlen
30 g Salz
1 Prise Zucker
1 Würfel Hefe
¼ Liter lauwarmes Wasser
3 EL Sonnenblumenkerne

Tipp: Den Brotgeschmack durch andere Zutaten verändern: Statt der Sonnenblumenkerne Bohnenkeime, Kürbiskerne, Zwiebelwürfel, Kräuter oder Gewürze zum Teig geben.

1. Das gemahlene Getreide in einer Schüssel mischen, in die Mitte eine Kuhle drücken, die Hefe hineinbröseln und mit 1 Prise Zucker und etwas lauwarmem Wasser verrühren. Die Schüssel mit einem sauberen Tuch abdecken und an einen warmen Platz stellen.
2. Wenn der Vorteig aufgegangen ist, das restliche lauwarme Wasser mit dem Mehl verkneten und Salz und Sonnenblumenkerne zugeben.
3. Den Teig in eine gefettete Kastenform füllen, abdecken und noch einmal gehen lassen.

Backen: ca. 60 Min. bei 200 °C.
Bevor das Brot aus der Form genommen wird, muss es abkühlen.

Schmetterlingskuchen

Zutaten:
1 Tortenboden
1 Päckchen Vanillepudding
400 ml Milch
125 g Butter
125 g Puderzucker
1 Eigelb
verschiedenes Obst:
Kirschen, Pfirsiche, Weintrauben, Mandarinen, Kiwi oder …
1 Päckchen klarer Tortenguss
zum Verzieren:
1 Banane
50 g Kuvertüre
2 Schokoladenstäbchen
Mandelblättchen oder Schlagsahne

1. Vanillepudding nach Anweisung auf dem Päckchen kochen und abkühlen lassen.
2. Die Butter mit Puderzucker und Eigelb sehr schaumig rühren.
3. Den abgekühlten Pudding esslöffelweise dazugeben und verrühren.
4. Den Tortenboden in der Mitte durchschneiden und mit den Schnittflächen nach außen auf ein Kuchentablett legen. Das sind die Schmetterlingsflügel.
5. Beide Hälften – auch die Ränder – mit der Puddingcreme bestreichen und mit verschiedenem Obst belegen, bis sie aussehen wie bunte Schmetterlingsflügel.
6. Tortenguss anrühren und das Kunstwerk damit überziehen.
7. Ein Töpfchen Kuvertüre ins heiße Wasser stellen, bis sie geschmolzen ist.
8. Eine geschälte Banane hineintauchen und als Schmetterlingskörper zwischen die Flügel legen.
9. Als Fühler zwei Schokoladenstäbchen in die Banane stecken.
10. Die Flügelränder mit Sahnekringeln verzieren oder mit Mandelblättchen bestreuen.

Himbeer-Bowle ohne Schwips

· Zwei bis drei Hände voll Himbeeren zuckern und 1 bis 2 Stunden stehen lassen, bis der Zucker eingezogen ist.
· Die Beeren in einen Bowletopf geben und 1 Liter Himbeersaft dazugießen. Man kann auch Himbeersirup auflösen!
· Den Saft einer ausgepressten Zitrone dazugeben, alles gut umrühren und die Bowle kalt stellen.
· Kurz vor dem Servieren mit kaltem Mineralwasser auffüllen.

Sonnenbowle

Zutaten:
5 Liter Mineralwasser
5 EL Zitronensirup
je 2 ungespritzte Limonen, Zitronen und Orangen
je 1 Bund frische Zitronenmelisse und Pfefferminze

1. Den Zitronensirup im Mineralwasser auflösen.
2. Limonen, Zitronen und Orangen waschen, in Scheiben schneiden und dazugeben.
3. Die Kräuter waschen, trocken tupfen, Blättchen abzupfen und in die Bowle geben.

Gut gekühlt servieren!

Honigtau

Kräuter- oder Apfeltee mit Honig süßen und kalt servieren.

Einladung zur „Vogelhochzeit"
1. Kostüme basteln
2. Imbiss
3. Kostümierung, Maske und Einstudierung
4. Aufführung „Die Vogelhochzeit"
5. Hochzeitsfeier mit Umtrunk und Häppchen, Musik und Tanz

Bastelanleitungen für Kostüme und Aufführungstipps auf der CD-ROM!

TOHU WABOHU

Eine Wiese mit Bäumen und einem freien Platz für ein Lagerfeuer ist der ideale Standort für ein Indianerlager. Dort wird gemeinsam gekocht oder Stockbrot gebacken und nach dem Essen ausgiebig palavert.

Bevor das große TOHUWABOHU ausbricht, können gemeinsam Kostüme und Kopfschmuck gebastelt werden. Die Gäste geben sich gegenseitig passende Indianernamen und schreiben sie auf Lederarmbänder oder Astscheiben-Amulette.

Die gemeinsamen Bastelaktionen machen nicht nur den Squaws Spaß, besonders wenn reichlich passendes Material wie Lederstücke und -schnüre, Federn, Indianer- und Holzperlen zur Verfügung steht. Jede Menge geeignetes Naturmaterial finden die Gäste auf einem gemeinsamen Pirschgang. Außerdem werden noch Paketschnur, Filz, Stoff- und Papierreste sowie verschiedene Werkzeuge wie z.B. Lochzange, Prickelnadel, Stopf- und Webnadel, Schere oder Zackenschere benötigt.

EINLADUNG

Die ersten Einwohner Amerikas waren Indianer, die ursprünglich in Asien zu Hause waren.
Auf der Suche nach reicheren Jagdgründen zogen sie vor mehr als 10.000 Jahren über die zugefrorene Beringstraße nach Amerika und breiteten sich über das ganze Land aus. Sie lebten von der Büffeljagd, vom Fischfang und vom Ackerbau (Mais, Bohnen, Kartoffeln und Kürbisfrüchte) und nutzten das Holz der Wälder für den Bau ihrer Hütten und Kanus.

**Berühmte Indianerstämme:
Cheyenne, Arapaho, Sioux, Pueblo, Comanchen, Blackfoot, Irokesen, Apachen, Navajo, Inuit, Pawnee, Dakota, Kiowa …**

Jeder Gast bekommt eine kleine Trommel mit dem Einladungstext:

> Häuptling
> Schwarze Locke
> lädt alle Blutsbrüder
> zum großen
> **TOHUWABOHU**
> in seinen Wigwam ein.

1. Einen kleinen Luftballon aufpusten, die Luft wieder herauslassen, den Hals abschneiden und den Luftballon über die Öffnung eines stabilen Plastikbechers oder einer Pappröhre (z.B. von Chips) ziehen.
2. Einen Stoffrest um den Becher oder die Röhre legen und mit Schnur fest einwickeln.
3. Den Einladungstext auf Packpapier schreiben und den Zettel mit einwickeln. Die Trommel mit Federn oder Indianerperlen verzieren (siehe auch S. 36/37).

WANTED
Kleiner Stern
ist blond und klein

WANTED
Schwarzer Büffelfuß
hat große Füße

WANTED
DampfendeSchüssel
isst gern und viel

Dekoration

Indianer-Motive für Kostüme, Decken, Tipis

Welche Farben eignen sich wofür?
- Für Dinge, die noch weiterverwendet werden sollen (Bett-Tuch, Tisch-Tuch, Kostüme, usw): Stoffmalfarben.
- Für Dinge, die nur zur Dekoration bestimmt sind (Tipis, Lagerdecken, usw.): Fingerfarben, Plakatfarben.

Indianer-Farben mischen in Joghurtbechern oder Farbschalen:

Bemalen mit breiten Borstenpinseln und verdünnter Farbe.

Bedrucken mit kleinen oder großen selbst gemachten Stempeln:
- Die Motive abmalen oder von der CD-ROM ausdrucken und beliebig vergrößern.
- Die Konturen auf dicke Pappe, Korkplatten, Teppichreste oder Schaumgummi (z.B. alte Isomatten) übertragen und ausschneiden.
- Druckplatten aus Holzplatten sägen oder aus dicker Wellpappe zuschneiden.
- Die Motive mit einem passenden Kleber (Weißleim, Uhu extra) oder doppelseitigem Klebeband aufkleben.
- Verdünnte Farbe in einen flachen Teller gießen und mit einer Schaumgummirolle auf dem Motiv verteilen.
- Den Stempel fest, ohne zu wackeln, auf den Stoff drücken.

Zum **Pinsel- und Stempelreinigen** große Wassereimer und Lappen bereitstellen!

Indianer-motive zum Ausdrucken auf der CD-ROM!

Mehr zum „Farbenmachen" auf der CD-ROM!

Erdfarben selber machen

Erde hat viele verschiedene Farben – Beige, Ocker, Rotbraun, Braun, Dunkelbraun bis Grauschwarz – je nachdem, wo man sie findet. Am Teich gibt es andere Erde als auf einem Berg, im Wald sieht sie anders aus als auf einer Wiese.
- Verschiedene Erden sammeln und zum Trocknen ausbreiten, dabei Blätter, Steine und andere Dinge herauslesen.
- In einer Pfanne kann sie am Lagerfeuer geröstet werden. Dadurch verändert sich bei manchen Erden die Farbe.
- Die trockene Erde mehrmals sieben oder zu feinem Pulver zerstoßen.
- Das feine Pulver z.B. mit etwas Mehlkleister (siehe Seite 12) vermischen und in ein Schraubglas füllen.

Bei einigen Stämmen wird das Zelt "Wigwam" genannt.

Kleines Tipi

- Drei lange gerade Äste oder Stangen (z.B. Besenstiele) an einem Ende zusammenbinden und dreibeinig aufstellen.
- Das bedruckte Tuch um das Gestell hängen und mit Schnur oben und unten festbinden.

In dem Tipi hat gerade eine Person Platz. Deshalb sollte der Häuptling dort einziehen, wenn er Kriegsrat halten will. Die anderen Stammesmitglieder sitzen um das Tipi herum. Häuptling ist natürlich das Geburtstagskind.

Für ein großes Tipi braucht man viele lange Äste oder Bohnenstangen und viele bedruckte Tücher.

Winterlager

Nicht alle Indianer lebten in Tipis, sondern auch in Erdhöhlen, Gras- oder Strauchhütten.
Viele Indianerstämme bauten ihr Sommerlager auf einer sonnigen Hochebene.
Im Winter zogen sie in die Nähe von Quellen und Flüssen und errichteten dort feste Pfahlhäuser.

Tipi-Tipps

- **Tipi-Lager:** Ein wichtiger Hinweis: Indianer stellen ihre Tipis im Kreis auf. Die Öffnungen zeigen in Richtung der aufgehenden Sonne – also nach Osten!
- **Grünes Tipi:** Dafür braucht man Äste oder Weidenruten, die mindestens 2 Meter lang sind und an einem Ende angespitzt wurden. Man spießt sie kreisförmig in die Wiese und bindet das obere Drittel mit einem Seil oder dicker Schnur zusammen. Neben jeder Stange hebt man kleine Löcher aus, legt ab Ende Mai Feuerbohnen hinein und deckt mit guter Gartenerde ab. Fleißiges Gießen lässt die Bohnen sprießen und bald sind die Stangen zugewachsen. Nach der Blüte kann man sogar Bohnen ernten. Aber Vorsicht! Auch Indianer vertragen keine ungekochten Bohnen! Das gibt schlimmes Bauchweh!

- **Tipi für drinnen:** Die Schmalseiten von 3 Bettlaken zusammenbinden und an einem kräftigen Haken an der Zimmerdecke festknoten. Die unteren Ecken mit Schnüren an kreisförmig aufgestellten schweren Möbeln oder Getränkekisten (mit Decken verhängen) festbinden.
- **Großes Indianerzelt:** Wäscheleine straff zwischen Wäschestangen oder Bäumen spannen und Bettlaken, Wolldecken und bunte Stoffe darüberhängen oder mit Wäscheklammern befestigen. Einen schmalen Eingang frei lassen.
- **Inneneinrichtung:** Alte Teppiche, Läufer, Wolldecken und Kissen gemütlich im Zelt verteilen. Getränke sollten lieber draußen bleiben!

Indianer-Lager

Hinter einem bedruckten Tuch hat ein Stamm sein Lager – und kein Fremder darf hinein!

- An allen vier Ecken des Tuches lange Schnüre festknoten und das Tuch straff zwischen zwei Bäume spannen.
- Im Zimmer kann man es zwischen zwei Türen oder an Regalen befestigen.

Ein Bett-, Tisch-, Palaver-, Schwung- und Erinnerungstuch

Erinnerungstuch

Ein altes Bett-Tuch, eine weiße Tischdecke oder gewaschener Baumwollstoff wird mit Stoffmalfarben bemalt oder mit Stempeln bedruckt. Alle Indianergäste schreiben ihre Namen darauf. Wird das Tuch gebügelt, sind die Farben fixiert. Es ist dann bis 40 °C waschbar und kann nach dem Fest als Bett-Decke oder Gardine benutzt werden.

Tischtuch

Wenn Indianer essen, sitzen sie normalerweise auf dem Boden um das bedruckte „Tischtuch" herum, auf dem die Speisen in Töpfen und Schalen stehen. Heutzutage essen Indianer aber auch schon mal am Tisch, obwohl es ihnen am Boden viel mehr Spaß macht.

> „Palaver" sagt man bei uns zu einem langen Hin- und Hergerede. Bei den Indianern gehört das Palaver zu den guten Umgangsformen und dient dazu, sich besser kennenzulernen.

Palavertuch

Geschichten erzählen:

Alle Indianer sitzen auf dem bemalten Tuch. Einer nimmt die Friedenspfeife in die Hand und beginnt zu erzählen. Nach ein paar Sätzen hört er auf, reicht die Friedenspfeife an den Nächsten, der die angefangene Geschichte weiterspinnen muss. So geht's weiter, bis alle an der Reihe waren und die Geschichte unglaublich phantastisch geworden ist.
Jeder wird versuchen, den Vorgänger zu übertrumpfen und die Geschichte noch aufregender und abenteuerlicher zu machen.
Ein Anfang wäre z.B.:
„Ich ritt gähnend auf meinem müden schwarzen Mustang. Da kam ich an ein wildes Wasser, in dem sich der Mond silberhell spiegelte. Ich sah, dass die Brücke eingestürzt war. Über mir kreiste ein riesiger 200 Jahre alter Adler. Plötzlich kam ein beißender Wind auf …"

Zeichensprache:
Die Indianer sitzen sich in zwei gleich großen Gruppen auf dem Palavertuch gegenüber.
Nun überlegt sich eine Gruppe ganz leise, so dass die andere Gruppe nichts davon hören kann, einen Satz und führt ihn in Zeichensprache vor.
Kann die andere Gruppe den Satz erraten, ist sie mit dem Ausdenken und Vorführen dran.

Ein Beispiel:
„Indianer essen gern Büffelfleisch." oder *„Bei vollem Mond singen die Katzen im Gesträuch."*

Man kann natürlich auch nur Wörter raten: z.B. MITTAGSSCHLAF oder SCHLEICHPFAD. Zum Vormachen darf man aufstehen!

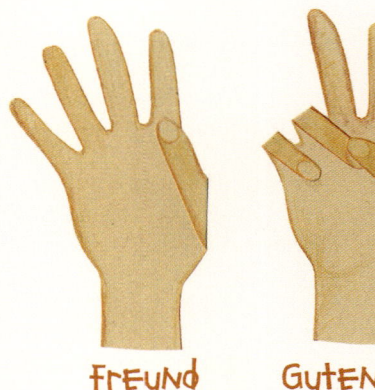

Freund   Guten Tag

> Die verschiedenen Indianerstämme konnten sich am besten mit einer Zeichensprache untereinander verständigen. Aber auch die Stellung der Arme und die Bemalung des Gesichts war für die Unterhaltung von Bedeutung.

Schwungtuch

Die liebsten Familienspiele der Inuit-Indianer waren Spiele mit dem Schwungtuch. Alle Indianer stellen sich um das Tuch herum und fassen es mit beiden Händen (Finger oben, Daumen unten). Ist das Tuch zu groß, kann man es zusammenlegen.
Nun versuchen alle gemeinsam, einen Ball so hoch wie möglich in die Luft zu schleudern und wieder aufzufangen. Man lässt ihn rollen und zur Mitte kreisen. Dann geht es auf Kommando wieder hoch in die Luft mit ihm. Alle müssen zusammenhelfen, damit es funktioniert. Mit einem oder mehreren Luftballons ist es besonders lustig.
Die Inuit-Indianer haben immer ihre kleinen Indianer fliegen lassen, allerdings haben sie Walrossfelle für ihr Schwungtuch zusammengenäht. Unser Bett-Tuch würde das nicht aushalten.

achtung

Mustangs, wilde Pferde & Büffel

Stecken-Büffel

Für den Kopf braucht man einen alten Pullover. Er wird mit Füllwatte, Schaumgummi, Zeitungspapier, Heu oder Ähnlichem ausgestopft.
1. Den Halsausschnitt mit Schnur und Stopfnadel zusammenkräuseln und den Faden vernähen.
2. Die Ärmelbündchen zunähen.
3. Durch den Bauchbund mit großen Stichen eine Schnur ziehen.
4. Die Ärmel ausstopfen (Hörner).
5. Den Kopf ausstopfen, dabei einen langen Ast oder Besenstiel in die Mitte schieben.
6. Die durchgezogene Schnur fest zusammenziehen und am Stecken verknoten.
7. Zwei Knöpfe als Augen aufnähen.

Die Comanchen nennen das Pferd **„Heiliger Hund"**.
Erst im 18. Jahrhundert wurden Pferde von den Spaniern nach Amerika mitgebracht. Bis dahin kannten Indianer keine Pferde. Hunde halfen ihnen beim Tragen.

Wilde Pferde & Mustangs

1. Einen alten Strumpf ausstopfen und dabei einen Ast oder Besenstiel in die Mitte des Strumpfbeins schieben. Das Bündchen fest zunähen und die Fadenenden am Stecken festknoten.
2. Mähne: Lange Wollfäden abschneiden, doppelt legen, durch das Strumpfgewebe ziehen und verschlingen. Die Mähne mit Indianerperlen und Federn verzieren.
3. Knöpfe als Augen aufnähen.
4. Das Zaumzeug aus Stoffstreifen flechten und verknoten.

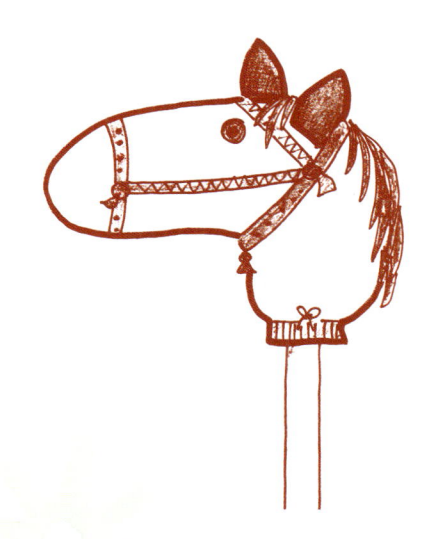

TOTEMPFAHL, MEDIZINMANN-MASKE,

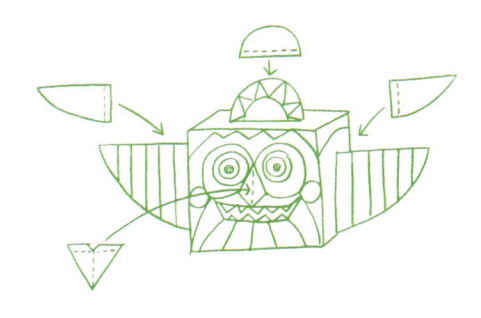

Totem-Kopf

1. Alle vier Deckel-Klappen eines großen Verpackungs-kartons abtrennen.
2. Aus den großen Klappen runde oder spitze Adler-flügel zuschneiden.
3. Aus den kleinen Deckel-Klappen den Schnabel und die Kopffedern zuschneiden.
4. An der Seite aller Teile Klebelaschen anritzen und umknicken.
5. Alle Teile an den Karton kleben und den Kopf gefährlich bemalen.

Tipp

- **Schlitzen statt Kleben:** Schlitze in den Karton schneiden, die Flügel und den Schnabel hinein-stecken und von innen mit Papier-Klebeband befestigen.

Das kann man mit dem Totem-Kopf machen:

- **Medizinmann-Maske** aus einem kleineren Karton, der über den Kopf passt: Löcher für Augen und Mund einschneiden.

- Die **Totemmaske** auf einen Besenstiel oder eine Gartenzaunlatte stecken.

- Für einen richtigen **Totempfahl** mehrere bemalte Kartons oder flache geschlitzte Wellpappezuschnitte über-einander auf einen Besenstiel stecken. Kopf gefährlich bemalen.

Der Totempfahl

ist das „Familienwappen" der Indianer. Bedeutende Vorfahren und verschlüsselte Botschaf-ten werden darauf dargestellt. Er wurde kunstvoll aus einem langen Zedernstamm geschnitzt und mit Erdfarben bemalt. Der größte Totempfahl der Welt ist über 56 Meter hoch und besteht aus 3 Teilen.

Das Totem

ist ein Krafttier oder ein Schutz-geist, der jeden Indianer vom Tag seiner Geburt an begleitet und beschützt.

Der Große Manitu

Alle Menschen, Tiere, Pflanzen, Steine und alles, was lebt, sind seine Kinder.
Durch seinen Geist sind alle miteinander verbunden.

Der Schamane

ist Wahrsager und Medizinmann zugleich. Er hält die Verbindung mit dem Großen Manitu aufrecht und kennt alle Geheimnisse der Natur und die Regeln für den richtigen Umgang miteinander.

Medizinmann-Maske

SCHIESSSTAND ...

Schießstand

Einen bunt bemalten oder beklebten Karton aufstellen und die Deckelklappen nach innen knicken, damit er stabiler wird. Wer hineintrifft, erhält einen Punkt (Stein oder Aststück).
Drinnen „schießt" man mit kleinen Indiacas, **draußen** mit Sockenbolas.

Socken-Bola

Den Fuß eines alten Sockens mit zerknülltem Zeitungspapier ausstopfen, bis eine feste Kugel daraus geworden ist.
Die Kugel mit Schnur abbinden und das Strumpfbein fest umwickeln. Die Schnurenden verknoten und nicht zu kurz abschneiden.
Tipps
- **Schleudern:** Vor dem Abwurf braucht man Schwung. Man hält die Schnur fest und schleudert sie mehrmals über dem Kopf.
- Wenn die Bola zu leicht ist, Steinchen oder Maiskörner in die Zeitungspapierkugel füllen.
- Andere Bola-Spiele kann man sich selbst ausdenken: z.B. ein bestimmtes Ziel treffen, hinter eine Linie werfen oder in einen Kreide- oder Steinkreis zielen ...

Socken-Bola

Indiaca

Wattekugeln mit Fasermalern oder Bastelfarben bunt bemalen. In jede Kugel ein Loch bohren und ein paar Federn hineinkleben.
Tipp: Toll fliegen Indiacas mit kräftigen Bussardfedern. Die findet man im Wald!

Indiaca-Spiele

- Die Mitspieler stellen sich im Kreis auf und werfen sich die Indiacas gegenseitig zu. Für heruntergefallene Indiacas gibt's einen Minuspunkt. Wer 5 Minuspunkte hat, scheidet aus.
- Einen Eimer oder Einkaufskorb aufhängen: im Freien an einen Baum, im Zimmer in die Türfüllung. Wer hineintrifft, bekommt einen Punkt.
- Die Mitspieler bilden zwei Mannschaften. Jede Mannschaft erhält eine Indiaca – jeweils in einer anderen Farbe. Die Mannschaften kennzeichnen sich mit einer Armbinde oder Gesichtsbemalung. Jede Gruppe wirft sich ihre Indiaca gegenseitig zu, während die andere Gruppe gleichzeitig versucht, die gegnerische Indiaca zu fangen. Gelingt das, erhält die Mannschaft 5 Punkte. Keine Indiaca darf auf den Boden fallen. Das gibt einen Minuspunkt.

Sieger ist, wer die meisten Pluspunkte abzüglich eventueller Minuspunkte erreicht hat.
Wie viele Runden hintereinander gespielt werden, wird vorher ausgemacht.
Ein **Schiedsrichter** bestimmt den Spielbeginn und schreibt die Plus- und Minuspunkte mit.

Indianisches Glücksspiel

1. Viele lange Schnüre abschneiden.
2. Für jede Schnur einen Zettel mit einer Aufgabe und einer Gewinnzahl beschriften und lochen.
3. An jede Schnur einen Zettel knoten.
4. Die Schnüre zu einem Strang zusammenfassen und bis zur Hälfte über einen dicken Ast werfen.
5. Als Gewinne gibt es Kieselsteine oder Astscheiben. Diese können später gegen andere Dinge eingetauscht werden.

So wird gespielt: Jeder darf einen Faden ziehen. Der Zettel wird abgerissen und muss gleich eingelöst werden. Ist die Aufgabe gelöst, gibt es die entsprechende **Belohnung:** z.B. 1 Kieselstein, 2 Kieselsteine ...

Schleiche rückwärts bis zum nächsten Baum. = 2 Kieselsteine
Erkläre in Zeichensprache, was du gestern Mittag gegessen hast. = 2 Kieselsteine
Zeige, wo Norden ist. = 1 Kieselstein

Indiaca

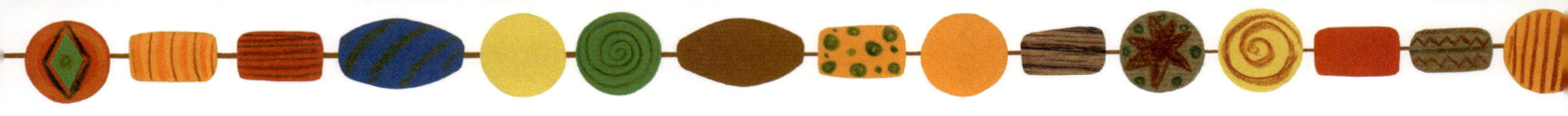

Verkleidung, Schmuck, Bemalung

Kostüme

Für ein **Kleid** braucht man je nach Körpergröße etwa 150 x 60 cm Baumwollstoff, der sich gut reißen lässt. Den Halsausschnitt einschneiden und die Fransen einschneiden und reißen (siehe Schnitt unten).

Das Kleid mit einem Gürtel zusammenhalten oder die Seitennähte mit Schnur oder schmalen Stoffstreifen und großen Kreuzstichen verbinden. Das geht am besten mit einer Webnadel.

Verzieren:
- Den Stoff mit Indianerstempeln bedrucken.
- Federn, Stoff-, Filz- oder Lederflicken aufnähen.
- Perlenschnüre befestigen.
- Fransen: Perlen auffädeln, Zöpfe flechten oder verknoten.

Kopfschmuck

Wellpappestreifen etwa 5 cm breit abschneiden und verzieren:
- Indianerperlen auffädeln und die Schnüre um den Streifen wickeln und festknoten.
- Federn in die Pappetunnel stecken. Dicke Federn durch 2 eingeschnittene Schlitze oder durchgestochene Löcher schieben.
- Federbündel festnähen oder an Zierschnüre knoten.

Tipps:
- Lange Wellpappestreifen (etwa 60 cm) mit Heftklammern, kurze Wellpappestreifen (30 - 40 cm) mit Gummischnur verbinden.
- Muster auf Fotokarton-Streifen malen und mit Perlenmakern verzieren.
- Stoff- oder Filzstreifen mit Schnur umwickeln, Perlen aufsticken und Federbündel festnähen oder durch zwei Schlitze stecken.

150 cm · 50 - 60 cm · Mitte · Schlitz einschneiden

Armband

Halskette

Gürtel

Kopfschmuck

Halsketten und Gürtel

Perlen, Korken, Filzstückchen oder Astscheiben auf Schnur fädeln. Dazwischen kleine Federn und kurz geschnittene Zweige festknoten.

Lederarmband

Einen Lederstreifen um das Handgelenk knoten und passend abschneiden.
Den Lederstreifen wieder aufknoten, mit Filzschreibern oder dem Brennkolben beschriften (siehe Seite 14) oder mit Mustern verzieren. Ein paar Löcher mit der Lochzange einstanzen und Lederschnüre mit Indianerperlen, kleinen Federn oder Astscheiben darin festknoten.

Schminken

Ein paar bunte Striche auf Wangen, Nase, Stirn und Kinn – fertig!
Kriegsbemalung ist natürlich aufwändiger!

Tattoos aus Holundersaft

... halten eine ganze Weile:
2 Handvoll Beeren mit 2 EL Wasser in einem kleinen Topf aufkochen.
Die Beeren zerdrücken und den Saft durch ein Sieb gießen.
Den kalten Saft mit einem feinen Pinsel auf die Haut malen.

An der Körperbemalung eines Indianers konnte man sehen, welchen Wert er für seinen Stamm besaß und welche Verdienste er sich bei der Jagd und im Krieg erworben hatte.
ROT war die Farbe des Kriegs. Manche Stämme schminkten sich nach Niederlagen BLAU.
Auch die Pferde wurden mit Erdfarben bemalt und mit Ketten und bestickten Bändern geschmückt.
Die Schminke bestand aus farbigen Erden, Holzkohle oder Pflanzensäften, die mit Wasser, Pflanzenöl oder Tierfett vermischt wurden.

Mokassins

Schnitt auf der CD-ROM!

Material:
Lederstücke
Schere
stabile Schnur oder Lederband
Lochzange
Stopfnadel
für den Schnitt: Papier, Stift
und Klebeband

Der Schnitt zum Ausdrucken passt für Schuhgröße 36/37. Man kann ihn beliebig verkleinern oder vergrößern.
Bevor die Teile aus Leder ausgeschnitten werden, einen Schuh aus Papier mit Klebeband zusammenkleben. So kann man sehen, ob er gut passt oder ob noch Änderungen nötig sind.

So nehmen die Indianer Maß: Sie stellen den Fuß in die Mitte eines Musterstücks (z.B. Stoff oder Papier), umfahren ihn mit einem Stift und geben außen – wie auf

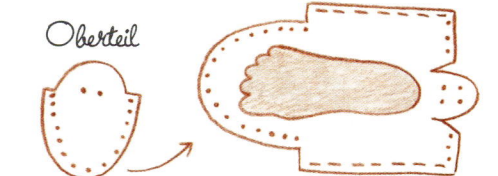

Oberteil

der Zeichnung – ein paar Zentimeter für die Fußhöhe und Ferse zu. Wenn alles passt, wird der Schnitt auf Leder übertragen und ausgeschnitten. Das Oberteil wird in Fußbreite zugeschnitten.

Das zugeschnittene Leder mit der Lochzange wie auf der Abbildung lochen und darauf achten, dass im vorderen Unterteil genauso viele Löcher verteilt sind wie im Oberteil, damit beim Zusammennähen kein Loch übrig bleibt.

- In die Fersenränder beidseitig jeweils 3 Löcher und in die Fersenlasche 4 Löcher stanzen.
- Für die Schnürbänder braucht man 2 Löcher im Oberteil und kleine Schlitze an den Seitenrändern.

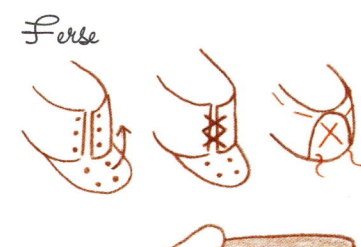

Ferse

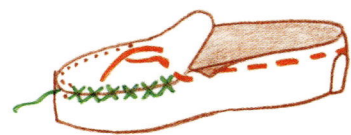

Bevor die Indianer ihre neuen Schuhe mit Perlen und Schnüren verzieren, ziehen sie diese an und stellen sich damit eine Weile ins Wasser. Dann laufen sie so lange herum, bis die Schuhe trocken sind. Jetzt passen sie genau!
Dann streichen sie die Außenseiten dick mit Fett ein, damit das Leder wasserabweisend wird.

Kleiner Medizinbeutel & großer Sammelsack für gefundene Schätze

- In einem kleinen Lederbeutel bewahren Indianer heilige, persönliche Dinge auf. Meistens ist er besonders schön verziert.
- In einem großen Stoffbeutel befinden sich Proviant und andere wichtige Dinge für einen Tag im Wald. Man kann darin auch alles sammeln, was man brauchen kann: Steine, Äste, Blätter, Federn, Zapfen, Gräser …
1. Aus Stoff oder Filz einen großen oder kleinen Kreis (je nach Verwendungszweck) ausschneiden.
2. Mit einer spitzen Stopfnadel und großen Stichen etwa 2 cm von Rand entfernt eine Schnur einziehen. Anfang und Ende hängen lassen.

3. Eine zweite Schnur gegengleich einziehen: gegenüber der 1. Schnur beginnen (siehe Abb. rechts).
4. Die Schnurenden gleich lang miteinander verknoten.
5. Wenn beide Schlaufen gleichzeitig auseinandergezogen werden, schließt sich der Beutel.

Verzieren: Perlen auf eine doppelte Schnur fädeln, verknoten und mit einer Schlaufe in die Beutelschnur einhängen.

Im Medizinbeutel bewahren die Indianer ihre heiligsten Schätze auf. Wer ihn verliert, verliert auch sein Glück.

Schild

1. Eine Scheibe aus Pappe ausschneiden (Ø ca. 50 cm).
2. In den Rand 1 cm tiefe Schlitze einschneiden.
3. Eine lange Schnur reihum von Schlitz zu Schlitz über beide Seiten der Scheibe spannen. Das Schnurende mit dem Anfang verknoten. Jetzt ist auf beiden Seiten ein Schnurstern zu sehen.
4. In den Stern auf der Vorderseite verschiedenes Naturmaterial einweben: Blätter, Gräser, Wolle, Zweige usw.

Zum Festhalten schiebt man die Hand durch den Stern auf der Rückseite.

Köcher

1. Eine Verpackungsröhre bunt bemalen oder bekleben und mit Schnur, Perlen und anderen Dingen verzieren.
2. Zwei Löcher in Längsrichtung durch die Röhrenwand bohren.
3. Eine lange Schnur (je nach Körpergröße 70 - 100 cm) flechten, durch die Löcher ziehen und verknoten.
4. Vor dem Befüllen den Röhrendeckel aufsetzen.

Jagdausrüstung und Pirschgang

Pfeil + Bogen

Für den Bogen braucht man einen fingerdicken geraden Ast einer Haselnuss, Weide oder Esche. Er soll frisch geschnitten sein, damit er noch Saft hat und biegsam ist, und etwa 2/3 der Körpergröße des Schützen haben, z.B. 150 cm Körpergröße = 100 cm Bogenlänge.

1. Für die Bogenschnur auf beiden Seiten 2 cm vom Rand entfernt eine Kerbe einschneiden.
2. Stabile Schnur in beiden Kerben festknoten und vorsichtig spannen. Dabei wird der Ast gebogen. Der Abstand zwischen Schnur und Bogenmitte soll etwa 30 cm groß sein.
3. Die Bogenschnur mit einer Kerze kräftig wachsen.
4. Die Griffstelle in der Bogenmitte mit Schnur oder Stoffstreifen umwickeln.
5. Die Bogenenden mit buntem Garn, Stoffstreifen, Filz- oder Lederstückchen verzieren.

Für die Pfeile braucht man dünne gerade Rundstäbe.

- Die Pfeilspitze mit einem Spitzer etwas anspitzen und, damit beim Schießen nichts passieren kann, einen vorgebohrten Korken auf die Spitze kleben.

- In das hintere Ende eine Kerbe schneiden, Federstücke hineinstecken und mit Schnur festbinden. Die Federn sollen gleichmäßig verteilt sein, denn sie helfen dem Pfeil beim Fliegen. Fliegt er trotzdem schief, die Federn beschneiden, bis das Gleichgewicht stimmt.

Tipps

- Die Rinde des Bogenholzes verzieren: Die Muster mit Filzschreiber oder einem weißen Buntstift vorzeichnen und alle Flächen, die später herausgeschnitten werden sollen, ausmalen. Die Konturen mit dem Schnitzmesser einritzen und die Flächen dazwischen herausheben.
- **Niemals auf Menschen, Tiere oder Fenster zielen!** Als Zielscheibe eine mit Kreisen bemalte Pappescheibe auf einer Wiese aufstellen oder ein Tuch mit einem großen Loch zwischen zwei Bäume spannen. Es ist gar nicht so einfach, den Pfeil in das Loch zu treffen!

Frisch geschnittenes Holz nennt man auch Grünholz! Wie es bearbeitet wird, steht auf S. 14.

Sonnenschuss

Pirschgang–Schätze–Basteleien

Endlich haben die Squaws mal Zeit: Jetzt werden **Perlen** aufgereiht!

Ein Traumfänger

... sorgt für guten Schlaf, wenn er sich frei über dem Schlafplatz drehen kann. Einen frischen Zweig zum Kreis biegen und mit Schnur umwickeln. Kreuz und quer – wie bei einem Spinnennetz – Schnur in den Kreis spannen. Den Rand mit Perlen verzieren. Perlen und Federn auf Schnüre fädeln und festknoten.

\\

Weben

1. Einen Rahmen aus 4 Ästen binden. Damit nichts verrutschen kann, werden die Ecken kreuzweise umwickelt.
2. Web-Schnur aufspannen: den Anfang und das Ende fest verknoten.
3. Halme, Blätter, Stoff- und Lederstreifen, Federn usw. einweben. Steine und Zapfen mit Schnur umwickeln und an den Rahmen hängen.

Webvergnügen für alle Stammesbrüder und -schwestern:

- Zwischen zwei Baumstämmen mehrere Reihen stabile Schnur spannen und fest verknoten.
- Stoffreste und ausrangierte Textilien in Streifen reißen und zusammen mit Zweigen senkrecht durch die Schnüre weben.

Das Kunstwerk kann lange ein Blickfang im Garten sein. Selbst im verblichenen Zustand sieht es noch toll aus und man kann immer wieder neue Dinge hineinweben, bis die Kettfäden morsch geworden sind.

Ketten, Mobile

Traumfänger

Wickelpüppchen

Weben

Glücksbringer, Amulett, Talisman

Einen Anhänger aus besonders schönen Fundstücken auffädeln und beim Basteln gute Gedanken für den, der den Glücksbringer geschenkt bekommen soll, mit hineinfädeln.

Ketten

Alle Fundstücke wie Holz- und Rindenstückchen, Zapfen, Federn, Steine, Korken oder Schneckenhäuser mit Schnur umwickeln, verknoten und an einer langen Schnur festknoten. Hohle Äste in Stücke schneiden und mit dem Schnitzmesser Muster in die Rinde schneiden.

Mobile

Mehrere Ketten an einen schönen Ast hängen.

\|\\\|\\\\\|\\|\\—\——\|\/\\|\\\\\|\\\|\\\\\|\\\|\\\|

Wickelpüppchen

1. Einen kurzen und einen langen Zweig über Kreuz aufeinanderlegen und die Mitte mit Schnur oder Bast umwickeln.
2. Eine große und zwei kleine Holzkugeln oder Aststücke für den Kopf und die Hände auf die Zweige stecken und festkleben.
3. Den Körper und die Arme dick mit Wolle umwickeln und das Fadenende mehrmals durch die Wollschichten ziehen und vernähen.

Die Squaw

Früher war es üblich, dass die Indianerfrauen sich um die Dinge des täglichen Lebens, um die Kinder und Haus-tiere, das Essen, die Kleidung sowie das Tipi und dessen Verschönerung kümmerten, während die Krieger und Jäger unterwegs waren, um Bisons zu jagen oder ihr Dorf gegen Feinde zu verteidigen.

Rindenfloß

Ein Stück Rinde etwas aushöhlen, einen geraden Zweig in die Höhlung bohren und ein Blatt als Segel aufspießen.

> **Noch mehr Schiffe zum Basteln auf Seite 58.**

Segelfloß

Mehrere gerade Zweige nebeneinanderlegen und 2 x mit Schnur zusammenbinden.
Segelmast: Ein Ende eines Zweigs anspitzen. Ins andere Ende eine kreuzförmige Kerbe schneiden. Den Mast zwischen die Planken stecken und mit Schnur, die durch die Kerbe gezogen wird, an allen vier Floßecken befestigen.
Segel: Ein Stück Stoff oder Papier um zwei dünne Hölzchen kleben und beidseitig eine Schnur festknoten. Das Segel in die Mastkerbe hängen.

Natur-Musik

Vielen Dingen, die man auf dem Pirschgang findet, kann man Töne entlocken.
Trockene Äste klingen anders als grüne, dicke Äste anders als dünne.
Für die Indianermusik kann man viele verschiedene Töne brauchen:
Äste: klick-klack, ratsch-ratsch
Eisenrohr: boing
Stein: bing
Schraubglas mit kleinen Steinchen: tschakka-tschakka
Joghurtbecher-Rassel: schschrrrt-schschrrrt
Xylophon mit verschiedenen Ästen: bäng, bing, doing, klack
Ziegelstein: tick-tack
Äste mit Schnur zusammenbinden: schrapp-schrapp

klick klack

INDIANER-MUSIK

Sprechgesang mit Trommeln

Trommeln findet man im Haushalt. Schüsseln, Töpfe, Kartons, Blechdosen und viele andere Dinge eignen sich dafür. Man kann das Lied auch mit Naturinstrumenten vom Pirschgang begleiten.

⌒ = langer Ton
● = kurzer Ton

●● 2 kurze Töne sind genauso lang wie ein langer Ton. ⌒

Eine Verszeile hat 8 lange Töne. Man singt die Silben so, wie sie in den Kästchen stehen, Zeile für Zeile von oben nach unten. Der Rhythmus ist während des ganzen Liedes gleich.

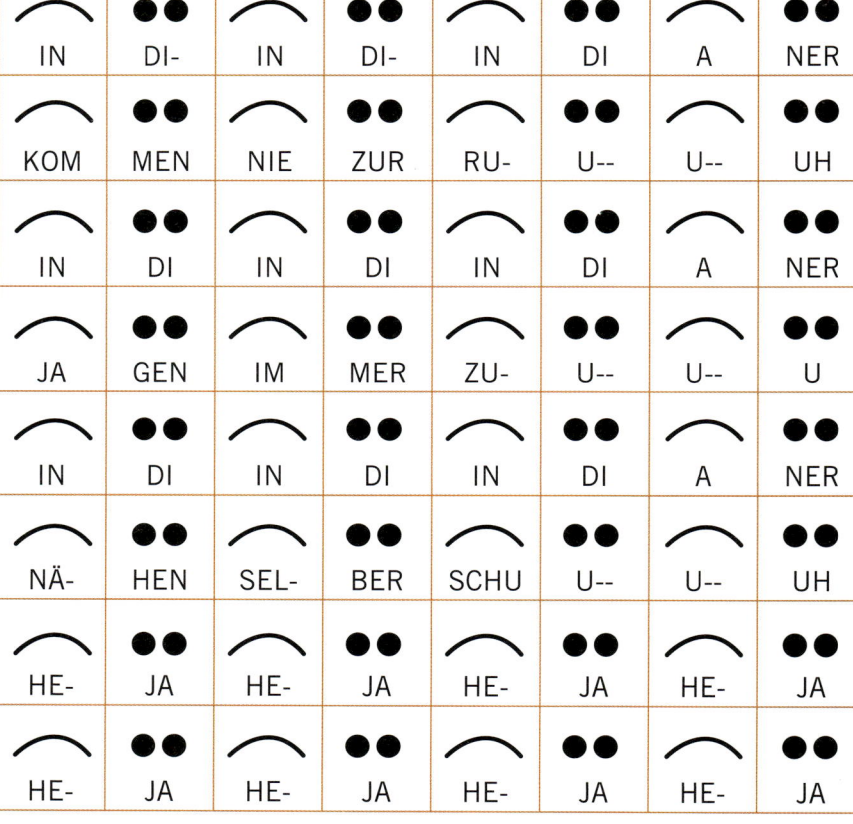

IN	DI-	IN	DI-	IN	DI	A	NER
KOM	MEN	NIE	ZUR	RU-	U--	U--	UH
IN	DI	IN	DI	IN	DI	A	NER
JA	GEN	IM	MER	ZU-	U--	U--	U
IN	DI	IN	DI	IN	DI	A	NER
NÄ-	HEN	SEL-	BER	SCHU	U--	U--	UH
HE-	JA	HE-	JA	HE-	JA	HE-	JA
HE-	JA	HE-	JA	HE-	JA	HE-	JA

kakiphonie ©1996

bumm bumm trommel trommel

Indi-, Indi-, Indianer
kommen nie zur Ruh.
Indi-, Indi-, Indianer
jagen immerzu.
Indi-, Indi-, Indianer
nähen selber Schuh.
Heja, Heja …

Indi-, Indi-, Indianer
tanzen in der Nacht.
Indi-, Indi-, Indianer
halten lange Wacht.
Indi-, Indi-, Indianer
schlafen bis um Acht.
Heja, Heja …

Hier kann man gemeinsam weiterdichten!

Sonnentanz für Trommler und Tänzer

So wird getrommelt:

↓ = 1 Schlag auf die tiefe Trommel   ↑ = 1 Schlag für alle anderen Rhythmusinstrumente

Dazu wird der Text gesprochen, gerasselt und geratscht, was das Zeug hält.

TO- ↓ Ras- Ratsch	O ↑ sel	HU ↑ Ras- Ratsch	WA ↑ sel	BO- ↓ Ras- Ratsch	O ↑ sel	HU- ↑ Ras- Ratsch	U ↑ sel	TO- ↓ Ras- Ratsch	O ↑ sel	HU ↑ Ras- Ratsch	WA ↑ sel	BO- ↓ Ras- Ratsch	O ↑ sel	HU- ↑ Ras- Ratsch	U ↑ sel

kakiphonie ©1996

So wird getanzt

Die Indianer laufen hintereinander im Kreis herum, heben bei „TOHU" die Arme und schauen in den Himmel, bei „WA BO HU" beugen sie sich nach vorne und schauen auf die Erde. Sie halten Bänder, Tücher, geschmückte Speere oder Schilde in den Händen und stampfen kräftig mit den Füßen auf.

Tanzvariation
- 4 Schritte vor und 4 Schritte zurückgehen.
- Beim 8. Schritt eine Verbeugung nach Westen und beim 16. Schritt eine Verbeugung nach Osten machen.

Du still – sonst tot

Die Indianer gehen im Kreis herum und trommeln. In der Kreismitte steht der Medizinmann und hält sich die Augen zu. Wenn er die Augen öffnet und ruft: „Du still – sonst tot", müssen alle sofort mit dem Trommeln aufhören und stehen bleiben. Wer noch weitertrommelt, scheidet aus.
Wer zuletzt übrig ist, darf der neue Medizinmann sein.

Indianerspiele

Büffeljagd

Ein Indianer ist der Büffel. Um seinen Bauch wird eine Schnur gebunden, an der ein Bündel Reisig als Schwanz hängt. Die anderen Indianer versuchen, dem Büffel auf den Schwanz zu treten. Wer es schafft, darf der nächste Büffel sein. Wird jemand vom herumfliegenden Büffelschwanz berührt, muss er starr stehen bleiben, bis der Büffel gefangen ist.

Haguh

Das heißt: Komm her!
Zwei Indianerstämme stellen sich gegenüber auf und bilden eine Gasse.
Jetzt wählt jeder Stamm einen Indianer aus. Die zwei Auserwählten stellen sich am Anfang und am Ende der Gasse gegenüber auf. Sie müssen gleichzeitig mit todernstem Gesicht bis ans andere Ende der Gasse gehen, ohne eine Miene zu verziehen. Die anderen Indianer machen Faxen und Verrenkungen, schreien „HAGUH" und versuchen, den Indianer des Gegners zum Lachen zu bringen. Wenn einer der Läufer lacht, muss er zum gegnerischen Stamm überwechseln.

Sockeln

Auf einem Baumstamm oder einem Strohballen stehen sich zwei Indianer gegenüber, geben sich die Hand und versuchen, den anderen aus dem Gleichgewicht zu bringen, ohne sich loszulassen. Wer herunterfällt, scheidet aus.

Schatz stehlen

Ein Häuptling sitzt mit verbundenen Augen und ausgestreckten Beinen auf dem Boden und meditiert. Zwischen seinen Beinen liegt sein Schatz (z.B. Steine in einer Dose). In einem großen Kreis sitzen alle Indianer um ihn herum und versuchen, den Schatz zu stehlen. Durch Handzeichen wird einer ausgewählt, der sich so leise wie möglich anschleichen muss. Gelingt es ihm, den Schatz geräuschlos zu seinem Platz zu bringen, wird er der neue Häuptling.
Wird er jedoch vom Häuptling erwischt und berührt, muss er sich wieder auf seinen Platz setzen.
- In der Schatzdose kann auch ein Lageplan liegen, der auf einen Berg versteckter Schokoküsse hinweist.

Indianerspiegel

Man steht sich paarweise gegenüber. Einer bewegt sich wie vor einem Spiegel. Der andere muss versuchen, die Bewegungen möglichst genau mitzumachen. Nach ein paar Minuten wird gewechselt.

Wildbach-Überquerung

Viele Indianer stehen sich gegenüber und fassen sich fest bei den Händen. Ein Indianer legt sich mit dem Rücken quer über die Hände und wird durch Ruckeln ans andere Ende gebracht.

Fliegender Stern

- 4 Lagen Zeitungspapier zu Streifen von etwa 3 x 40 cm falten.
- Die Streifen sternförmig übereinanderkleben und die Mitte zusätzlich mit Schnur umwickeln.
- Beide Seiten des Sterns bunt bemalen.
Jetzt kann man damit spielen wie mit einer Frisbee-Scheibe, aber auch Zielspiele machen Spaß: z.B. Luftballons treffen, die an einer Wäscheleine hängen …

Schlangentanz

Zwei Spieler sind die Schlangen. Sie binden sich eine Schnur um den Bauch, an der mehrere Konservendosen hängen.
Mit verbundenen Augen stellen sie sich ein paar Meter voneinander entfernt auf. Jetzt müssen die beiden versuchen, möglichst schnell zueinanderzufinden.
Die anderen Indianer machen jedoch so viel Lärm wie möglich, um die Schlangen abzulenken und das Dosengeklapper zu übertönen.

Indianer-Boccia

Dafür braucht man glatte runde Steine, die man auf dem Pirschgang suchen kann.
Boccia mit Steinen ist deshalb lustig, weil jeder Stein anders kullert und man nicht genau berechnen kann, wo er landen wird.
Jede Mannschaft markiert ihre Steine: z.B. mit einem Kreuz oder Kreis.
Der Zielstein bekommt ein eigenes Symbol und wird zuerst geworfen.
Jetzt versuchen die Mannschaften abwechselnd, ihre Steine so nahe wie möglich an den Zielstein zu werfen und nahe liegende Steine des Gegners wegzukicken.
Haben alle Spieler ihre Steine geworfen, wird der Sieger bestimmt. Indianer messen den Abstand mit einer markierten Schnur.

Stein-Hockey

Es wird mit zwei Mannschaften gespielt.
Jede Mannschaft legt sich ein Tor aus Ästen auf die Erde.
Mit einem starken geraden Ast müssen die Mannschaften nun versuchen, einen faustgroßen runden Stein oder ein rundes Aststück ins gegnerische Tor zu stoßen oder zu stupsen.
Der Gegner muss das natürlich verhindern. Für jede Mannschaft spielt immer nur EINER, sonst wird das Stockgedränge zu gefährlich.
Nach einer vorher festgelegten Zeit wird abgepfiffen und die nächsten Spieler sind dran.

Schleichpfad

Mit Steinen oder dicken Stöcken wird ein verschlungener Pfad auf eine Wiese gelegt.
Die Indianer laufen den Pfad entlang und versuchen, sich den Weg und die Schritte nach rechts, geradeaus und links zu merken.
Dann werden einem Indianer die Augen verbunden und er muss den gemerkten Weg ablaufen.
Die anderen dürfen natürlich zurufen, wenn die Richtung ganz falsch ist.

Schnurtanz

Dafür braucht man Trommelmusik und eine Schnur oder einen langen dünnen Ast. Zwei Indianer halten die Schnur straff oder den Ast waagerecht.
Ein Indianer muss unter der Schnur oder dem Ast hindurchtanzen, ohne diese zu berühren.
Nach jedem Durchgang wird der Ast ein Stück tiefer gehalten. Wird er berührt oder gibt der Tänzer auf, ist der nächste Indianer an der Reihe.

Auf dem Schleichpfad

Diese Spielefolge kann man sich selbst ausdenken und den örtlichen Gegebenheiten anpassen.

Die Spielgeschichte könnte sein: Eine Postkutsche ist vorbeigefahren und hat einen Koffer, eine Blechdose mit Pumpernickelbrot und einen verzierten Kamm verloren. Der Koffer ist aufgeplatzt und ein Goldtaler ist herausgerollt. Aber der Koffer ist spurlos verschwunden. Wahrscheinlich hat ihn der räuberische Stamm vom anderen Hügel mitgenommen. Unser Späher ist schon vorausgeeilt, um den Koffer und die Menschen in der Postkutsche zu finden. Er hinterlässt uns Nachrichten, die er mit Schnur um Steine wickelt. Unser Stamm macht sich auf den abenteuerlichen Weg.

Mutproben

- In deiner Fantasie ist diese Schnur eine schmale Hängebrücke, die über einen reißenden Wildbach führt. Du musst hinüberbalancieren, ohne abzustürzen.
- In deiner Fantasie sind diese beiden Fußabtreter 2 Felsen. Dazwischen ist eine tiefe Schlucht! Spring hinüber!
- In deiner Fantasie ist dieser Kartoffelsack ein hungriger wilder Braunbär. Fessle ihn und trage ihn auf deinem Rücken zu deinem Wigwam.

Gewinner und Verlierer

Damit Verlierer nicht ganz ihr Gesicht verlieren, erhalten sie die Chance, mit einer Mutprobe ihren Kampfgeist zu beweisen. Man kann sich jede Menge lustige Mutproben ausdenken. Sie sollten allerdings niemals gefährlich oder eklig sein. Schließlich will man seine Gäste nicht vergraulen und noch öfter mit ihnen feiern. Oft ist allein die suggerierte Vorstellung von ganz harmlosen Dingen ein unüberwindliches Hindernis: z.B. eine ganz weich gekochte Nudel, die dem Kandidaten, der die Augen verbunden hat, als Präriemade in den Mund gesteckt wird. Für eine empfindliche Seele kann dies das Ende der Fest-Gaudi und manchmal auch der Freundschaft bedeuten.

Ein Fingerspiel für kleine Indianer

zu singen nach der Melodie: „Zehn kleine Negerlein"

Mit dem Schminkstift oder Holzkohle auf jede Fingerkuppe ein Gesicht malen und auf jeden Fingernagel mit Spucke ein kleines Blatt kleben.

Zehn kleine Indianer
wollten sich mal freu'n –
der eine ist vor Glück geplatzt,
da waren's nur noch **neun**.

Neun kleine Indianer
gingen auf die Jagd –
den einen hat die Angst gepackt,
da waren's nur noch **acht**.

Acht kleine Indianer
kochten Runkelrüben –
der eine wollte Pommes essen,
da waren's nur noch **süben**.

Sieben kleine Indianer
machten einen Klecks –
der eine wollt' nicht dreckig sein,
da waren's nur noch **sechs**.

Sechs kleine Indianer
hatten keine Strümpf' –
da ging der eine Wolle kaufen,
so waren's nur noch **fünf**.

Fünf kleine Indianer
streichelten ein Tier –
der eine hat 'ne Allergie,
da waren's nur noch **vier**.

Vier kleine Indianer
hörten einen Schrei –
der eine rennt zur Polizei,
da waren's nur noch **drei**.

Drei kleine Indianer
fühlten sich so frei –
da flog der eine glatt davon
und übrig waren **zwei**.

Zwei kleine Indianer
hüpften auf einem Bein.
Da ist der eine umgefallen,
der andre blieb allein.

Ein kleiner Indianer
fand das gar nicht schön –
er braute einen Zaubertrank,
da waren's wieder **zehn**.

Lieder zum Ausdrucken auf der CD-ROM!

Lagerfeuer

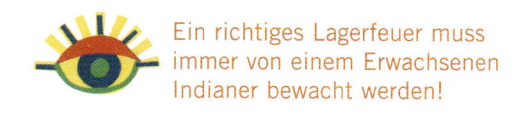

Ein richtiges Lagerfeuer muss immer von einem Erwachsenen Indianer bewacht werden!

Indianer setzen sich zum Essen auf den Boden. Am schönsten ist das natürlich **draußen** am Lagerfeuer.

- Große Steine suchen und weit genug von Häusern, Bäumen und Sträuchern entfernt im Kreis auf die Wiese legen.
- In den Kreis trockenes Holz gegeneinander aufstellen – immer im Kreis herum. Vorsichtshalber einen Eimer Wasser und eine Schaufel in die Nähe des Feuers stellen, falls es nötig sein sollte, schnell zu löschen.
- Bevor man die Essensdecken auslegt, muss man die Windrichtung ausfindig machen.

Woher weht der Wind? Ein Indianer steckt seinen Finger in den Mund und hält ihn dann gleich senkrecht in die Luft. Die Seite, die zuerst kalt wird, ist die, aus der der Wind weht!

Drinnen kann genauso gut ein Indianerlager gebaut werden.
Ein Tisch wird an die Wand geschoben und mit vielen Decken verhängt. Das ist der Versorgungs-WIGWAM. Davor sitzt man um eine Decke, auf der das Essen steht und ein **kaltes Lagerfeuer** „brennt": Dafür Steine im Kreis auslegen, Äste in den Kreis stellen, oranges, rotes und gelbes Seidenpapier zusammenknüllen, dazwischenlegen und Flammen herauszupfen.

Egal, ob drinnen oder draußen gefeiert wird, in jedem Fall kann **GEMEINSAM** gekocht werden. Das machen echte Indianer auch so!
Nach dem Essen lümmeln sich alle um das Lagerfeuer und denken sich Geschichten aus von kalten Winternächten, in denen die Kojoten hungrig den Mond anheulen; von einem Grizzlybären, der

Das riecht gut: Kräutersträußchen ins Feuer werfen.

sich in eine Squaw verliebt hat und seit dem vor ihrer Höhle schläft; von einem Schatz, der im Wilden Fluss versunken ist und den man nur in einer einzigen Vollmondnacht finden kann, wenn alle anderen Bedingungen erfüllt sind: Es darf 3 Tage vorher nicht geregnet haben, die Akazien müssen blühen und der Wind muss aus Nordosten wehen …

Ein großes Lagerfeuer

Oberste Grundregel beim Lagerfeuerbau ist Sicherheit. Oft entstehen Waldbrände durch leichtsinnigen Umgang mit Feuer. Wegen des Funkenflugs muss auf die Windrichtung geachtet werden.

- Der Abstand zu Büschen und Bäumen sollte 30 Meter betragen.
- Der Feuerplatz muss im Umkreis von 5 Metern frei von brennbarem Material sein.
- Ist eine passende Feuerstelle gefunden, die Grasnarbe mit einem Spaten abstechen und ein Stück entfernt lagern. Man braucht sie später, um die Feuerstelle wieder abzudecken.

- Um die Feuerstelle große Steine legen und in der Nähe ein paar gefüllte Wasserkanister deponieren.

Dann dünnes, mitteldickes und grobes trockenes Holz sammeln. Das einzige Holz, das auch in feuchtem Zustand brennt, ist Birkenholz. Trockene Äste fühlen sich warm an. Für das Feuerherz braucht man trockenes, leicht entflammbares Brennmaterial: kleine dürre Fichtenzweige, trockene Gräser, Moose und Flechten, Rinde, Blätter oder abgestorbenes Heidekraut.

- Das Feuerherz locker aufschichten. Rundherum zuerst dünne Zweige, dann stärkere und zum Schluss dicke Äste

aneinanderlehnen. Auf der Windseite bleibt eine Stelle zum Anzünden offen.

Ist das Feuer abgebrannt, die ganze Fläche sorgfältig mit viel Wasser löschen. Austreten reicht nicht, denn oft glimmt die Erde noch tagelang weiter und ein kleiner Windstoß genügt, um das Feuer erneut zu entfachen. Jetzt heißt es, alle Feuerspuren wieder zu beseitigen: die Steine aufräumen, verkohlte Äste einsammeln und die deponierte Grasnarbe wieder richtig herum auflegen, damit das Gras weiterwachsen kann.

Stammesverpflegung

Indiburger

Stockbrot

Aus 1 kg Mehl, 2 EL Backpulver, 2 TL Salz und ½ Liter Wasser einen Teig kneten. Eine Handvoll geräucherten Speck oder Schinken untermengen.
Kleine Mengen davon zu Würsten formen, um Stöcke wickeln und über dem Feuer backen.
Ist kein Lagerfeuer-Wetter, kann man den Teig auch in der leicht eingefetteten Pfanne backen, bis er braun ist.

Indianertopf

Zutaten (Menge nach Belieben):
Hackfleisch
Zwiebeln
Knoblauch
½ Liter Brühe
Tomatenmark
Senf
gewürfelte Kartoffeln
grüne Bohnen
Salz, Pfeffer
Kräuter nach Geschmack

Zubereitung:
Hackfleisch mit Zwiebeln und Knoblauch in Öl anbraten, mit Brühe aufgießen, Senf und Tomatenmark hinzufügen, Kartoffeln und Bohnen dazugeben.
Alles köcheln lassen, bis die Bohnen gar sind. Mit Kräutern, Salz und Pfeffer abschmecken.

Jambalaia

Zutaten für 4 Personen:
500 g gegrilltes oder gebratenes Putenfleisch
120 g Reis
4 TL Öl
½ Liter Gemüsebrühe
4 Zwiebeln
3 Knoblauchzehen
8 Tomaten oder
1 große Dose geschälte Tomaten
4 Paprikaschoten
Pfeffer, Salz
je 1 TL Thymian, Oregano, Basilikum
evtl. Maiskörner, Kidneybohnen

Zubereitung:
1. Reis in 2 TL Öl glasig dünsten, mit Gemüsebrühe auffüllen, auf kleiner Flamme 20 - 30 Min. garen.
2. Putenfleisch klein schneiden und unter den Reis mischen.
3. Zwiebeln und Paprika klein schneiden, in 2 TL Öl anbraten, Tomaten würfeln, dazugeben, salzen und pfeffern.
4. Reis und Kräuter dazugeben.
5. Den Topf in die Backröhre schieben (ca. 175 °C).
6. Nach ca. 10 Min. evtl. Kidneybohnen und Maiskörner hinzufügen und alles nochmals 15 Min. in der Backröhre lassen.

Wird draußen gekocht, kann man einen großen Topf an einem Dreibein übers Feuer hängen.

Allulahs

Zutaten für 6 Stück:
3 Tassen Weizenmehl
1 Würfel Hefe
4 EL Milch
4 EL Öl
½ Tasse Brühe
4 EL fein gehackte Kräuter nach Geschmack
1 TL Salz
2 EL Zucker
Wer's scharf mag: ½ TL Chilipulver

Zubereitung:
Die Hefe in warmer Milch auflösen, mit etwas Mehl vermengen und gehen lassen. Dann das restliche Mehl und alle anderen Zutaten abwechselnd mit Brühe nach und nach unterkneten. Der Teig darf nicht zu nass sein!
6 Teigkugeln formen, auf Backpapier legen, die Kugeln kreuzweise einschneiden und mit der restlichen Brühe bestreichen.
Im vorgeheizten Ofen 30 Min. bei 220 °C backen.

Indiburger

Zutaten für 4 Personen:
Allulahs aufschneiden und belegen:
- Salatblatt
- Tomatenscheiben
- Knoblauchquark
- Schweinegeschnetzeltes
- Salatblatt

Knoblauchquark: Quark mit Sahne, Salz und gepresstem Knoblauch verrühren.

Wer sagt, dass Indianer nichts Süsses essen?

Adlerkuchen

Zutaten für den Teig:
150 g Magerquark
6 EL Milch
6 EL Öl
75 g Zucker
1 Pck. Vanillezucker
1 Prise Salz
300 g Mehl
1 Pck. Backpulver

Zutaten für den Belag:
1000 – 1500 g Obst, z.B. Äpfel,
Aprikosen …
100 g Mandelblättchen
1/8 Liter Schlagsahne
2 EL Zucker

Zubereitung:
1. Quark, Milch, Öl, Zucker und Vanillezucker gut verrühren.
2. Mit Backpulver vermischtes Mehl dazusieben und gut durchkneten.
3. Den Teig ca. 2 Stunden im Kühlschrank ruhen lassen und dann auf einem gefetteten Backblech ausrollen.
4. Das in Spalten oder Scheiben geschnittene Obst auflegen, die Mandelblättchen und etwas Zucker darüberstreuen.
Backen: 25 - 30 Min. bei 200 °C.
Nach dem Abkühlen verzieren: Dazu die geschlagene Sahne in einen Spritzbeutel füllen und Adler-Konturen (siehe S. 30: Indianermotive) aufspritzen.

Hickhack

Früchte der Saison in kleine Würfel schneiden, mit Zitronensaft beträufeln und geriebene Nüsse und Rosinen untermischen. Dazu gibt's Vanillepudding oder – wenn es heiß ist – Eis oder Quark.

Prärie-Brot

Zutaten:
1000 g Mehl
500 g flüssiger Honig
300 g brauner Zucker
3 Eier
2 Pck. Backpulver
2 TL Zimt
½ TL Nelkenpulver
bunte Zuckerschrift

Zubereitung:
Aus allen Zutaten einen festen Teig kneten und etwa 1 Stunde ruhen lassen. Den Teig dünn ausrollen, tellergroße Scheiben ausschneiden und bei Mittelhitze ca. 20 Min. backen.
Nach dem Abkühlen mit Zuckerschrift verzieren und mit einem Band um den Hals hängen.
Tipp: Am besten schmeckt das Gebäck, wenn es 2 Wochen vor dem Fest gebacken und in einer Blechdose gelagert wird.

Starker Hengst

1. 2 - 3 Äpfel klein schneiden, entkernen und im Mixer pürieren.
2. Den Saft einer ½ Zitrone und 1 großen EL Honig unterrühren.
3. Mit 1 Liter Mineralwasser auffüllen.

Bärenpops

… kann man auch am Lagerfeuer zubereiten!
1. Etwas Bratfett in einem großen Topf bei hoher Temperatur erhitzen.
2. Den Boden mit Maiskörnern bedecken.
3. Den Deckel auflegen und warten, bis alle Körner „POP" gemacht haben.
4. Den Topf vom Feuer nehmen und 1 EL Honig unter die Pops rühren.

Mit Zuckerschrift verzieren, ein Loch durchstechen und ein Bändchen durchziehen.

HULLABALOOBALAV!

Piraten, Seeräuberbräute und Klabautermänner feiern ein Fest!
Ganz egal, wo gefeiert wird, es sollte genug Platz zur Verfügung
stehen und man muss Krach machen dürfen: also am besten an
einem Bach, Teich oder im Schwimmbad, falls alle Piraten
schwimmen können.

Ein paar erwachsene Seeleute sollten als Aufpasser angeheuert werden, besonders wenn abends ein Lagerfeuer auf der Schatzinsel
brennt. Auch die kleine Reiseapotheke mit einem Gel gegen Insektenstiche darf nicht fehlen! Selbst wenn keine Mittel gegen Skorbut,
Flöhe, Wanzen und Seekrankheit nötig sind, braucht man nach wilden Kämpfen sicher hin und wieder Heftpflaster, Jod und ein paar
süße „Notfall-Pillen".

Fast alle Spiele (ab Seite 60) können mit ein paar kleinen, kreativen
Regel- und Requisitenänderungen auch im Haus gespielt werden.
Piraten haben ihre eigene Sprache (siehe Seite 57), können tolle
Knoten binden (siehe Seite 59: Knotenkurs), verständigen sich mit
Lichtzeichen (siehe Seite 61) und singen gern und laut. Lieder gibt
es auf Seite 68 und auf der CD-ROM.

EINLADUNG
ZUM HALLIGALLI AUF DER SEERÄUBER-INSEL

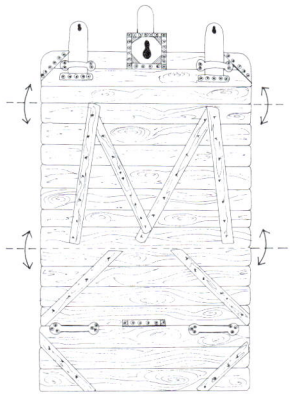

Material:
für die Schatzkiste
braunes Tonpapier
schwarzer Filzstift
Schere
Goldtaler oder Glasnuggets

für die Schatzkarte
Kopierpapier
Teebeutel

Schnitt in Originalgröße auf der CD-ROM!

1. Den Schnitt für die Schatzkiste am besten gleich von der CD-ROM auf braunem Tonpapier ausdrucken und ausschneiden.
2. Ein Lineal an die gestrichelten Linien legen, Linien mit der Scherenspitze anritzen und das Papier falten.

3. Den Einladungstext kann man in Geheimschrift oder mit Geheimtinte auf die Innenseite schreiben.
Die Schatzkarte aus Kopierpapier reißen und mit benutzten Teebeuteln antik einfärben.

Wenn das Papier wieder trocken ist, eine Wegbeschreibung aufzeichnen. Die Schatzkarte mit Gold-Schokotalern oder Glasnuggets in die Schatzkiste legen oder gerollt in eine ausgespülte, trockene Flasche stecken.

GEHEIMSCHRIFT

Unsichtbare Tinte kann man auf verschiedene Weise herstellen. Geschrieben wird mit Schreibfeder und Federhalter.
Natron:
5 EL Natron in 5 EL Wasser auflösen. Um die Schrift lesen zu können, muss der Empfänger das Blatt mit Wasserfarbe bemalen.
Zitronensaft oder Essig:
Der Empfänger kann die Schrift erst lesen, wenn das Papier erwärmt wird. Er kann es entweder heiß bügeln oder auf einen Heizkörper oder eine noch warme, ausgeschaltete Kochplatte legen.

FLAGGE

Mit weißer Plakatfarbe einen Totenkopf auf ein Stück schwarzen Stoff malen. Die Flagge an einen Ast binden. Roten Stoff kann man auch mit schwarzen Filzschreibern bemalen!

Fischgirlande

Dekoration

Mehr zum Modellieren auf der CD-ROM!

Südsee-Look im Wohnzimmer

Palmen: Wedel aus grünem Krepp- oder Tonpapier in Kartonröhren stecken. **Fischernetze** aufhängen und ausgeschnittene Papierfische und Treibgut hineinlegen. **Bambusmatten** über die Möbel decken und mit Muscheln, Wurzeln, Kokosnüssen und exotischen Früchten dekorieren.

Papierfische

Aus Regenbogen-Karton oder buntem Papier viele große und kleine Fische ausschneiden (Vorlagen auf der CD-ROM) und als Girlande auffädeln oder in Fischernetze legen.

Vorlagen für Fische auf der CD-ROM!

Piratenlager

... in der Wohnung

Aus Obstkisten und Kartoffelsäcken bauen. Verbeulte Kartons, die grau bemalt werden, sind Felsbrocken, auf denen man sitzen kann.

... im Freien

Alte Decken oder Planen als Dach an Bohnenstangen oder Äste binden.

Seeungeheuer

Material:
alte Kartons
Papierklebeband
Zeitungspapier
angerührter Tapetenkleister
Farbe und Pinsel

1. Einen Turm aus mehreren Kartons mit Klebeband zusammenkleben.
2. Den Turm mit zerknülltem Zeitungspapier bekleben, bis er wie ein Ungeheuer aussieht.
3. Zeitungspapier in Stücke reißen und mehrere Schichten um den Körper kleistern. Dabei das Gebiss und andere ungeheuerliche Details modellieren.
4. Nach dem Trocknen mit Bastelfarbe oder Acrylfarbe bemalen.

Tipps
- Wer sein Untier für längere Zeit im Freien aufstellen will, kann es mit Plakatfarbe bemalen und anschließend mit Bootslack überziehen.
- Die Form wird ziemlich hart und sehr haltbar, wenn sie vor dem Bemalen mit Latex (gibt's im Baumarkt) eingestrichen oder der letzten Kleisterschicht etwas Latex beigemengt wird.

Seeungeheuer

Riesenkrake

Material:
4 alte Strumpfhosen
Material zum Ausstopfen
Nähgarn und Nadel
Filz-, Stoff- und Garnreste

1. Die Oberteile von vier alten Strumpfhosen seitlich aneinandernähen, sodass ein runder Schlauch entsteht. Das wird der Kopf.
2. Alle acht Beine bis zum Zwickel mit alten Textilien, Zeitungspapier oder Füllwatte ausstopfen und mit Schnur zusammenbinden.
3. Den Kopf ausstopfen und die oberen Hosenränder mit Nadel und Faden zusammenziehen. Die Fadenenden fest verknoten.
4. Ein Gesicht mit Filzresten aufkleben und Haare aus Wollresten oder Stoffstreifen festnähen.

Piratenschiff

Gemeinsam wird ein riesiges Piratenschiff aus großen Pappkartons, Obstkisten, Holz und Ästen gebaut. Außerdem braucht man Zeitungen, Kleister, Pinsel und Farbe, Kordel, Seil oder Schnur und Stoff für Fahnen. Und ein paar „Sklaven", die benötigte Dinge heranschaffen und „schwere Arbeiten" – natürlich nur auf Anweisung – erledigen.

Tipps:
- Die Kartons mit braunem Papierklebeband, die Äste mit Schnur oder Stoffstreifen verbinden.
- Die Innenwände ca. 10 cm vom Rand entfernt herausschneiden, damit das Schiff begehbar wird.
- Rund um das Schiff Äste in die Erde klopfen. Die Äste mit Schnur verbinden.
- Eine Einstiegsklappe und Bullaugen in die Seitenwand schneiden. In die Bullaugen kann man Pappröhren als Kanonen stecken.
- Das Steuerrad ist eine alte Fahrradfelge. Einen Ast daran befestigen und das andere Ende durch den Schiffsboden (kreuzförmig einschneiden) in die Erde klopfen.
- Das Schiff gemütlich mit Obstkisten einrichten.
- Am Bug eine Gallionsfigur anbringen.

> Unter der Gallionsfigur war in alten Zeiten das praktische Seefahrer-Klo mit direktem Zugang zum Meer!

Deko-Palme

Verkleiden

Piraten und Piratenbräute, alles klar zum Entern der Klamottenkiste!

Schon lange vor dem Fest werden viele Dinge zum Verkleiden in einem großen Korb gesammelt:
Augenklappen, bunte Tücher, Ohrringe, Ketten, Gürtel, Rüschenhemden, Ringelhemden, Jacken, Westen, Säbel, Gliederketten, Lederriemen, Seile, Gardinenringe usw.
Jeder darf sich aussuchen, was er mag. Wenn alle verlottert genug aussehen – am eindrucksvollsten muss natürlich der Kapitän sein, schminkt man sich gegenseitig Bärte, dicke Augenbrauen, Narben, rotblaue Nasen und Tätowierungen. Klabautermänner mit graugrünem Gesicht dürfen natürlich auch nicht fehlen.
Alle Seeräuber, die den Klabautermann schon einmal zu Gesicht bekommen haben, erzählen, dass er rote Haare und einen weißen Bart hat.

Der Einbeinige

Eine alte Hose in Kniehöhe einschlitzen und von innen einen Abfluss-Plümper durchstecken. Beim Gehen zieht man den Fuß bis ans Hinterteil hoch und tritt mit dem Holzstab des Plümpers auf.
Das kann man natürlich nicht lange durchhalten, aber für einen wirkungsvollen Auftritt ist das Kostüm sehr geeignet. Damit der Gummiteller nicht vom Knie wegrutscht, kann er mit Gummilitze in der Kniekehle befestigt werden.

Kopftücher

Stoffquadrate (etwa 75 x 75 cm) schräg durch die Mitte in 2 Dreiecke zerschneiden.

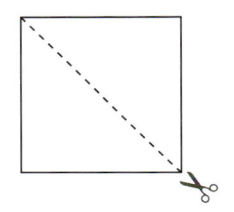

Piratenhüte

Material:
schwarzer Tonkarton
weißes Tonpapier
Schere
Bastelkleber

1. Den Schnitt von der CD-ROM ausdrucken, 2 x aus schwarzem Tonkarton ausschneiden und zusammenkleben.
2. Den Totenkopf auf weißem Papier ausdrucken, ausschneiden und aufkleben.
3. Die Seitenlaschen bis zur gestrichelten Linie (je nach Kopfgröße) zusammenkleben.

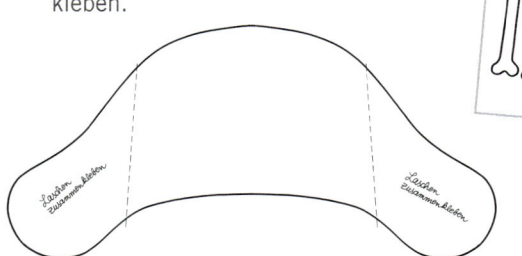

Augenklappen

... gibt es in Apotheken und Drogerien zu kaufen. Man kann aber auch eine Pappscheibe mit Stoff bekleben, 2 Schlitze hineinschneiden, einen Gummifaden hindurchziehen und verknoten.

Handhaken

- Einen Haken aus Pappe ausschneiden und mit Alufolie bekleben oder fest umwickeln.
- Das gerade Hakenende zusammen mit dem Bündchen eines langen Hemdsärmels so in die Hand nehmen, dass man weder von der eigenen Hand noch vom Hakengriff etwas sehen kann.

Schnitte in Originalgröße auf der CD-ROM!

Tätowierungen

Die Motive von der CD-ROM ausdrucken und Stempel daraus basteln:

- Die Motive auf Moosgummi übertragen, ausschneiden und auf kleine Holzklötzchen oder die glatten Seiten von Legosteinen kleben.

oder

- Die ausgeschnittenen Motive auf Kartoffelhälften übertragen und die Flächen um das Motiv herum wegschneiden.

Jetzt braucht man noch ein Stempelkissen mit auswaschbarer, hautfreundlicher Farbe.

Der Klabautermann

Der Klabautermann treibt es wirklich manchmal ganz schön schlimm, besonders, wenn er sich über irgendetwas geärgert hat. Deshalb müssen sich alle Schiffsleute so benehmen, dass der Klabautermann zufrieden ist. Es macht ihn wütend, wenn der Smutje vergisst, seinen Essensnapf auf dem Deck mit dem Anteil jeder Mahlzeit zu füllen, der ihm zusteht. Obwohl ihn noch niemals jemand beim Essen beobachtet hat, ist sein Napf merkwürdigerweise immer leer gegessen.

Manche Seeleute wollen ihn gesehen haben: Er ist klein, hat eine grüne Hautfarbe, rote wuschelige Haare und einen weißen Bart. Er trägt total zerlumpte Kleider, reagiert aber sehr sauer, wenn die Matrosen abgesprungene Knöpfe nicht gleich wieder festnähen!

Die Seeleute wissen, dass er am liebsten im Krähennest sitzt. Das ist der höchste Ausguck ganz oben am Hauptmast. Oft hören sie ihn von dort oben kichern, doch schon im nächsten Moment rumpelt es unter Deck, weil er mit den Rumfässern Kegeln spielt.

Auch wenn er noch so viel Schabernack treibt, ist er der gute Geist des Schiffes und beschützt sein Schiff und seine Mannschaft, so gut er kann.

Piratenschiff: Mehrere große Kartons zusammenkleben oder -tackern.

Basteln

Jetzt fehlen nur noch die richtigen Piraten-Waffen!

Dann sind alle bestens ausgerüstet für die Reise in ferne Länder und die Suche nach großen Schätzen. Sie werden feindliche Schiffe entern, Seemannsgarn spinnen, phantastische Dinge tun und einer Begegnung mit dem Klabautermann gelassen schaudernd entgegensehen.

Enterhaken

Einen langen geraden Ast von allen Zweigen – bis auf ein kleines Stück der Astgabel – befreien und mit einem Bastel-, Schnitz- oder Taschenmesser glätten. Dabei gut aufpassen und immer vom Körper weg arbeiten!

Modellieren auf der CD-ROM!

Schwerter und Krummsäbel

Aus starker Pappe (z.B. von Verpackungskartons) mit dem Bastelmesser Säbelformen ausschneiden und mit mehreren Schichten Zeitungspapier und Kleister beschichten.
Die Griffe so dick modellieren, dass sie gut in der Hand liegen.
Die Klingen nach dem Trocknen mit Silberfarbe und die Griffe mit brauner Bastelfarbe bemalen.
Die Griffe kann man zusätzlich mit Schnur, Stoff- oder Lederstreifen umwickeln.

Degen

Mit dem Bastelmesser ein Kreuz in die Mitte eines Bierdeckels einschneiden. Einen Ast, der hinten ein bisschen dicker ist als vorne, durch das Kreuz schieben. Zur Stabilisierung kann man den Ast ober- und unterhalb des Bierdeckels mit mehreren Lagen Papier-Klebeband umwickeln.

am Kreuzungspunkt einkerben

Dolch

Einen kurzen dicken und einen längeren dünnen Ast über Kreuz mit Schnur zusammenbinden.

Schwert

Zwei unterschiedlich lange Pappröhren flach zusammendrücken und über Kreuz zusammenbinden.
Das ganze Schwert fest mit Papier-Klebeband umwickeln und mit Bastelfarben bemalen.
Das Kreuz mit Schnur oder Lederstreifen dekorativ umwickeln.

Schatzkiste

Einen großen Karton wie eine Schatzkiste mit Brettern und Scharnieren bemalen.
In der Schatzkiste werden die Goldstücke aufbewahrt, die Edelsteine und natürlich auch das Muschelgeld:
Kleine Muscheln gelten als Kleingeld, große Muscheln können schon einen beträchtlichen Wert haben.

Waffenkiste

Die Kiste, in der die Waffen gesammelt und transportiert werden, wird genauso gebastelt wie die Schatzkiste.

Schmuck

- Ketten aus Metallpapierstreifen
- Alufolie-Kugeln
- Muscheln
- vergoldete Korken
- Haifischzähne aus Modelliermasse
- aufgefädelte Naschtaler

Goldketten

Alu-Papier oder Bastelfolie in schmale Streifen schneiden und die Streifen wie Kettenglieder zusammenkleben.

Fernrohr

1. Aus Tonpapier drei etwa 14 x 25 cm große Streifen zuschneiden.
2. Den ersten Papierstreifen längs aufrollen und zusammenkleben.
3. Den zweiten Papierstreifen längs aufrollen und in die erste Rolle stecken, dann vorsichtig herausnehmen und zusammenkleben.
4. Den dritten Papierstreifen längs aufrollen und in die zweite Rolle stecken, dann ebenfalls vorsichtig herausnehmen und zusammenkleben.
5. Alle 3 Rollen ineinanderschieben.
6. An alle Ränder Klebestreifen oder Streifen aus Goldfolie kleben, damit die Röhren nicht nach innen rutschen können.

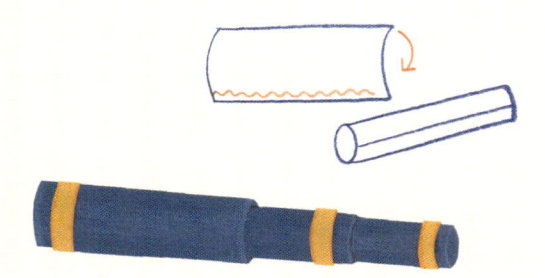

Silbertaler und Goldmünzen

Aus Pappe runde Scheiben ausschneiden. Die Scheiben mit silberner oder goldener Metallfolie einwickeln. Auch **Muscheln** gelten als Zahlungsmittel!

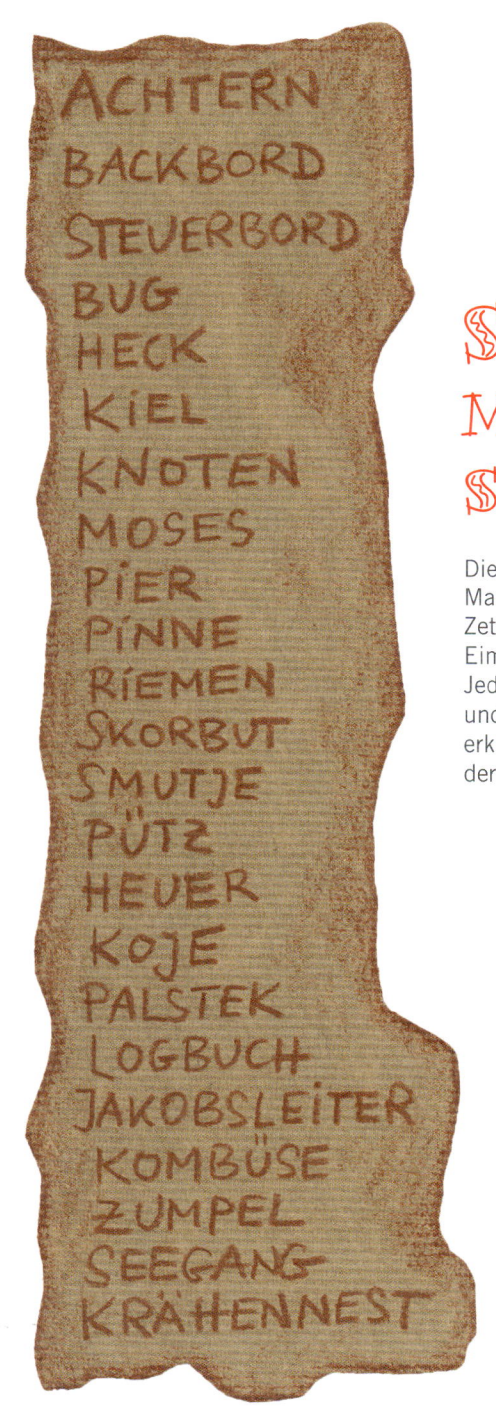

ACHTERN
BACKBORD
STEUERBORD
BUG
HECK
KIEL
KNOTEN
MOSES
PIER
PINNE
RIEMEN
SKORBUT
SMUTJE
PÜTZ
HEUER
KOJE
PALSTEK
LOGBUCH
JAKOBSLEITER
KOMBÜSE
ZUMPEL
SEEGANG
KRÄHENNEST

SEE-MANNS-SPRACHE

Die sollte ein Seefahrer können. Man kann die Wörter auf kleine Zettel schreiben und in einen Eimer legen.
Jeder darf einen Zettel ziehen und versuchen, den Begriff zu erklären. Der Kapitän darf bei der Erklärung natürlich helfen.

Auflösung:
Achtern = hinten
Backbord = linke Seite des Schiffes
Steuerbord = rechte Seite des Schiffes
Kiel = unterer Teil des Schiffes
Bug = vorderer Teil des Schiffes
Heck = hinterer Teil des Schiffes
Riemen = Ruder
Pinne = Steuerruder
Pier = Anlegestelle
Knoten = Geschwindigkeit
Moses = Schiffsjunge
Skorbut = Vitaminmangelkrankheit
Smutje = Schiffskoch
Pütz = Eimer
Heuer = Lohn
Koje = Bett/Schlafraum
Palstek = Knoten
Logbuch = Tagebuch des Kapitäns/Steuermanns
Jakobsleiter = Strickleiter
Kombüse = Küche
Zumpel = Seesack
Seegang = Wellenbewegung
Krähennest = Ausguck

Schiffe

Segelboot

Mehrere kleine Äste nebeneinanderlegen und mit Schnur verbinden.
Ein Segel aus Papier ausschneiden, zwei Schlitze einschneiden und einen dünnen Zweig durch die Schlitze schieben.
Den Segelmast zwischen den Planken festklemmen.

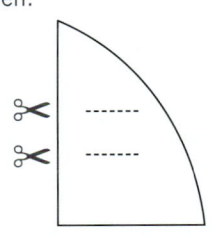

Dreimaster

Auf ein ovales Rindenstück 3 Knetmasse-kugeln kleben.
3 Segelmaste mit Querstangen aus Ästen (mit Schnur zusammenbinden) in die Kugeln stecken.
Segel aus Stoff oder Papier an die Quer-stangen kleben oder nähen.

Nusskogge

Eine Knetmassekugel in eine halbe Wal-nuss-Schale drücken.
Einen Zahnstocher durch ein Dreieck aus Papier schieben und in die Knetmasse stecken.

Piratenfloß

Vielleicht besteht die Möglichkeit, ein Riesenfloß aus Baumstämmen (Förster fragen) zu bauen. Dafür braucht man ein paar kräftige „Sklaven", die natürlich spä-ter mitfahren dürfen. Die Stämme werden mit Wäscheseilen fest verbunden.
Zum Verstärken kann man 2 - 3 Bretter quer darüberlegen und festnageln.
Mit einer langen Stange wird das Floß vor-wärts bewegt und gelenkt.

Geisterschiff-Lichterflotte

auf dem Gartenteich: Teelichte auf die selbst gebastelten Schiffe oder auf Holz- oder Rindenstückchen kleben.

Buddelschiff

1. Ein Korkenschiffchen oder eine Nusskogge basteln.
2. Die Öffnung eines Schraubglases zu einem Drittel mit Klebeband zukleben.
3. Gips anrühren und einfärben: 6 EL Gips in eine Schale mit 3 EL Wasser einrühren.
4. Drei Spritzer blaue Lebensmittelfarbe dazugeben, gut umrühren und die Längsseite des Schraubglases damit füllen.
5. Nach etwa 5 Minuten das Schiffchen vorsichtig hineinsetzen. Wenn die Finger zu dick sind, eine Zuckerzange nehmen.
6. In das Gips-Meer ein paar Haifisch-flossen aus grauem Tonkarton drücken.
7. Der Deckel wird erst aufgeschraubt, wenn der Gips richtig trocken ist.

Segelboot

Nusskogge

Dreimaster

Knotenkurs

Jeder Pirat kann lernen, Knoten richtig zu binden. Schwierige Knoten müssen lange geübt werden, bis sie sitzen. Die abgebildeten einfachen Knoten kann jeder mit einem Seil oder einer Wäscheleine ausprobieren.

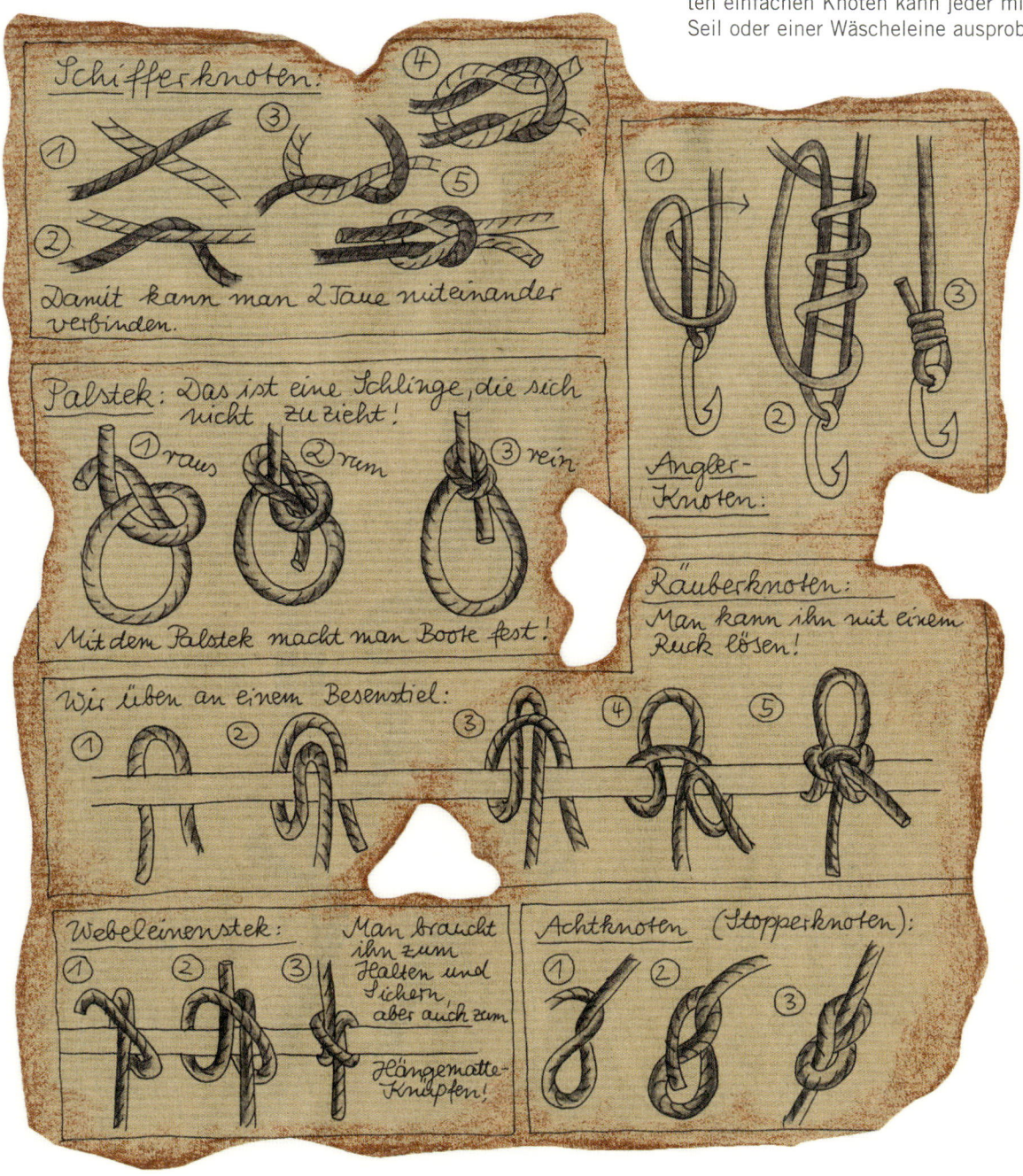

Schifferknoten:
① ② ③ ④ ⑤

Damit kann man 2 Taue miteinander verbinden.

Palstek: Das ist eine Schlinge, die sich nicht zu zieht!
① raus ② rum ③ rein

Mit dem Palstek macht man Boote fest!

Angler-Knoten:
① ② ③

Räuberknoten: Man kann ihn mit einem Ruck lösen!

Wir üben an einem Besenstiel:
① ② ③ ④ ⑤

Webeleinenstek: Man braucht ihn zum Halten und Sichern, aber auch zum Hängematte-Knüpfen!
① ② ③

Achtknoten (Stopperknoten):
① ② ③

PIRATENSPIELE

Auf, auf zur Kaperfahrt ...

Fast alle Spiele können mit einigen kleinen, kreativen Regel- und Requisitenänderungen auch im Haus gespielt werden.

Absperrung fürs Schwimmbecken: Korken, Schaumgummibälle, Schwimmnudelstückchen, Holzkugeln und andere Dinge mit einer Webnadel auf eine lange Schnur fädeln. Die Enden mit Steinen am Beckenrand fixieren.

Spielregeln
Alle Mitglieder der Schiffsmannschaft verpflichten sich, die vereinbarten Spielregeln einzuhalten. Dazu legten die Piraten früher die rechte Hand auf die Bibel. War gerade keine zur Hand, dann legten sie bei ihrem Schwur die rechte Hand auf eine Axt.
Übrigens: Die schlimmste Piratenstrafe war, auf einer Insel ausgesetzt zu werden. Da blieben dem Betroffenen nur eine Pistole, ein bisschen Munition und etwas Wasser zum Überleben.

Belohnung für Gewinner
Die Spieler oder die Mannschaft, die gewinnt, bekommt eine Münze (siehe Seite 57).
Die Piraten sammeln die gewonnenen Münzen in kleinen Ziehsäckchen, die mit ihrem Räubernamen beschriftet sind. Bevor alle wieder ihren Heimathafen „anlaufen", darf jeder seine Münze gegen ein Geschenk eintauschen, das er sich aus einer Schatzkiste aussuchen darf. Natürlich ist der „Reichste" zuerst an der Reihe. Beispiele für Namen gibt es auf Seite 65: Hein Cooks Piratenschmaus.

Das Geheimnis von Holzbein-Joe

Alle Spieler sitzen im Kreis. Ein Kind überlegt sich einen abenteuerlichen Satz oder ein Seeräuber-Schimpfwort und flüstert ihn/es seinem rechten Nachbarn ins Ohr. Der flüstert ihn/es wieder seinem Nachbarn ins Ohr usw. Der Letzte in der Runde muss den Satz/Begriff laut sagen.

Flaschenpost

Ein Pirat schreibt eine Aufgabe auf einen Zettel und steckt ihn zusammengerollt in eine leere Flasche, die mit einem Korken verschlossen wird.
Die Spieler sitzen im Kreis und die Flasche wird gedreht. Der Spieler, auf den der Flaschenhals zeigt, muss die Aufgabe erfüllen. Danach darf er einen Zettel mit einer Aufgabe in die Flasche stecken.
Wird draußen gefeiert, kann die Flasche ins Wasser geworfen und mit einem Kescher wieder herausgefischt werden. Lustig ist das an einem Bachlauf.
Tipp: Eng zusammengerollte Zettel mit einem Bindfaden zusammenbinden. So kann man sie leichter aus der Flasche schütteln!

Goldmünzen

... werden ins Schwimmbecken geworfen und die Piraten tauchen danach. Wer die meisten einsammelt, erhält einen Silbertaler.

Schiffe kapern

Das Piratenschiff ist ein Teppich, im Freien eine Luftmatratze. Solange die Musik spielt, tummeln sich die Piraten im Wasser. Wenn die Musik ausgeht, retten sie sich, so schnell es geht, auf das Schiff. Wer zuletzt ankommt, scheidet aus. Das geht so lange weiter, bis nur noch ein Spieler übrig ist.

Schatztauchen

Ein schwerer Gegenstand wird in ein Tuch geknotet und ins Wasser geworfen. Wer den Schatz zuerst an Land bringt, bekommt einen Orden oder ein Goldstück.

Haie angeln

Plastiktüten aufblasen, zu Dreiecken verknoten und schwimmen lassen. Mit einem Besenstiel aus dem Wasser fischen.

WASSERVORRAT AUFFÜLLEN

Das Wasser in den Schiffstonnen ist faulig geworden. Gut, dass es da eine Insel mit einer Süßwasserquelle gibt!
Auf dem Schiff (Ufer, Schwimmbeckenrand …) steht ein großer leerer Eimer als Süßwassertonne.
Auf der Insel (anderes Ufer) steht ein gleich großer, mit Wasser gefüllter Eimer.
Die Piraten müssen jetzt mit kleinen Bechern vom Schiff zur Insel schwimmen, den Becher mit Wasser aus dem Eimer füllen, zurückschwimmen und den Inhalt in die Süßwassertonne auf dem Schiff gießen.
Wenn zwei Mannschaften gegeneinander antreten, kann die Zeit begrenzt werden. Der Sieger wird durch die Höhe des Wasserstandes ermittelt.

ENTERN

Zwei voll besetzte Piratenschiffe (Luftmatratzen, Schlauchboote …) ankern an gegenüberliegenden Ufern.
Wenn die Schiffsglocke ertönt, springen alle Piraten ins Wasser und entern das Schiff der anderen Mannschaft.
Es gewinnt die Mannschaft, die zuerst bis zum letzten Mann oben sitzt.

SEEMANNSGARN

… spinnt man abends am Lagerfeuer.
Einer fängt an zu erzählen: von schrecklichen Seeungeheuern, Riesenfischen und Klabautermännern.
Dabei läuft eine Eier-Sanduhr.
Immer, wenn die Uhr abgelaufen ist, erzählt der nächste die Geschichte weiter.

MORSE-ALPHABET

Das ist ein Spiel für große Piraten, die schon buchstabieren können und sich im Dunkeln nicht fürchten. Zwei Mannschaften, ausgerüstet mit jeweils einer Taschenlampe, Zettel, Stiften und einer Abschrift des Morse-Alphabets schlagen in einiger Entfernung voneinander ihr Lager auf.
Wenn es dunkel genug ist, senden sich die Gruppen abwechselnd Nachrichten und versuchen, sie zu entziffern. Viele kurze Blinkzeichen hintereinander kündigen eine Nachricht an: ……
Das Gegensignal für eine verstandene Nachricht sind lange und kurze Blinkzeichen im Wechsel:
-.-.-.-.

SCHLEPPTAU

Verschiedene „Wasserfahrzeuge" wie Luftmatratzen, Autoreifen oder große Schwimmreifen, Schwimmtiere, Boote u. Ä. werden von jeweils einem Piraten bestiegen.
Jeder fasst mit einer Hand den Fuß seines Nachbarn, bis alle in einer langen Reihe miteinander verbunden sind. Alle müssen dann, ohne den Nachbarn loszulassen, in einer langen Reihe lospaddeln und ein Ziel am Ufer erreichen. Es darf keiner dabei kentern oder loslassen! Falls doch, muss er erst gerettet werden, bevor weitergepaddelt wird.

TREIBGUT EINSAMMELN

Draußen auf See ist ein Schiff gekentert und im Wasser schwimmt allerlei Brauchbares herum.
Auf Kommando springen alle ins Wasser und sammeln ein, was sie tragen können. Wer die meisten Teile an Land bringt, erhält einen Silbertaler.
Falls das Spiel im Schwimmbad gespielt werden soll, bitte vorher mit dem Bademeister darüber sprechen!

Das Leben auf einem Segelschiff

… war nicht so angenehm und romantisch, wie man sich das heute so vorstellt, denn die Räume waren zugig, nass, kalt und voller Ungeziefer.
Man musste die schlimmsten Gerüche aushalten. Es stank nach Teer, Pech, Terpentin, altem Fett, Schwefel, Ruß, fauligem Trinkwasser, toten Ratten, Mist von Schweinen und Hühnern.

Auch die Seeleute rochen nicht gerade fein, denn sie trugen oft wochenlang dieselbe Kleidung, in der sie auch schliefen – und zum Waschen fehlte das Wasser!
Es war eng und finster und jeder hatte gerade so viel Platz, dass er seine Hängematte aufhängen konnte, die nur etwa 50 cm breit war.

Die Schatzsuche

(nach einer Idee von Corina Trier)

Die Schatzsuche besteht aus mehreren Spielen, die nacheinander gespielt werden. Es macht aber nichts, wenn kleine Pausen zur Stärkung und Erholung der Mannschaft eingelegt werden.

Eine Schatzkiste wird gut versteckt. Der Spielleiter hat eine Schatzkarte gezeichnet und in so viele Teile zerschnitten, wie Piraten da sind.

Mit dem Schlachtruf **Hullabaloobalay** setzen sich alle im Kreis zusammen. Käpt'n Blood, der Spielleiter, hat nämlich am Strand eine **Flaschenpost** gefunden.

Die Flaschenpost wird geöffnet und ein angekokelter Zettel wird herausgefischt. Es ist ein Lageplan von einer Insel mit einem dicken Kreuz in der Mitte.

Frage in die Runde: „Was könnte das wohl sein?"

Auf die Antwort „Eine Schatzkiste, eine Schatzkiste!" folgt die Aufforderung von Käpt'n Blood, diese zu suchen. Also begeben sich alle Piraten auf die Sieben Weltmeere und suchen sich ein brauchbares **Schiff**. Das kann ein Teppich oder ein Laken sein.

Käpt'n Blood gibt das Kommando: **„Alle Mann an Bord!"**
- Die See ist ruhig, alle Mann müssen gerade sitzen.
- Da vorne braut sich ein Sturm zusammen, es kommen ganz hohe Wellen, das Boot schaukelt hin und her: HIN- UND HERSCHAUKELN!
  - ACHTUNG! Alle Mann auf die linke Seite, Alle Mann auf die rechte Seite.
  - VORSICHT! Wir sind knapp am Kentern: Wieder alle nach links.
    - Oh, eine große Welle, Piraten duckt euch.
    - Ist denn noch kein Land in Sicht? Wer schaut mal nach?
    - Hilfe, ein Mann ist über Bord! Große Rettungsaktion: Der Verlorene wird wieder an Bord gehievt.
    - Land in Sicht! Alles fertig machen zum Stranden!!!

Diese Geschichte erzählt Käpt'n Blood, sie kann aber auch reihum weitererzählt werden

und ist ausbaufähig. Es können Haie auftauchen, Seeungeheuer, Riesenquallen und Geisterschiffe. Und die Piraten können viele andere gefährliche Abenteuer bestehen, bis sie endlich den Strand der Insel erreichen.

Die Piraten sind endlich am Strand der geheimnisvollen Insel gelandet und begeben sich, obwohl es schon dunkle Nacht ist, auf Schatzsuche.

Zuerst wird die Insel erkundet. Mit verbundenen Augen müssen alle über angeschwemmtes Strandgut steigen. Dafür wird mit Dingen aus dem Haushalt ein kleiner Parcours aufgebaut: Töpfe, Handtücher, Stühle, Tische usw. Mit verbundenen Augen werden die Piraten nacheinander durch den Parcours geführt. Wer schon dran war, darf Führer für die nächsten sein.

Inzwischen ist die Sonne aufgegangen. Die Augenbinden werden abgenommen. **Auf einem Schleichpfad** geht es weiter: unter dem Küchentisch durch, hinter der Couch vorbei, durch Stuhlbeine und einen Karton … Alle müssen ganz leise sein. Die Nachricht über eine Gefahrenquelle wird nur durch Flüstern weitergeleitet wie beim Stille-Post-Spiel.

Plötzlich werden die Piraten von wild gewordenen **Moskitos** angegriffen! Jeder bekommt 2 Wäscheklammern als Moskitos und muss versuchen, seine Wäscheklammern einem anderen an die Kleider zu klemmen. Wer es schafft, seine Wäscheklammern loszuwerden und keine neuen zu bekommen, hat gewonnen.

Hullabaloobalay! Alle Piraten ans **Ziehtau!**
Welche Mannschaft hat die meiste Seemannskraft?

Tauziehen: Hau ruck, hau ruck …

Der Weg zum Schatz führt durch einen **großen Sumpf,** in dem schwarze schleimige Schlangen leben. Nur der Sprung auf kleine feste Inseln (Gymnastik-Reifen, Zeitungspapier oder Kreidekreise auf dem Boden verteilen), kann die Piraten retten. Alle müssen nun von Insel zu Insel springen und dürfen nicht im Sumpf landen. Auf jede Insel dürfen sich so viele Piraten retten, wie eben Platz haben.

Kaum ist der Sumpf durchquert, tut sich ein riesiger Abgrund vor den Piraten auf, der nur über eine wackelige Hängebrücke (ein langes Seil auf den Boden legen) überquert werden kann.

Wenn alle auf der anderen Seite angekommen sind, brauchen sie Erholung und setzen sich im Kreis zusammen. Außerdem ist der Tag zu Ende und die Nacht bricht herein. Weil alle so aufgeregt sind und keiner schlafen kann, vertreiben sie sich die Zeit bis zum Morgengrauen mit Raten und Erzählen:
Käpt'n Blood hat in einem großen Sack wichtige Gegenstände auf die Insel mitgenommen, die zum Piratenleben gehören.
Die Piraten ertasten sie nacheinander mit geschlossenen Augen, raten, was es ist und erzählen etwas über die Gegenstände: z.B.

Schöpfkelle: So eine hängt in der Kombüse, damit wird die Fischsuppe ausgeteilt …

Bürste: Damit wird das Deck geschrubbt … und die Kartoffeln, und die Schuhe vom Käpt'n …

Holz: Das ist ein Wrackteil von dem Segelschiff von Marco Polo, das ein Hai im Chinesischen Meer verschluckt hat …

Münzen: Die stammen aus einem Goldschatz, den Wilhelm der Eroberer auf dem Weg nach Indien verloren hat.

Flasche: In der Flasche war ein Flaschengeist, der nach seiner Befreiung nicht mehr einzufangen war.

Streichhölzer: Die waren zum Glück nach dem Schiffbruch trocken geblieben, sonst hätte man kein Lagerfeuer anzünden können und alle wären erfroren.

Zwieback: Auch wenn er manchmal moderig schmeckt, sind alle froh, dass es ihn gibt, wenn die Seefahrt länger dauert als geplant, weil eine Flaute herrscht und das Schiff keinen Meter vorwärtskommt.

Sauerkraut-Büchse: Das ist die wichtigste Nahrung der Seeleute und jeder Kapitän nimmt Tonnen davon mit auf die Reise, damit die Besatzung nicht an Skorbut sterben muss.

Endlich geht die Sonne wieder auf und die Schatzsuche kann fortgesetzt werden.

Käpt'n Blood füllt die Schnipsel der zerrissenen Schatzkarte in eine Schöpfkelle und jeder darf einen Schnipsel ziehen. Sind alle Teile zusammengepuzzelt, laufen alle zur Schatzkiste, die mit Luftballons, Naschtalern, kleinen Geschenken oder anderen aufregenden Dingen gefüllt sein kann.
Erst wenn alle da sind, darf sie geöffnet werden.

Noch ein bisschen KLABAUTERN?

Alle machen **Krach**:
Holzbeinklopfen, Kettenrasseln, Wellenschlagen, Holzkrachen, Regenprasseln, Sturmpfeifen, Windjammern, Kanonendonnern, HOOOHEEEH rufen …
Die passenden Instrumente gibt es in der Küche!

So merkt man sich die Himmelsrichtungen:

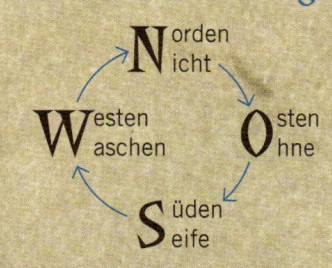

Norden
Nicht
Westen **O**sten
Waschen **O**hne
Süden
Seife

Seeräuber-Taufe

Früher wurden alle frischgebackenen Seeräuber kopfunter ins Meer gehängt. Es ist aber vollkommen in Ordnung, wenn man stattdessen mit der Gießkanne begossen wird.

Piraten-Gebrüll

Sprechgesang: Zu jeder Verszeile eine andere Bewegung machen und dabei abwechselnd im Takt mit den Füßen aufstampfen. Alle stellen sich im Kreis auf:

Rechter Fuß	Linker Fuß	Rechter Fuß	Linker Fuß	Bewegung
Wir	kapern	Schif-	fe.	Jeder legt seinem Nachbarn den rechten Arm auf die Schulter. Der linke Arm wird hochgestreckt.
Wir um-	segeln	Rif-	fe. Wir	Beide Arme nach oben strecken und wie ein Segel im Wind hin- und herbewegen.
kennen	alle	Knif-	fe. **Pi-**	Jeder kneift seinen Nachbarn.
ra-	**ten sind**	**wir!**	-	Mit den Fäusten auf die Brust klopfen.
Wir	rauben	Din-	ge. Wir	Jeder greift seinem Nachbarn in die Tasche.
machen	große	Sprün-	ge.	Bei „Sprünge" hochhüpfen.
Wir	lieben	Rin-	ge. **Pi-**	Mit den Händen einen großen Kreis zeigen.
ra-	**ten sind**	**wir!**	- Wir	Mit den Fäusten auf die Brust klopfen.
segeln	über die	Mee-	re. Wir	Den Körper wie im Wind hin- und herbiegen.
pfeifen	auf die	Eh-	re. Kommt	Bei „pfeifen" wirklich pfeifen!
uns nicht	in die	Que-	re. **Pi-**	Die Hände drohend in die Seiten stemmen.
ra-	**ten sind**	**wir!**	-	Mit den Fäusten auf die Brust klopfen.

Der Spaghetti-Pirat von Susanne Kinder

Jan Matz werde ich genannt.
Ich fahr auf dem Meer von Land zu Land.
Ich liebe die Seefahrerei
und hab meine Schätze dabei.

Ich fahr übers Meer zu den Hottentotten.
Ich mag meinen Kahn und meine Klamotten.
Aber noch lieber als meine Hose
mag ich Nudeln mit ganz viel Soße.

Mit meinem Nudelschiff fahr ich hin oder her,
quer über das rote Nudelsoßenmeer.
Da schleck' ich mal hier und nasche mal dort.
Nur die leckersten Sachen hab ich vor Ort.

Auf der Spaghetti-Insel war ich neulich
und das war für mich zuerst sehr erfreulich.
Da entdeckte mein Schiffsjunge Toni
ein großes Schloss aus Makkaroni.

Ich hab das Schloss fast aufgegessen
und hab dabei doch ganz vergessen,
dass da ein König wohnen könnt',
der gerade ein bisschen pennt.

Oje, was hab ich da bloß gemacht?
Nein, daran hatte ich nicht gedacht!
Die Wache des Nudelkönigs ist seither
mit Gulaschkanonen hinter mir her.

Der Nudelkönig ist immer noch sauer,
obwohl ich alles ganz ehrlich bedauer!
Was soll ich denn jetzt bloß machen?
Im Nudelmeer hab ich nun nichts mehr zu lachen!

Jetzt fliehe ich halt zu den Hottentotten!
Hoffentlich gibt es dort Nudelgrotten
und Tomatenmarkflüsse und Parmesanschnee!
AHOI, haltet die Ohren steif, macht's gut und **ADE**!

ZUR SPAGHETTI-INSEL

PIRATENSCHMAUS

Früher lümmelten die Piraten beim Essen meistens auf Decken oder Holzkisten herum. Die Piraten von heute essen aber lieber gesittet am Tisch.

Damit jeder seinen Platz findet, gibt es kleine Inseln aus grüner Knetmasse mit Zahnstocher-Fähnchen, auf denen die **Räubernamen** der stehen: z.B.

· Ernesto, der Einbeinige
· Der besoffene Joe
· Sir Francis Drake
· Käpten Hook
· Erik, der Schreckliche
· Piet, der Runzlige

Die Piratenbräute heißen

· Rote Lola
· Schwarze Conchita
· Schöne Elisa
· Verruchte Maria
· Feurige Sophia
· Tanzende Gina

Nicht vergessen! Auch wenn man ihn nicht sehen kann, will der **Klabautermann** einen festen Sitzplatz am Tisch haben und auch **Hein Cook**, den Schiffskoch, darf man nicht vergessen!

Für das **Piraten-Buffet** eignen sich viele einfache Rezepte. Man gibt ihnen passende Namen, die mit Meer, Südsee oder Piraten zu tun haben und serviert sie auf umgedrehten Obstkisten. Die kann man sich im Lebensmittelgeschäft kostenlos holen. Die **Getränke** werden in Whisky-, Rum- und Weinflaschen oder in Kunststoff-Fässchen umgefüllt.
Schön sehen auch mit Bast ummantelte Rotweinflaschen aus und notfalls tun's auch Eimer oder Kochtöpfe.
Die Obstkisten-„Tafel" wird mit Fischernetzen, Bananen, Ananas, „Sauren Heringen", „Tropenfrüchten" und „Goldfischli" inselgerecht dekoriert.

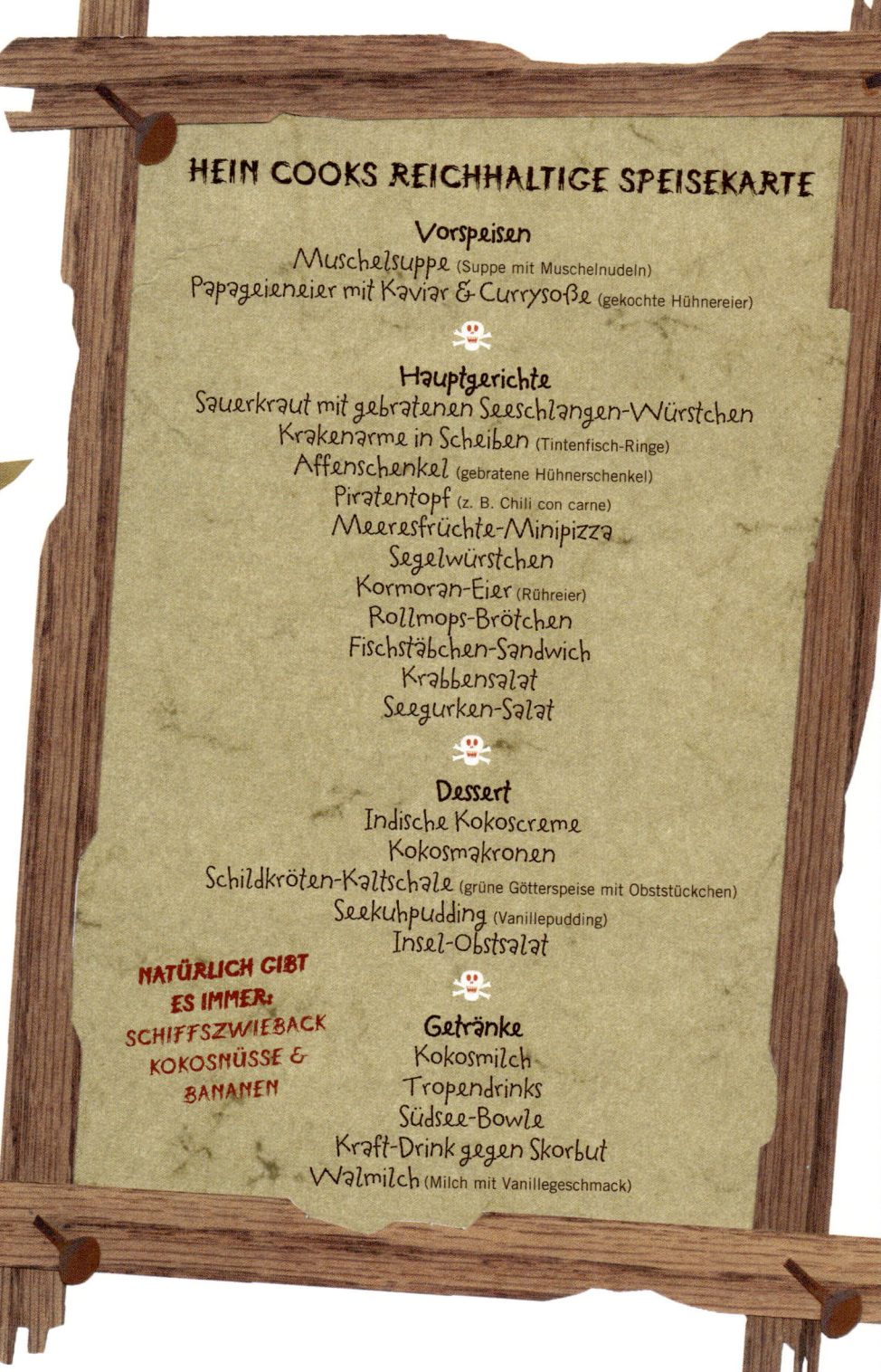

HEIN COOKS REICHHALTIGE SPEISEKARTE

Vorspeisen
Muschelsuppe (Suppe mit Muschelnudeln)
Papageieneier mit Kaviar & Currysoße (gekochte Hühnereier)

☠

Hauptgerichte
Sauerkraut mit gebratenen Seeschlangen-Würstchen
Krakenarme in Scheiben (Tintenfisch-Ringe)
Affenschenkel (gebratene Hühnerschenkel)
Piratentopf (z. B. Chili con carne)
Meeresfrüchte-Minipizza
Segelwürstchen
Kormoran-Eier (Rühreier)
Rollmops-Brötchen
Fischstäbchen-Sandwich
Krabbensalat
Seegurken-Salat

☠

Dessert
Indische Kokoscreme
Kokosmakronen
Schildkröten-Kaltschale (grüne Götterspeise mit Obststückchen)
Seekuhpudding (Vanillepudding)
Insel-Obstsalat

☠

NATÜRLICH GIBT ES IMMER: SCHIFFSZWIEBACK KOKOSNÜSSE & BANANEN

Getränke
Kokosmilch
Tropendrinks
Südsee-Bowle
Kraft-Drink gegen Skorbut
Walmilch (Milch mit Vanillegeschmack)

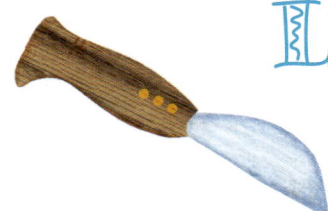

LECKERE GRÜSSE
AUS DER KOMBÜSE

Kraft-Drink

Orangen, Pampelmusen, Zitronen und Kiwis auspressen, etwas Honig dazugeben und im Shaker kräftig schütteln. Den Saft in hohe Gläser mit Zuckerrand füllen und mit Mandarinen-/Bananenspießen dekorieren.

Räuberbrot

Auf sechs verschiedenen Tellern, die nummeriert werden, liegen lauter gute Sachen, die Piraten gerne essen, z.B. Käse, Gurken, Wurst, Salami, Melonenstücke, Tomatenscheiben …
Jetzt wird reihum gewürfelt. Jeder darf sich von dem Teller, dessen Zahl er gewürfelt hat, ein Teil auf sein Brot legen. Wer genug hat, isst erst mal und setzt solange mit dem Würfeln aus.

Segelwürstchen

Vier gebratene Würstchen mit zwei Holzstäbchen zu einem Floß zusammenstecken.
Aus einer dünnen Käsescheibe ein Dreiecks-Segel schneiden und mit einem Holzstäbchen in die Mitte des Floßes stecken.

Südsee-Bowle

1 Liter Apfelsaft und zwei Flaschen Mineralwasser in einen großen Topf gießen. Verschiedenes Obst würfeln und in den Topf geben, kurz ziehen lassen und dann PROST!

Sturmwärmer

für lausig kalte Sturmnächte auf hoher See

1 Liter Melissentee kochen und mit 1 Liter schwarzen Tee mischen. Den Saft von 4 Zitronen, Grapefruits oder Orangen unterrühren und mit Honig süßen. Erwachsene Piraten dürfen sich einen großen Schluck Rum dazugießen.
Für kleine Piraten tun es auch ein paar Tropfen Rum-Aroma.

Schiffszwieback

Zutaten:
4 Eiweiß
90 g Zucker
80 g Mehl
30 g Mandelstifte
35 g zerlassene Butter
Zimt und Zucker

Zubereitung:
1. In den steif geschlagenen Eischnee zuerst Zucker, dann Mehl und Mandeln und zum Schluss tropfenweise die Butter mischen.
2. Die Masse in eine Kastenform füllen und bei Mittelhitze backen.
3. Am nächsten Tag den Zwieback in dünne Scheiben schneiden, diese in Zimt und Zucker hüllen und rösten.

Wenn der Zwieback auf langer Fahrt wegen der hohen Luftfeuchtigkeit verschimmelt war, wurde stattdessen Kleie oder Sägemehl in das Labskaus gemischt.

Lade-Listen

Schwedisches Schiff aus dem Jahre 1628
Pro Seemann wurden geladen:
13 kg Brot
16 kg Hülsenfrüchte
8 kg Mehl
3,4 kg Rindfleisch
1,6 kg Schweinefleisch
2,5 kg Dörrfisch
6,8 kg Salzfisch
0,8 kg Butter
0,8 kg Käse
0,8 kg Salz

Spanisches Schiff aus dem Jahr 1519
Die Ladeliste für die Weltumsegelung verrät, was die Seeleute hauptsächlich gegessen haben:
6000 Pfund Pökelfleisch
10 Tonnen Zwieback
500 Fässer Wein
210 Pfund Bohnen
720 Pfund Mehl
500 Pfund Speck
250 Schnüre Knoblauch
2525 Pfund Käse
1217 Pfund Honig
70 Pfund Mandeln
150 Fässer Sardellen
10 000 Sardinen
1687 Pfund Rosinen
180 Pfund Dörrpflaumen

Indische Kokoscreme

Zutaten:

2 Tassen Milch
2 EL gehackte Mandeln
2 EL ungesüße Kokosflocken
1 EL Reismehl
2 EL gehackte Pistazien
½ TL Rosenwasser

Zubereitung:

1. Die Milch zum Kochen bringen und das Reismehl langsam einrühren.
2. Sobald der Brei dick wird, die Nüsse, Mandeln und das Rosenwasser unterrühren.
3. Nach ein paar Minuten die Kokosflocken unterheben. Wenn die Creme zu dick ist, etwas Milch dazu geben.
4. Die Creme in kleine Schalen füllen und abgekühlt servieren.

Seefahrer-Sauerkraut

Zutaten:

750 g Sauerkraut
50 g Schweineschmalz
2 gewürfelte Zwiebeln
1 fein gehackte Knoblauchzehe
250 g klein geschnittene Äpfel
8 Wacholderbeeren
4 Pfefferkörner
300 g geräucherte Schweinebauch-Würfel
200 g weiße Speckwürfel
¼ Liter Fleischbrühe
Salz, Pfeffer und etwas Zucker
3 EL süße Sahne

Zubereitung:

1. Zwiebeln und Knoblauch in Schmalz anbraten, das Kraut dazugeben und andünsten.
2. Die restlichen Zutaten untermischen und umrühren.
3. Zugedeckt bei mittlerer Hitze etwa 30 Minuten köcheln.
4. Zum Schluss die Sahne unterheben.

SMUTJE, der „Schmutzige" ist der Name für den Schiffskoch, denn bei hohem Seegang flogen in seiner Kombüse Töpfe, Pfannen und Vorratstonnen durcheinander – und das ging nicht ohne Flecken ab. Sicher war es nicht leicht, in diesem Chaos zu kochen.

Tomaten-Topf

Zutaten:

600 g geviertelte Zwiebeln
600 g geviertelte Tomaten
4 zerdrückte Knoblauchzehen
3 klein gehackte Chilischoten
2 EL Öl
Basilikum, Salz und Pfeffer
evtl. 250 g gewürfeltes Rauchfleisch

Zubereitung:

Alle Zutaten in einen Topf geben und weich dünsten. Zum Schluss mit Salz und Pfeffer abschmecken und mit Basilikum-Blättchen garnieren.
Dazu Weißbrot oder Kartoffeln servieren.

Variante: Die Kartoffeln können auch klein gewürfelt im Tomaten-Topf weich gedünstet werden.

Piratenspieße

Zutaten:

750 g fingerdicke Kartoffel-Scheiben
500 g Zwiebel-Scheiben
300 g Zucchini-Scheiben
300 g dünne magere Räucherspeck-Scheiben
halbierte Knoblauchzehen
Salz, Pfeffer und Kümmel
Öl
Schaschlik-Spieße

Zubereitung:

1. Die Kartoffelscheiben würzen und 10 Minuten ziehen lassen.
2. Alle Zutaten abwechselnd auf Spieße stecken, mit Öl beträufeln und langsam bei niedriger Hitze im Backofen garen.

Am Lagerfeuer: Die Spieße einzeln in Alufolie wickeln und in die Glut am Rand legen.

Ein hungriger Pirat,
der einer grünen Insel naht,
hat Hunger auf Spinat,
doch gibt's dort nur Salat ...

Sauerkraut

... wurde erst im 18. Jahrhundert tonnenweise auf Seereisen mitgenommen, denn es half gegen Skorbut, eine schlimme Vitamin-C-Mangel-Krankheit, die oft ganze Schiffsbesatzungen dahinraffte.
Kapitän James Cook war der Erste, der keinen einzigen Mann verlor, denn er hatte 20 000 Pfund Sauerkraut an Bord, als er mehrere Jahre lang die Südsee durchkreuzte.
Je länger ein Schiff unterwegs war, desto „magerer" wurde auch die Sauerkraut-Zubereitung. Zum Ende einer Fahrt wurde es nur noch mit dem fauligen Wasser, in dem das Pökelfleisch gewässert wurde, und Kümmel gekocht.
Zum Binden rührte der Smutje kurz vor dem Anrichten fein gestoßenen Zwieback unter.

Noch mehr Lieder mit Noten auf der CD-ROM!

Piratenlied

Text und Melodie: Karin Kinder

1.

Einen Schatz woll'n wir stehlen,
schwarze Perlen und viel Geld.
Wir fahr'n mit schwarzen Segeln
rund um die ganze Welt.

2.

Kein Sturm kann uns schaden,
keine Ratten, keine Maden.
Wir spucken in den Wind,
weil wir Teufelskerle sind.

3.

Reiche Beute woll'n wir machen,
Silber, Gold und Edelstein.
Lasset die Kanonen krachen
im hellen Feuerschein.

4.

Auf der geheimen Insel
ist unsre Räuberwelt.
Niemals wird uns einer finden,
und unser vieles Geld.

Refrain

*Einen Schatz und viel Geld,
einen Schatz und viel Geld.
Schaut uns an!
Was kost' die Welt!*

© 2000 kakiphonie

Sturmnacht

Text und Melodie: Karin Kinder

© 2000 kakiphonie

1.

Es brüllt der Wind, es tobt das Meer –
die Heimat sehn wir nimmermehr.
Hee-hoo, Hee-hoo!
Greif ins Ruder, Crazy Joe!

2.

Vom Mast lacht der Klabautermann.
Er hat die Todeskleider an.
Hee-hoo, Hee-hoo!
Greif ins Ruder, Crazy Joe!

3.

Im Bottich schwimmt 'ne tote Ratt'.
Seit Tagen wird hier niemand satt.
Hee-hoo, Hee-hoo!
Greif ins Ruder, Crazy Joe!

4.

Mann über Bord! Schon schnappt der Hai
und es ist mit Jan Lütt vorbei!
Hee-hoo, Hee-hoo!
Greif ins Ruder, Crazy Joe!

5.

Gebt euer Letztes, Steuerleut!
Sonst müssen alle sterben heut!
Hee-hoo, Hee-hoo!
Greif ins Ruder, Crazy Joe!

6.

Es pfeift der Wind, es braust das Meer!
Die Heimat sehn wir nimmermehr ...
Hee-hoo, Hee-hoo!
Lass das Rudern, Crazy Joe!

Klaubauterlied

Text und Melodie: Karin Kinder

1.

Wenn das Schiff im Sturm auf den Wellen tanzt,
dann freut sich der grüne Klabautermann.
Er wirft alle Tische und Stühle um
und kugelt vor Vergnügen am Boden 'rum.

2.

Jetzt wirft er die Heringsfässer in das Meer
und die Zwiebackkisten frisst er leer.
Auch die Wassertonnen rollen über Bord
und das Topsegel fliegt mit dem Winde fort.

Refrain

Kli-Kla-Klabautermann,   *Klabauter mal woanders rum,*
keiner hat dir was getan!   *sonst fällt der Kahn am End' noch um!*

© 2000 kakiphonie

Jonathan, der kleine Pirat

Text: Susanne Kinder, Melodie: Karin Kinder

Ich bin Jonathan, der kleine Pirat.
Ich geh jeden Tag auf große Fahrt.
Ich fahr mit dem Boot übers weite Meer.
Dabei singe ich, denn das gefällt mir sehr.

Die wilde See, die macht mir gar nix aus.
Wo die Wellen tosen, da bin ich zu Haus.
Ich raube, wo ich etwas rauben kann.
Vor mir fürchtet sich so mancher große Mann.

Ich hab viel Gold und viele Diamanten
und ein Schloss mit zwei grünen Elefanten.
Ich hab viele Freunde und fast immer Glück,
erst am Abend fahre ich nach Haus zurück.

Das Lied wird mit viel Swing gesungen.
Dazu schlägt man den Rhythmus mit
Holzstücken auf das 2. und 4. Viertel:

1	2	3	4
-	✗	-	✗

Beim Refrain singt ein Seemannschor
HO HO auf das 2. und 3. Viertel:

1	2	3	4
-	HO	HO	-

Ich fahr nach Hause zu Mama, denn die ist nett
und sie bringt mich jeden Abend in mein Bett.
Und sie schmiert die Brote für den nächsten Tag
und packt Sachen ein, die ich gerne mag.

Ich schlaf mich aus und träume auch ganz schön,
denn am Morgen wird es weitergehn.
Ich träum vom Meer, vom Wind und auch vom Gold –
ich nehm' euch gerne einmal mit, wenn ihr es wollt!

Noten zum Lied auf der CD-ROM!

Refrain

Ich singe SCHUH,
ich singe SCHAH,
ich singe BUH,
ich singe BAH.
Ich singe: „Hört mal her,
hört mal her!
Ich bin der kleine Pirat
auf dem großen Meer!"

Grusel- und Hexenparty

Ein gruseliges Fest für Geister, Hexen (ab S. 82), Zauberer und andere seltsame Wesen wird zum unvergesslichen Erlebnis, wenn es am Abend oder in der Nacht stattfindet. Jüngere Gäste sollten ein paar Stündchen vorschlafen.

Egal, wo man feiert, ob auf dem Dachboden, im Keller, in der Scheune, der Turnhalle, im Garten, auf dem Zeltplatz oder einer großen Wiese am Waldrand, der Platz sollte frei von Stolperfallen sein. Damit es in der Dunkelheit keine schlimmen Vorfälle gibt, sollten mehrere Erwachsene, die sich natürlch auch verkleiden dürfen, die Übersicht behalten.

Einladung zur GEISTERSTUNDE

Alle verkleiden sich als Geister. Aber nicht nur weiße Geister sind willkommen. Es wimmelt von Wald- und Wiesengeistern, Moormännern, Fledermäusen, Wassergeistern und Knochenmännern – auch Hutzelweiber und Trolle sind mit von der Partie und sogar Monster dürfen mitmachen, solange sie sich gut benehmen.

Für ängstliche Kinder wird eine „Schutzecke" eingerichtet. Das kann ein Tisch sein, der mit einem Tuch verhängt ist oder eine Abtrennung mit Wäscheleine und Bettlaken. Wer genug hat vom Spuken und Gruseln, der darf sich in der Schutzecke ausruhen, denn: HIER DARF NICHT GESPUKT WERDEN!

Wird das Fest in der Nähe von Nachbarn gefeiert, deren Nachtruhe gestört werden könnte, bittet man vorher um Erlaubnis.

Vielleicht haben die Nachbarn Lust, als nächtliche Überraschungsgeister für einen kurzen Spuk zu erscheinen.

Während alle Geister warten, bis es richtig dunkel ist und die Spukerei endlich losgehen kann, kann der Kasper für die richtige Einstimmung sorgen. Das passende Stück gibt es auf der CD-ROM: „Kasperle und die ägyptische Mumie".

Einladung

Einen Geist ausdrucken oder selbst einen zeichnen und ausschneiden. Den Einladungstext mit Geistertinte (siehe unten und Seite 51) auf die Rückseite schreiben.

Gruselige Vorlagen zum Ausdrucken auf der CD-ROM!

für Felix

Vorderseite

Einladung zur Geisterstunde bei Max, dem Schrecklichen! Bitte bringe was zum Spuken mit!

Rückseite

Geistertinte

Eine Nachricht, die mit Zitronensaft oder Essig und einer Schreibfeder verfasst wird, kann man erst lesen, wenn sie erwärmt wird. Der Empfänger kann die Nachricht entweder auf einen Heizkörper legen oder heiß bügeln. Mehr über unsichtbare Tinte steht auf Seite 137: Experimente.

> Das Gespinst, das Gespinst
> geht ums Bett herum und grinst …
>
> Das Gesponst, das Gesponst
> geht ums Bett herum und gronst …
>
> Das Gespunst, das Gespunst
> geht ums Bett herum und grunzt …

Türgeist

Der bewacht die Haustür und begrüßt die Gäste mit Kettengerassel:

1. Zwei Besenstiele über Kreuz zusammenbinden und in einen mit Sand gefüllten Eimer stellen.
2. **Kopf:** Eine Plastiktüte mit zerknülltem Zeitungspapier füllen und zur Kugel formen. Die Tütenöffnung auf den Besenstiel stecken und festbinden.
3. Ein Bettlaken darüberwerfen und am Hals festbinden.
4. Mit Filzschreiber ein gruseliges Gesicht aufmalen.
5. Zwei Einmalhandschuhe mit Watte ausstopfen und festbinden.
6. **Kette:** Tonpapier mit Nachtleuchtfarbe bemalen, nach dem Trocknen in Streifen schneiden und die Streifen wie Kettenglieder ineinanderkleben.

Gespenster-Zipfelkappen wie den Hexenmeisterhut (S. 85) nähen.

Verkleiden

Schlossgespenst
In ein weißes Bettlaken Löcher für Augen, Mund und Arme einschneiden.
Schminken: ROT oder GRÜN, besonders um Mund und Augen.

Wald- und Wiesengeist
Grüne Kleidung oder Umhang: Blätter aufnähen.
Kopfbedeckung: Kranz aus Blättern oder Zweigen.
Schminken: Gesicht GRÜN, Mund und Augen GELB, Zweige und Blätter aufmalen.

Wassergeist
Blaue Kleidung oder in einen blauen Müllsack Löcher für Kopf und Arme einschneiden.
Kopfbedeckung: blaue Chiffon-Tücher um den Kopf binden.
Schminken: BLAUE und GRÜNE Wellen.

Mühlengeist
Blaue Kleidung und Kartoffelsack-Umhang.
Kopfbedeckung: Haare aus Schilfblättern zusammenbinden.
Schminken: Gesicht BLAU, Augen und Mund GRÜN, GRÜNE Algen aufmalen.

Höhlentroll
Braune Kleidung: Umhang über den Kopf ziehen, Wurzeln aufnähen.
Schminken: Gesicht BRAUN, Augen und Mund ROT, Spinnweben aufmalen.

Moormann
Schwarz-braune Kleidung: Decken umhängen.
Schminken: Gesicht und Arme BRAUN und SCHWARZ, Augen und Mund ROT und GELB.

Skelett
Schwarze Kleidung: mit Leuchtfarbe Knochen aufmalen, weiße Handschuhe anziehen.
Kopfbedeckung: weiße Badekappe oder den Kopf mit Mullbinde umwickeln.
Schminken: Gesicht und Hals WEISS, Augenhöhlen, Nase und Gebiss SCHWARZ

Fledermaus
Schwarze Kleidung: Umhang über den Kopf ziehen, Ohren mit Schnur abbinden, am Hals ein Band zum Zubinden durchziehen und den Stoff mit Bändchen an den Handgelenken befestigen.
Schminken: Gesicht GRAU, Augen GELB oder ROSA, Zähne unter die Unterlippe malen.

Vampir
Schwarze Kleidung: rot-schwarzer Umhang, weiße Handschuhe.
Schminken: Gesicht WEISS, Augen GRAU, Mund ROT.
Haare einölen und nach hinten kämmen, Vampir-Gebiss einsetzen.

Hutzelweib
Lumpenkleidung: langer Rock, Schürze, Kopftuch, Hemd mit Buckelkissen ausstopfen.
Schminken: GRAU und BRAUN, Falten und Warzen aufmalen.

Feuerteufel
Rote Kleidung: einen schwarzen Umhang mit Flammen bemalen.
Kopfbedeckung: Hörner aus Eierkarton basteln und mit Gummifaden aufsetzen.
Schminken: Gesicht ROT und GELB, schwarze Falten aufmalen.

Mumie
Weiße Kleidung: Körper mit weißen Stoffstreifen einwickeln.
Gesicht und Hände: mit Mullbinden einwickeln.
Schminken: Alles, was rausguckt, WEISS schminken.

Totenschädel

Fledermaus

Dekoration

Luftgeister

Schleierwald

Viele Meter Wäscheleine quer durch den Raum oder im Garten zwischen Bäumen spannen und Tücher, Decken, alte Gardinen und Stoffbahnen darüberhängen.

Spinnweben

Aus dunkler Wolle, Schnur oder Stoffstreifen in Fenster und Ecken knüpfen. Wird draußen gefeiert, kann man sie zwischen Äste spannen.

Tipp: Aus einem alten Hemd kann man eine ganze Menge Stoffstreifen reißen oder schneiden. Die Streifen aneinanderknoten und vor dem Weben auf ein Knäuel wickeln.

Die sind schneller fertig!

Ausgeschnittene Spinnweben

Stoff (alte Bettlaken, Tischdecken) quadratisch zuschneiden und dreimal übereck aufeinanderlegen. Die Ränder mit Stecknadeln zusammenstecken, die Konturen wie auf der Vorlage mit Kreide oder Filzschreiber aufmalen und die Zwischenräume herausschneiden.

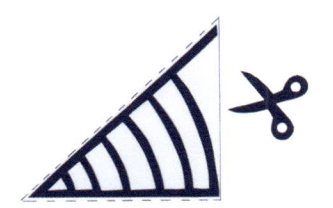

Krabbelspinnen

Körper: Alte Socken oder kleine Beutel mit alten Textilien oder Zeitungspapier ausstopfen und mit Schnur rund wickeln.
Beine: 4 dicke Pfeifenputzer über Kreuz zusammenbinden und in die Mitte des Spinnenkörpers nähen oder kleben.
Mit Nachtleuchtfarbe (z.B. Window Color) zwei Augen und ein Kreuz auf den Rücken malen.
Tipp: Für den Körper statt Socken mehrere Bierdeckel aufeinanderkleben und beidseitig bemalen. Wäscheklammern auf die Unterseite kleben.

Huch, da kommen sie geflogen …

Fledermäuse

Die Vorlage von der CD-ROM ausdrucken und beliebig vergrößern.
Schwarzen Tonkarton falten, den Schnitt übertragen und ausschneiden. Die Augen und den Körper mit Nachtleuchtfarbe (z.B. Window Color) aufmalen. Die Fledermäuse einzeln aufhängen.
Girlande: Eine lange Schnur mit der Stopfnadel durch mehrere Fledermäuse ziehen.

Gruselmotive zum Vergrößern auf der CD-ROM!

Totenschädel

Aus weißem Tonkarton ausschneiden und mit schwarzem Filzschreiber oder Nachtleuchtfarbe bemalen.

Luftgeister

- Weiße Mülltüten über weiße Luftballons hängen, die Gesichter mit dicken Filzschreibern aufmalen und die Tüten unten zubinden.
- Alte Tüllgardinen zerschneiden und über weiße Luftballons hängen. Augen und Mund aus Glitzer-Klebefolie ausschneiden und aufkleben.

Wer guckt denn da?

Mit schwarzem Filzschreiber große Augenkreise auf kleine weiße Frühstücksbeutel malen und mit Nachtleuchtfarbe ausfüllen.
oder
Augen aus Neonfolie ausschneiden und aufkleben.
Aufhängen: In die Mitte des Tütenfalzes ein T schneiden und ein Lichterketten-Birnchen hineinschieben.
Tipp: Totenköpfe, Skelette, Fledermäuse und andere gruselige Dinge auf die Frühstücksbeutel malen.

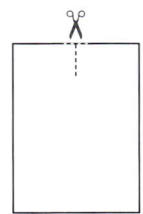

GRUSEL-BASTELSPASS

Geisterbilder

Material:
*Fotopapier
schwarzes Papier
Schere
Lampe
verschiedene Gegenstände
zum Auflegen*

1. Verschiedene Motive (Sterne, Kreise, Dreiecke, Buchstaben) aus schwarzem Papier ausschneiden.
2. Den Raum verdunkeln, einen Bogen Fotopapier aus der Schachtel nehmen (Es darf kein Licht darauffallen!), die ausgeschnittenen Teile und andere kleine Gegenstände (Schlüssel, Wäscheklammern, Zahnbürste …) darauflegen.
3. Die Lampe anschalten und das belegte Fotopapier mehrere Minuten lang belichten. **Jetzt darf nichts mehr verschoben werden, denn die Lampe „macht gerade ein Foto"!**
4. Die aufgelegten Sachen entfernen: Die abgedeckten Flächen sind weiß geblieben und die belichteten Flächen sind schwarz geworden.

Mit der Zeit verschwindet das Geisterfoto wieder – je heller, desto schneller!

Schattenmonster

Schreckliche Monster aus schwarzem Tonkarton ausschneiden und einen Schaschlikspieß senkrecht durch die Mitte schieben.
Eine weiße Wand mit einer Taschenlampe, einem Dia-Projektor oder einer Stehlampe beleuchten und die Figuren dazwischenhalten. Je näher die Lichtquelle ist, desto bedrohlicher werden die Schattenmonster, besonders wenn dazu geheult und gestöhnt wird.

Tütengespenster

… hängen in Bäumen, Büschen oder an Ästen, die in Sandeimern stecken.
- Auf Papiertragetaschen mit Filzschreibern oder Buntstiften Gespenstergesichter malen.

oder

- Augen und Mund einschneiden und mit Transparentpapier hinterkleben.
- Die Ecken am oberen Rand an allen Seiten rund abschneiden (siehe Abb.).
- Die Seitenteile nach außen biegen und Hände ausschneiden.
- Teelichte mit doppelseitigem Klebeband oder Klebegummi festkleben.

Schachtelgeister

Material:
*Käseschachteln
weißes, festes Transparentpapier (115 g/m²)
Filzschreiber oder Papierreste
Uhu extra oder Fotokleber
Laternenstäbe, Bügel und Teelichte*

1. Eine Käseschachtel auf festes, weißes Transparentpapier legen, den Rand mit einem Bleistift umfahren und den Kreis ausschneiden.
2. Darauf mit Filzschreiber ein Gesicht malen oder mit Papierresten aufkleben.
3. Das Gesicht in den Käseschachteldeckel kleben.
4. Einen etwa 8 cm breiten Transparentpapier-Streifen zuschneiden. Die Länge des Streifens richtet sich nach der Schachtelgröße. Das obere Viertel muss frei bleiben! Die Enden des Streifens umknicken, ein Loch durch die Mitte stechen und den Knick festkleben.
5. Den Streifen in beide Schachtelhälften kleben.

Jetzt noch einen Laternenbügel einhängen, ein Teelicht mit Klebegummi befestigen und schon kann der schauerliche Laternenumzug losgehen!

Geisterkunst

Die Geister malen mit Geheimtinte (siehe Seite 51 + 71) so lange große und kleine Kringel auf ein großes Zeichenpapier, bis einer STOPP sagt. Nach dem Sichtbarmachen werden die entstandenen Flächen ausgemalt.

Schaurig-schöne Glibberfarbe

Tapetenkleister dünnflüssig anrühren und nach dem Quellen in Schraubgläser füllen. In jedes Glas ein paar Tropfen Lebensmittelfarbe rühren.

Geisterumzug

Mit Laternen bewaffnet ziehen die Geister durch die Nacht. Dabei murmeln sie Beschwörungsformeln in Geistersprache, die sie sich selbst ausgedacht haben.

Beispiele:

RODARUMSANARUM – RODARUMSANARUM …
(= fränkisch und heißt: „Rote Rüben sind auch Rüben")
oder
WABATEBEKABANTEBE – WABATEBEKABANTEBE …
(= Waterkant: Jede Silbe wird wiederholt und der erste Buchstabe durch ein B ersetzt.)

oder
OOBATZTER – BEEBATZTER – CEEBATZTER – DEEBATZTER – EEBATZTER …
(= bayrischer Käse. Die erste Silbe eines Wortes wird nach der Reihenfolge des Alphabets geändert)
oder
OOBATZN'OOSCHMATZN'OSPEZL' OBREZL'OSPEZLBREZL'OOOOOOOO …
(Jeweils zwei Wörter, die sich reimen, aneinanderreihen und dazwischen einen langgezogenen Selbstlaut einfügen.)

Wer einmal einem echten Geist begegnen sollte, erkennt ihn daran, dass er keinen Schatten wirft und auch im Spiegel nicht zu sehen ist.

GEISTERSPIELE

GEISTERBAHN FÜR TAPFERE

Aus Tischen, Stühlen, Kartons, Luftmatratzen, Decken, Tüchern usw. kann man einen finsteren Kriechtunnel bauen. Wenn es noch nicht richtig finster ist, kann man zusätzlich die Augen verbinden. Im Tunnel gibt es schreckliche Dinge, die einem ins Gesicht wehen (Schleier, Seidentücher, Spinnweben aus Wollfäden); Hände greifen nach einem; man stolpert über nasse Schaumgummimatten, ausgestopfte Gummihandschuhe; muss in Kleistertöpfe greifen; es gibt **Spinnen** aus Pfeifenputzern und Geräusche und Schreie, vor denen man erschreckt.
Bei der Ausgestaltung der Geisterbahn können ganz kreativ alle möglichen Haushaltsgegenstände einbezogen werden (natürlich keine, an denen man sich im Eifer des Gefechts verletzen kann), z.B. Wurzelbürsten und nasse Scheuerlappen, über die man auf den Knien rutschen muss; nasse Badeschwämme, die plötzlich

geflogen kommen, und Besen, die einen von hinten hinauskehren wollen.
Köpfe (Faschingsperücken auf Luftballons) hängen herum.
Der Weg an sich ist schon unheimlich. Er wird, je nachdem, wo die Geisterbahn gebaut wird, mit verschiedenem Material belegt.

Im Freien: Tannenzweige, Sägemehl, Laub, Schaumstoff-Flocken oder Styroporplatten.

In der Wohnung: nasse Tücher, Raschelfolie, Korken, Gummiringe, nicht aufgeblasene Luftballons, Duschmatten, Schaumgummistücke …
Der Knüller der Geisterbahn ist eine kopflose **Mauerleiche**, über die man stolpert: Hose, Pulli, Strümpfe und Einmalhandschuhe mit Zeitungspapier oder alten Textilien ausstopfen und alle Teile zu einem Körper zusammennähen.

Ein paar **Würmer** krabbeln um die Leiche herum: Finger von Einmalhandschuhen aufblasen und verknoten.

Noch mehr Ideen?
Hier kann man sie aufschreiben:

Kassettenrekorder
mit schauerlichen Geräuschen

Blumensprüher
mit warmem Wasser

> „Kasperle und die ägyptische Mumie" auf der CD-ROM!

BERUFERATEN

Welchen Beruf hatte der Geist zu seinen Lebzeiten?
- Ein weißes Bettlaken mit Schnur oder Klebeband möglichst faltenfrei vor einen Türrahmen spannen.
- Dahinter eine Stehlampe oder eine Taschenlampe aufstellen, die das Licht stark bündelt. Zwischen Lampe und Bettlaken steht ein Geist und macht eine Bewegung, die für seinen früheren Beruf typisch ist.
- Vor dem Bettlaken sitzt das Rate-Team in der Dunkelheit und versucht, den Beruf zu erraten.

VAMPIRE VERTREIBEN

Bekanntlich vertragen Vampire keinen Knoblauch, zumindest kann man sie prima damit verscheuchen.
- Eine Knoblauchknolle wird so schnell wie möglich unter allen Mitspielern herumgereicht.
- Der Obervampir sagt: „Achtung, Knoblauch, Thomas hat ihn."
Thomas sagt: „Thomas hat ihn nicht, Petra hat ihn …" usw.
- Wer mit der Knoblauch-Knolle erwischt wird, scheidet aus.

GEISTER, ERSTARRT!

Mit diesem Spiel kann man die aufgeregte Geisterbande wieder zur Ruhe bringen. Alle stellen sich im Kreis auf. Ein Geist darf sich in die Mitte stellen. Er sagt: „Geister erstarrt!", und schaut eine Weile herum. Ist der Geist gefunden, der am ruhigsten steht, am wenigsten zappelt, keine Grimassen schneidet und nicht flüstert, wird er herbeigewinkt und mit dem Satz „Geist sei erlöst!" aus dem Kreis entlassen. Die erlösten Geister setzen sich still in die Mitte des Kreises, bis alle erlöst sind.

GRUSELN

Auf dem Boden liegt eine große Decke. Die Spieler setzen sich um die Decke herum und stecken ihre Hände darunter. Der Spielleiter legt einen gefüllten Stoffbeutel vor sich unter die Decke, nimmt einen Gegenstand heraus und gibt ihn seinem rechten Nachbarn mit der Aufforderung, ihn nach rechts im Kreis unter der Decke weiterzureichen.

Den zweiten Gegenstand gibt er seinem linken Nachbarn mit der Aufforderung, ihn nach links im Kreis unter der Decke weiterzureichen.

Wenn die Gegenstände wieder beim Spielleiter eintreffen, lässt er sie unter der Decke liegen und holt die nächsten beiden Gegenstände aus seinem Beutel.

Keiner darf gucken oder verraten, was es ist, was da allen so schauerliche Schreie entlockt.

Dabei sind die Dinge aus dem Sack ganz harmlos: nasse Fensterleder, Handbürsten, Fingerknete, Seife, Eiswürfel, dicke Pfeifenputzer, Federn, Murmeln, nasse Küchenschwämme, Fellstückchen, Schaumgummi, verschrumpelte Luftballons, Stoffsäckchen mit Körnern oder Erbsen und **als Knaller** ein mit Wasser gefüllter Einmalhandschuh.

SPUK IM TREPPENHAUS

Mit Pfeilen aus Leuchtfolie oder Geisterkreide einen Weg durch das ganze Haus markieren. Natürlich werden vorher die Nachbarn und der Hausmeister um Erlaubnis gefragt. Vielleicht finden sich auch ein paar nette Nachbarn, die bereit sind, hinter ihrer halb geöffneten Tür zu stöhnen, wenn die Truppe vorbeiläuft. Es kommt auf das Alter der Kinder an, wie viel Grusel ihnen zugemutet werden kann.

Aufgaben für nette Nachbargeister:
- in einen großen Eimer sprechen
- zwei Stöcke aneinanderschlagen, sodass es wie ein Fechtkampf klingt
- um Hilfe winseln
- ein gruseliges Wolfsgeheul anstimmen …

Auf dem Gruselweg wird ab und zu statt eines Pfeils ein Kreuz markiert. Das sind die Stellen, an denen es etwas zu entdecken gibt. Es könnten z.B. Blechdosen oder Eimer dort stehen, in denen ein Zettel mit einer Geisteraufgabe steckt.

Geisteraufgaben:
- Alle heulen laut.
- Alle singen ein Geisterlied.
- Alle kriechen auf allen Vieren.
- Einer muss in einen Eimer greifen, in dem glibberiger Kleister ist.

ALLES, WAS WALDGEIST HEISST, HIERHER

Das Spiel kann man auf einer Wiese oder in einem großen dunklen Raum spielen. Die Spieler teilen sich in 2 Gruppen: die **Waldgeister** und die **Feuergeister**, die paarweise mit einer Taschenlampe ausgestattet sind. Die Waldgeister kleben ihre Lampe mit grüner Folie ab, die Feuergeister mit roter Folie.

Der Obergeist ist der Spielleiter. Er trägt einen Gong bei sich und verteilt die Gruppe paarweise an die Ränder der Wiese oder des Raums.

Da müssen alle stehen bleiben. Wenn der Obergeist seinen Gong schlägt, beginnt das Spiel:

Alle Wald- und Feuergeister müssen sich durch Zublinken ihrer farbigen Lampen zu zwei Gruppen zusammenfinden. Keiner darf rufen, reden – noch nicht einmal Flüstern ist erlaubt!

Alle müssen leise wie die Mucksmäuschen sein. Die einzige Verständigungsquelle ist das farbige Licht der Taschenlampen.

Mehr Dunkelspiele auf Seite 9!

STIMMEN AUS DEM JENSEITS

Es ist etwas Schreckliches passiert! Die Sonne ist untergegangen und mehrere Familien sind durcheinandergeraten. Keiner weiß mehr, wo seine Leute sind. Jetzt irren alle umher und suchen ihre Verwandtschaft.

- In Gruppen mit mindestens je 3 Spielern aufteilen. Jede Gruppe denkt sich einen besonderen Ruf aus, z.B. jammern, heulen, miauen oder zischeln, und hat ein paar Minuten Zeit zum Üben. Bevor das Spiel losgeht, darf jede Gruppe ihren Ruf vorführen.
- Jetzt laufen alle wild durcheinander. Jeder stößt seinen Ruf aus und muss seine beiden Spielpartner mit den gleichen Rufen finden und festhalten.
- Da muss man sich ganz schön anstrengen, um trotz des eigenen Geschreis auch das der anderen zu hören.
- Wenn sich eine Gruppe gefunden hat, halten sich die Mitglieder an den Händen und schweigen.

Ist nichts mehr zu hören, haben sich alle Gruppen gefunden und das Spiel ist aus.

Alle Verse auf der CD-ROM!

Wer kann's ganz?

Dunkel war's, der Mond schien helle ...
schneebedeckt die grüne Flur,
als ein Wagen blitzeschnelle
langsam um die runde Ecke fuhr.

Drinnen saßen stehend Leute,
schweigend ins Gespräch vertieft,
als ein totgeschoss'ner Hase
auf der Sandbahn Schlittschuh lief.

SCHÖN SCHAURIG

Es ist dunkel – nur eine Kerze flackert: Die Geister sitzen im Kreis und erzählen reihum eine Grusel-Geschichte in Fortsetzungen. Jeder darf 2 oder 3 Minuten lang (Eieruhr einstellen!) weitererzählen, dabei fangen alle jedes Mal fürchterlich an zu heulen, zu winseln und zu jaulen, wenn das Wort Gespenst oder Geist fällt.

Allerdings sollte man nicht kleinlich sein, wenn's gerade so richtig spannend ist und die Phantasie mit einem Erzähler durchgeht. Dann wird die Eieruhr noch einmal umgedreht, bis eine Fortsetzung ihr kreatives Ende gefunden hat und ein Weitergeben der Geschichte an den Nächsten möglich ist.

Wem nichts einfällt und wer lieber zuhören möchte, muss sagen: **„Tausendjähriger Schlaf!"** Dann wird er übersprungen und der Nächste ist dran.

GESPENSTERTANZ

Wenn es ganz finster ist, fassen sich alle bei den Händen und laufen langsam mit großen Schritten eine Runde im Uhrzeigersinn im Kreis herum.

Das ist gar nicht so einfach, wenn man den Boden nicht sieht. Dabei murmeln alle gefährliche Wörter, die sich auch reimen können oder einfach nur: „Rhabarber, Rhabarber ..."

In der 2. Runde wird die Richtung gewechselt und das Tempo verdoppelt. In jeder folgenden Runde wird wieder die Richtung gewechselt und das Tempo verschärft.

Geisterstunde
Höllenhunde
Polterrunde
Spuk im Haus
Fledermaus
So ein Graus!

Mehr Gruseldinner-Rezepte auf der CD-ROM!

Geister essen ja eigentlich nichts. Falls sie aber doch hungrig werden sollten, gibt es auf der CD-ROM Vorschläge für ein reichhaltiges Gruseldinner.

Am liebsten essen sie in einer Speisehöhle: Mehrere Tische mit Tüchern behängen und mit Decken und Kissen auspolstern. Mit Spinnweben und Fledermäusen dekorieren und mit grünen Glühbirnen oder Schwarzlichtlampen beleuchten.

Natürlich schmeckt es ihnen auch an einem geheimnisvoll dekorierten Geistertisch: In der Tischmitte viele verschieden große Kartons aufbauen, eine Lichterkette darüberlegen und alles mit einem dünnen Stoff, durch den das Licht scheinen kann, überdecken. Auf die Kartons Tropfkerzen in Weinflaschen stellen (nur unter Aufsicht von Erwachsenen) und den Tisch gruselig dekorieren: Knoblauchknollen, Ketten, Spinnweben, weiße Naschmäuse mit roten Augen, abgerollte Lakritz-Schnecken, Blutflecke (mit roter Lebensmittelfarbe auf das Tischtuch klecksen) und als Knaller eine grüne Geisterhand in die Mitte legen.

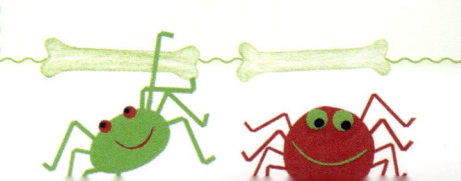

Gruseldinner

Grüne Geisterhand

Grüne Geisterhand

Einen Gummihandschuh mit grünem Wackelpudding füllen und für ein paar Stunden in die Gefriertruhe legen.
Tipp: Einmalhandschuh aufblasen und verknoten.
Den Handschuh abziehen und die Hand auf einen Teller legen.

Schlürftopf

Eine Nudelsuppe nicht mit Suppennudeln sondern mit Glasnudeln kochen. Mit Sojasoße abschmecken.

Bechermonster

Damit jeder seinen Trinkbecher wiederfindet, werden Bechermonster (siehe Zeichnung) aus weißem Papier ausgeschnitten, mit Namen beschriftet und um die Becher geklebt.

Fürchtbrot

Halbe Brotscheiben mit Frischkäse bestreichen und mit Monstergesichtern aus Gurken- und Tomatenscheiben, Radieschenhälften, Salzstangen und Petersilie dekorieren.

Starke-Nerven-Salat

Dieser Salat für Hartgesottene sollte unbedingt auf weißen Tellern serviert werden!

Aus gekochten schwarzen Schlangennudeln, Fleischwurst, Edamerkäse, Tomaten, Salatgurke und Radieschen einen Salat zubereiten und mit einem Dressing aus Öl, Joghurt, Salz, Pfeffer, Zitronensaft oder Kräuteressig übergießen.

Getränke

Die Durstlöscher für alle Arten von Gespenstern werden in Weinflaschen gefüllt und verkorkt.

Roter Spuksaft
Kalten Malventee mit Himbeersirup und Mineralwasser mischen und mit Kirschsaft-Eiswürfeln servieren.

Grüner Spuksaft
Eisgekühlten Pfefferminztee mit grün eingefärbten Eiswürfeln und Zitronenscheiben servieren.

Drachenblut
Heidelbeeren zuckern, im Mixer pürieren und mit kalter Milch mischen.

Monstershake
Rot eingefärbte Eiswürfel (Kirsch-, Trauben- oder Holundersaft) in Gläser füllen und mit giftgrüner Waldmeisterbrause auffüllen.

Schauerliches Heul-Lied

aus „Spaßmusik" von Karin Kinder

Dazu werden viele Krach-Instrumente wie Töpfe, Deckel und Kochlöffel, Ratschen, Heulschläuche, Flöten, Tröten und alles, was Krach macht, gebraucht.
Im Rhythmus schlagen zwei Gespenster auf ihre Töpfe und alle anderen Instrumente setzen nach und nach ein. Wenn der Rhythmus steht, wird dazu geheult, was das Zeug hält.

Wetten, dass mit diesem Lärm jedes echte Gespenst in die Flucht geschlagen wird?

Beispiel:	Das ist ein Takt mit vier Schlägen. Er wird dauernd wiederholt!			
	1	2	3	4
1. Geist: Topf	BUM	-	BUM	-
2. Geist: Topf	-	BUM	-	BUM
3. Geist: Tröte	tröööt tröööt	-	tröööt	-
4. Geist: Topfdeckel	klapp klapp	klapp	klapp	klapp
5. Geist: Ratsche	ritschratsch	-	ritschratsch	-
6. Geist: Flöte	-	⌒		-
7. Geist: Heulschlauch	⌒		⌒	
8. Geist: Stimme	Huuuuuu	uuuuuu	Huuuuuu	uuuuuu
9. Geist: Stimme	hoooo	-	-	Ho-
usw.	…	…	…	…

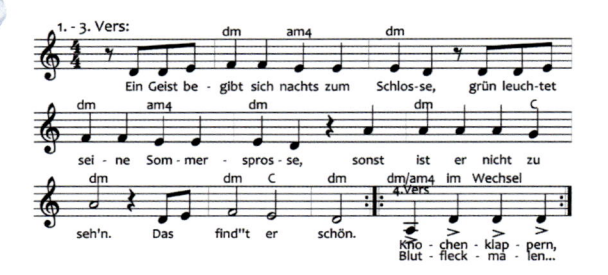

1. - 3. Vers: Ein Geist be - gibt sich nachts zum Schlos-se, grün leuch-tet sei - ne Som - mer - spros-se, sonst ist er nicht zu seh'n. Das find''t er schön.

4. Vers: Kno - chen - klap - pern, Blut - fleck - ma - len…

5. Vers: Er macht in die - ser Stun - de im gan - zen Schloss die Run - de. Pass auf, gleich ist es um: BUMM da schaut er dumm.

© 2000 kakiphonie

Ganz schön Stress   Text und Melodie: Karin Kinder

1.
Ein Geist begibt sich nachts zum Schlosse,
grün leuchtet seine Sommersprosse –
sonst ist er nicht zu seh'n.
Das find't er schön.

2.
Schon übt er auf dem Weg das Heulen
von hunderttausend Schleiereulen.
Er hat nicht mehr viel Zeit.
Gleich ist's so weit.

3.
Die Uhr vom Turm schlägt ZWÖLFE!
Da jammern alle Wölfe.
Jetzt fängt das Spuken an –
nun nichts wie ran:

4.
KNOCHENKLAPPERN,
BLUTFLECKMALEN,
KETTENRASSELN,
BETTENRUTSCHEN,
FENSTERSCHEPPERN,
MÖBELRÜCKEN,
BILDERSCHWEBEN,
TRÄUMESTÖREN,
GRUSLIG JAMMERN,
SCHAURIG SINGEN …

5.
Er macht in dieser Stunde
im ganzen Schloss die Runde.
Pass auf, gleich ist sie um:
BUMM –
da schaut er dumm.

Die Geisterstunde

Text und Melodie: Karin Kinder

Verse	Aktion
Huhuuu, hahaaa, die Geisterstund' ist da! Huhuuu, hohooo, geh bloß jetzt nicht aufs Klo!	*12 Schläge auf eine Glocke, das Licht geht aus.*
Huhuuu, heheee, die Geister trinken Tee. Huhuuu, hihiiii, so gruslig war's noch nie!	*Laut schmatzen und schlürfen.*
Huhuuu, hähäää, sie sind in deiner Näh! Huhuuu, huhuuu, lasst mich jetzt bloß in Ruh!	*Jeder zwickt und kitzelt seinen Nachbarn.*
Huhuuu, hauhau, sie machen viel Radau! Huhuuu, heheee, wenn ich sie bloß nicht seh'!	*Krach machen: mit den Füßen trampeln, in die Hände klatschen …*
Huhuuu, huihui, es stinkt hier grässlich! **PFUI!** Huhuuu, heihei, jetzt ist der Spuk vorbei!	*Die Nase zuhalten und PFUI sagen. 1 x auf die Glocke schlagen, das Licht geht wieder an.*

Das Durchs-Haus-schleich-Lied

Text und Melodie: Karin Kinder

Vers 2 + 4: Schneller und lauter singen!

© 2000 kakiphonie

Verse	Aktion
Schleicht im Finstern um die Ecken, dass wir nicht die Geister wecken! Seid ganz still, macht keinen Krach – keinen Mucks, sonst sind sie wach!	*Den 1. Vers langsam und leise singen und dabei vorsichtig im Gänsemarsch durch den Raum schleichen.*
BUMM	**Krach machen**
Huch, da kommen sie geflogen, schweben überm Dielenboden! Schauerlich hallt ihr Geschrei – und schon ist der Spuk vorbei!	*Den 2. Vers laut singen und dabei wild durcheinanderrennen und -flattern wie Gespenster.*
Jetzt geht's weiter! Wie die Mäuschen schleichen wir durchs dunkle Häuschen. Leise, leise, kein Geräusch – keinen Mucks, sonst hör'n sie euch!	*Den 3. Vers wieder wie den 1. Vers, langsam und leise singen und vorsichtig im Gänsemarsch durch den Raum schleichen.*
BUMM	**Krach machen**
Huch, schon geht es wieder los! Ein Gespenst kommt, riesengroß! Nebelschleier säuseln sacht durch die dunkelschwarze Nacht!	*„HUCH" schreien und mit Tüchern wedeln.*
Keine Angst! Geht nur voran, niemand hat euch was getan! Schleicht nun mäuschenstill durchs Haus und zur hint'ren Tür hinaus.	*Den 5. Vers wieder ganz leise singen und im Gänsemarsch hintereinanderher schleichen, bis zum Schluss alle nacheinander durch eine Tür verschwinden.*

Hexen-party

Einladung

Den Schnitt von der CD-ROM ausdrucken, auf schwarzen Tonkarton übertragen und ausschneiden.
Den Einladungstext mit weißem Buntstift oder Neon-Stiften auf die Rückseite schreiben.
Die Gäste werden gebeten, gleich im Hexen- oder Hexenmeister-Kostüm zu erscheinen (Tipps dafür gibt es auf Seite 84!) oder Kopftücher und bunte Stoffreste mitzubringen, falls man die Kostüme als ersten Programmpunkt der Party selber basteln will.

Schnur oder Draht

dicker Zweig

dünne Zweige

Falls die Einladungen nicht mit der Post verschickt werden, kann man die Katzen an kleinen Besen befestigen, die aus ein paar Zweigen zusammengebunden werden. Die Gäste werden gebeten, die Besen als Eintrittskarte wieder mitzubringen, denn das sind gleichzeitig die „**Tischkarten**". Am Ende der Party darf jeder seinen Besen wieder mit nach Hause nehmen.

Hexenritt
Kleine Hexen aus Stoffquadraten sind genauso schnell gebastelt wie die Bastbesen für den Hexenritt. Anleitung auf Seite 113: Besenbinder und Puppenspieler.

Einladung zur Hexenparty

Dekoration

Den Partyraum in Hexenfarben (schwarz, lila, feuerrot, froschgrün) dekorieren und viele Gläser mit Teelichtern aufstellen. Spinnennetze und Spinnen (siehe Seite 71: Geisterstunde), Schwarze Katzen und Hexentreppen aufhängen oder künstliches Gespinst verteilen.

Hexentreppen

... als Girlanden aufhängen oder einzeln von der Decke abhängen.
Tonpapier oder glitzerndes Geschenkpapier in verschieden dicke Streifen schneiden. Jeweils zwei gleich breite Streifen so zusammenkleben und falten:

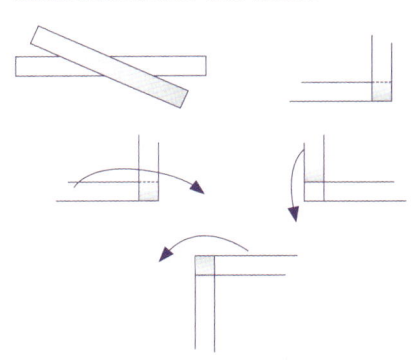

Das letzte Quadrat festkleben und überstehendes Papier abschneiden.
Girlanden: Entweder viele lange Streifen oder kurze, fertig gefaltete Treppen aneinanderkleben.

Vorlagen für Gruselmotive auf der CD-ROM!

Baumel-Katzen

Den Schnitt für die Einladungskatze beliebig vergrößern, auf Tonkarton übertragen und ausschneiden.

- Augen und Schnurrhaare mit Glitzerfarbe aufmalen.

Riesenspinnen

Die gewölbte Unterseite von Papptellern oder Käseschachteln schwarz, lila oder neongrün bemalen.

- Zwei große Augen aus einer anderen Farbe aufkleben.
- **Beine:** 8 Streifen aus Tonpapier ausschneiden, die Ränder fransig einschneiden und ein Ende der Streifen zackig wie Greifzangen beschneiden.
- Die Beine an die unbemalte Seite des Spinnenkörpers kleben.

Verkleiden

Schminken

- Das Gesicht vor dem Schminken eincremen.
- Die Schminke auf den feuchten Schmink-schwamm reiben und flächig auf dem Gesicht verteilen.
- Linien mit Stiften oder dünnen Pinseln ziehen.
  Augen: weiß, rot oder schwarz umranden.
  Nase: blau, schwarz oder grün verwischen.
- Mit Abschminke lässt sich alles wieder entfernen.

Die Gäste verkleiden und schminken sich als

- Rote Feuerhexe
- Braune Kellerhexe
- Blaue Wetterhexe
- Gelbe Sommerhexe
- Weiße Nebelhexe
- Grüne Waldhexe

und als Hexenmeister, Zauberer, Trolle oder andere Phantasiefiguren.

Fingernägel

Luftschlangen ganz eng aufrollen und das Ende festkleben.
Die Rolle mit einer Stricknadel oder einem Holzstäbchen vorsichtig von innen in die Länge drücken und auf dem Finger anpassen. Die Nägel mit Bastelfarbe bemalen und mit Wasserlack überziehen.

Grüne Waldhexe

Blaue Wetterhexe

Rote Feuerhexe

Hexenkostüme – ganz ohne Nähen

Außer einer Schere braucht man viele bunte große und kleine Stoffreste oder Tücher, die zusammengeknotet werden. Die Ränder kann man in Fransen schneiden, verknoten oder flechten.
Zum Schluss werden die Kostüme oder Frisuren mit passenden Gegenständen (Spinnen, Äste, Kröten …) dekoriert.

Wickelrock

1. Einen langen, schmalen Stoffstreifen (etwas länger als der Bauchumfang) zuschneiden oder abreißen.
2. Aus unterschiedlichen Stoffen verschieden lange und breite Streifen zuschneiden und jeweils 2 Schlitze einschneiden (siehe Abbildung).
3. Den langen Streifen durch die Schlitze ziehen und passend um den Bauch verknoten.

Oberteil

1. Einen rechteckigen Stoffrest zusammenlegen.
2. In den Stoffbruch einen T-Schlitz für den Halsausschnitt schneiden.
3. In Brust- und Schulterhöhe mehrere Längsschlitze einschneiden und Stoffstreifen durchziehen.

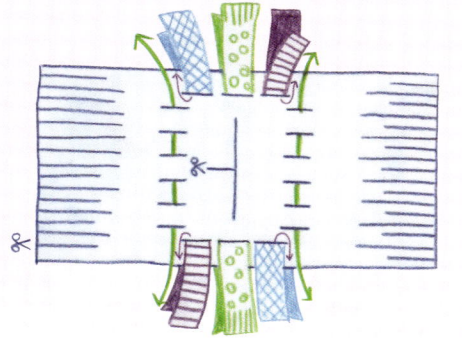

Umhang für den Hexenmeister

1. In die Längsseite eines größeren Stoffrestes mehrere senkrechte Schlitze schneiden.
2. Einen langen Stoffstreifen abreißen, durch die Schlitze ziehen und in Halsweite verknoten.
3. Viele kleine Doppel-Schlitze in den Umhang schneiden, breitere Stoffstreifen hindurchziehen und verknoten.

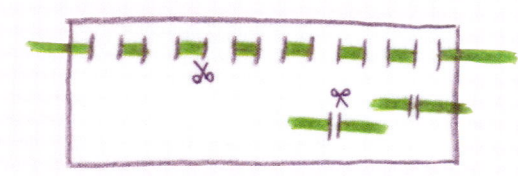

Hut für den Hexenmeister

1. Dunklen oder roten Stoff (100 x 60 cm) zusammenlegen (= 50 x 60 cm) und noch einmal zusammenlegen (25 x 60 cm).
2. Die Mitte anzeichnen und von da aus eine Linie bis zur unteren Ecke ziehen.
3. Die Dreiecke ausschneiden und die Seitenränder zusammennähen.
4. Den Hut wenden, aufprobieren, die Nase suchen und von außen markieren.
5. Den Hut wieder absetzen und um den Nasenpunkt ein rundes Loch für das Gesicht schneiden.

Hexenhut und Hexennase

Wie ein Hexenhut aus Filz genäht wird und Hexennasen gebastelt werden, steht auf der CD-ROM. Die Hexen können aber auch ein Kopftuch aufsetzen!

Keine Hexe ohne Besen!

Birkenzweige mit Paketschnur um ein Ende eines daumendicken Astes binden und fest verknoten.

Bastelanleitung für Hexennase und -hut auf der CD-ROM!

Hexenmeister

Hexige Spiele

Suppenwurm

Eine Hexentante kommt zu Besuch, deshalb wird etwas Gutes gekocht. Aber aus der leckeren Hexensuppe sind alle Würmer ausgerissen. Die Hexenfamilie muss sie wieder einfangen.

- Jede Hexe bindet sich ein Seil (Wurm) an den Fuß. Alle laufen herum und versuchen, auf das Seil einer anderen Hexe zu treten. Hat es geklappt, wird das Seil abgebunden und in die Hand genommen.
- Wer die meisten Würmer einsammelt, gewinnt.

Hexenballett

Bewegung muss sein nach der fetten Hexensuppe.

- Alle tanzen zu flotter Musik bis die Oberhexe das Kommando **„Popo klebt!"** gibt. Schnell muss jeder mit seinem Popo an einem anderen „festkleben" und so weitertanzen, bis das nächste Kommando **„Hände kleben!"** kommt.
- Dann kommen die Nase, die Knie, die Schulter, der Bauch, die Arme und zum Schluss die Füße dran.

Hexenknoten

Die Oberhexe verzaubert alle zu einem großen Knoten: Alle fassen sich bei den Händen, bilden einen Kreis und verschlingen sich: Sie kriechen unter den Armen des Nachbarn durch, steigen darüber usw. Auf keinen Fall darf man die Hände loslassen. Wenn der Knoten richtig dicht ist, wird auf Kommando wieder entwirrt, ohne die Hände loszulassen.
Achtung: Brillenträger sollten ihre Brille vorher abnehmen!

Hexenhut

Nach dem Essen soll ein Spaziergang gemacht werden. Die Hexen wollen ihre Hüte aufsetzen. Es gibt aber nur einen Hut für 4 Hexen. Für 12 Hexen braucht man also 3 Hüte!
Zur Musik bewegen sich die Hexen im Raum und setzen sich gegenseitig die Hüte auf. Wer einen Hut aufgesetzt bekommt, sagt schnell: **„MEINER!"**, nimmt ihn wieder ab, um ihn ganz schnell einer anderen Hexe aufzusetzen, und sagt dazu: **„DEINER!"**
Das kann man spielen, bis man vor Lachen umfällt.

Hex-Hex

Die Oberhexe oder der Hexenmeister langweilen sich und fangen an, die anderen zu verhexen.
Die Hexen gehen im Kreis herum. Die Oberhexe steht im Kreis und berührt sie mit dem Zauberstab.
Wer berührt wird, muss stehen bleiben und seine Hände ausstrecken.
Die Oberhexe streut ein bisschen Zauberpulver auf die Hände und sagt einen Zauberspruch, z.B.:
Spinnenfraß und Storchenbein – du sollst eine Katze sein!
Sofort wird die/der Verzauberte zur Katze, läuft auf allen Vieren und miaut.
Dann laufen alle weiter im Kreis herum, bis die Nächste verzaubert wird. Erst wenn alle in Schweine, Hunde, Vögel, Pferde, Affen, Elefanten usw. verzaubert sind, ist das Spiel aus und ein anderer kann die Oberhexe oder der Hexenmeister sein.

Zauberwort

Hexen können auch Wörter verhexen. Eine Hexe geht hinaus vor die Tür und lauscht **NICHT!**
Die anderen überlegen sich ein mehrsilbiges Wort und teilen die Silben auf, z.B.

KAR TOF FEL SUP PE

Wenn die Hexe wieder hereingerufen wird, schreit jede Hexe auf Kommando ihre Silbe so laut sie kann, heult oder singt sie in den höchsten Tönen, so lange, bis die Hexe das Wort erraten hat. Dann darf die nächste Hexe vor die Tür gehen.

Hexengeschichten

Hexen können auch Geschichten zaubern. In einen Topf werden Zettel gelegt, auf die man vorher Hauptwörter geschrieben hat – ganz geheim natürlich.
Die Hexe rührt nun mit viel Aufhebens in dem Topf herum, holt 4 Zettel heraus und liest sie vor, z.B.

Sauerkraut
Haarbürste
Butterdose
Katzenpfote

… und erfindet ganz schnell eine kurze Geschichte dazu.
Dann ist die nächste Hexe dran:
Es wird reihum gespielt!

Ich hab nix gemacht!

Schnipseln

Der Rabe hat das Zauberbuch zerpickt und jetzt liegen nur noch Schnipsel herum. Die Oberhexe will versuchen, das Buch in ihrem Zaubertopf wieder ganz zu kochen.

- Jede Hexe bekommt einen Trinkhalm und 10 kleine Papierschnipsel.
- In der Tischmitte steht der Zaubertopf.
- Nach dem Startzeichen müssen die Schnipsel mit dem Trinkhalm festgesaugt und so zum Zaubertopf transportiert werden. Wer zuerst alle seine Schnipsel im Topf hat, hat gewonnen.
- Sind alle Schnipsel im Topf, wird ein Buch hervorgezaubert und zur Belohnung eine Geschichte vorgelesen.

Vorlese-Tipp

Gebrüder Grimm: Der Teufel mit den drei goldenen Haaren
Otfried Preußler: Die kleine Hexe

Gruppenbild mit Hexe

Bevor die Hexenparty zu Ende geht, beschäftigen sich alle Hexen mit einem großen Gemeinschaftsbild.
Sie schreiben ihre Namen oder einen selbst gedichteten Zauberspruch darauf, malen ein Bild oder kleben einen Kostüm-Stoff-Fetzen darauf und stempeln mit Krötenblut einen Fingerabdruck dazu.
Das Werk kann sich die Geburtstagshexe dann noch lange anschauen und dabei an das tolle Fest zurückdenken.

Hex im Haus

Die Oberhexe steht mit dem Gesicht zur Wand, alle anderen Hexen ein paar Meter entfernt hinter ihr.
Sie schleichen sich so leise an, dass die Oberhexe nichts davon merkt. Die Oberhexe sagt die ganze Zeit langsam und laut : „HEX IM HAUS, HEX IM HAUS …"
Immer wenn sie Haus sagt, darf sie sich umdrehen – muss aber nicht! Wenn sie sich plötzlich unerwartet umdreht, müssen alle sofort starr stehen bleiben.

- Wer sich noch bewegt, muss zur Strafe 3 Schritte zurückgehen.
- Wer zuerst an der Wand angekommen ist und die Oberhexe abschlagen kann, darf die neue Oberhexe sein.

Kasperle und der Bauchweh-Pilz auf der CD-ROM!

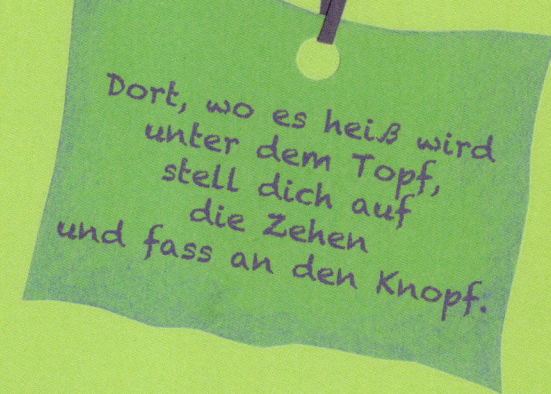

Dort, wo es heiß wird unter dem Topf, stell dich auf die Zehen und fass an den Knopf.

Hexenbesen-Rallye

für drinnen oder draußen
An einen Besen aus Birkenreisig wird für jedes Kind ein kleines Geschenk gebunden.
Dann wird er gut versteckt, z.B. in der Duschkabine oder oben auf dem Apfelbaum.
Vom Start bis zum Besen werden mehrere Zettel versteckt, die immer einen Hinweis auf den nächsten Zettel enthalten und der Reihe nach gefunden werden müssen:
z.B.

1. Zettel

Dort, wo es heiß wird unter dem Topf, stell dich auf die Zehen und fass an den Knopf.

Der **2. Zettel** liegt also im oder auf dem Ofen in einem Topf. Die Anweisungen, wie man zum nächsten Zettel kommt, z.B. hüpfen, singen, sich einhängen, im Gänsemarsch oder rückwärts gehen, Wörter dabei murmeln, mit einem Löffel in der Hand kriechen, den man sich erst holen muss …, müssen von allen Teilnehmern befolgt werden, sonst kann es sein, dass sich der Geschenke-Besen schwuppdiwupp in Luft auflöst.

HEXEN-SCHMAUS

Hexenschmaus-Rezepte zum Ausdrucken auf der CD-ROM!

Den **Tisch** mit vielen bunt gemusterten Tüchern oder Stoffresten in dunklen Farben decken und Zauberpulver (Hagelzucker, Gries, Zuckerstreusel oder bunten Glitter) daraufstreuen.

Bunte Servietten in Froschgrün, Lila, Schwarz und Feuerrot und viele bunte Teelichte darauf verteilen.

Wunderkerzen in Gläser mit Knetmassekugeln stecken.

Die **Getränke** in Weinflaschen füllen, mit Korken zustöpseln und selbst geschriebene Etiketten daraufkleben.

 Quak Quaaaaak

HEXENKRAFTFUTTER

Mehrere Äpfel schälen, entkernen, in Scheiben schneiden und im Backofen bei 50 °C etwa 3 Stunden trocknen.
Die Apfelscheiben mit Haselnüssen, Rosinen und Mandeln in einer Schale mischen.

FROSCHGULASCH MIT KRÖTENSOSSE

Grünen Wackelpudding kochen, nach dem Erkalten in Würfel schneiden und in Schalen legen.
Vanillesoße mit Milch anrühren und über die grünen Würfel gießen.

ZAUBERTRANK

2 Liter kalten, mit Honig gesüßten Malven-/Hagebuttentee mit 1 Liter Kirschsaft mischen und einige Blutorangen-Scheiben dazugeben. Durchziehen lassen!

KRÖTENBLUT

1 Glas Heidelbeeren zuckern, im Mixer pürieren und mit kalter Milch mischen.

TEUFELSKUCHEN

Zutaten:
100 g Butter oder Margarine
200 g Zucker
4 Eier
300 g Mehl
250 g Quark
1 Päckchen Backpulver
2 EL Zitronensaft
Puderzucker
Lebensmittelfarbe
Zitronensaft
Hagelzucker

Zubereitung:
1. Butter, Zucker und Eier verrühren und den Quark unterheben.
2. Mehl mit Backpulver mischen und unterrühren.
3. Zitronensaft hineinrühren.
4. Eine Napfkuchenform einfetten und den Teig einfüllen.
5. Bei 175 °C etwa 60 Min. backen.
6. Nach dem Auskühlen stürzen und gefährlich bunt glasieren.
7. Hagelzucker darüberstreuen.

Glasur: Puderzucker und Zitronensaft mit wenig Wasser glatt rühren, in kleine Portionen teilen und jede mit einer anderen Lebensmittelfarbe einfärben.

HEXENKRÄUTER-STAMPF-PFRAMPF

Zutaten:
500 g Quark
gemischte frische Wiesenkräuter
(Blätter von Löwenzahn, Brennnessel, Sauerampfer, Brunnenkresse …)
Kräutersalz und Pfeffer

Zubereitung:
Die gewaschenen Kräuter klein hacken und mit etwas Milch unter den Quark rühren. Mit Kräutersalz und Pfeffer abschmecken.

GIFTKNOLLEN MIT ZAUBERSTAUB

Zutaten:
gleich große Kartoffeln
Speck
Kräuter
Alufolie
Kräuterbutter
Kräutersalz
Parmesankäse

Zubereitung:
Die Kartoffeln bürsten, mit Speck umwickeln, mit Kräutern würzen und einzeln in Alufolie wickeln.
- Bei 225 °C etwa 30 Min. im Backofen backen.
- Die Folie aufreißen, die Kartoffeln anschneiden und Kräuterbutter auflegen. Kräutersalz und Parmesankäse darüberstreuen.

VERHEXTE BRÖTCHEN

Brötchen aufschneiden, mit Butter oder Remoulade bestreichen, mit Wurst oder Käse belegen und kurz vor dem Servieren verhexen.

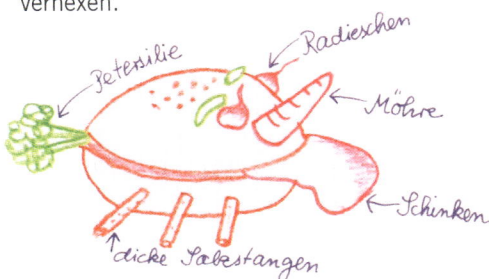

TOMATENBROT UND ZWIEBELRING –
DAS ESSEN IST JETZT FERTIG –
PLING!!!

FLIEGENPILZ UND HÖLLENNACHT
90 MIT 6 DURCH 12 WIRD 8!

FLIEGENPILZE

Große Tomaten waschen, die Deckel abschneiden und die Bäuche aushöhlen.
- Je ein Salatblatt in den Bauch legen und Hexenkräuter-Stampf-Pframpf hineinfüllen.
- Den Deckel aufsetzen und Mayonnaise-Punkte auftupfen.

HEXENBURGER

Zutaten für 4 Stück:
500 g Rinderhack
Zwiebelringe
Tomatenscheiben
Salatblätter
Scheibenkäse
Ketchup
4 Hamburger-Brötchen
Salz, Pfeffer und Öl

Zubereitung:
Das Hackfleisch mit Salz und Pfeffer würzen, dünne Scheiben formen (2 cm) und von beiden Seiten etwa 3 Min. in Öl braten.
- Alle Zutaten auf den Tisch stellen, damit sich jeder seinen Burger selber hexen kann.

Großes **Spectakulum**
auf Burg Feierstein

für große und kleine Ritter, edle Fräulein,
Narren, Pilger und fahrende Gesellen

Einladung zum großen Spectaculum auf Burg Feierstein

Einladung

zum großen Spectaculum

auf Burg Feierstein

am .... um ......

Mögen die ehrenwerten Ritter in reychlicher Bekleydung und mit Fanfaren und Hörnern, dagegen die edlen Burgfrowileyn in ihrem schönsten Gewande und reychlich ausgestattet mit Mut und Liebreiz pünktlich daselbigst hiero eintreffen.

Auf der Burg ist was los!
Überall wird gekämpft und Kraft und Geschicklichkeit demonstriert.
Die Wohnung oder Teile des Gartens werden zur waffenfreien **Friedenszone** erklärt: Dort müssen alle Ritter vor dem Eintritt ihre vorher gekennzeichneten Waffen beim Scharfrichter abgeben. Neben dem großen Ritterturnier gibt es allerley lustige Spiele für alle Burgbewohner und auch Stärkung und **Naschereyen**, um sich die leeren Bäuche vollzuschlagen.
Der **Hofnarr** belustigt die Gäste mit allerley Späßen.
Im Kasperltheater kann man sich beim Stück **„Kasperle und das Burgfräulein"** (Text auf der CD-ROM) gruseln und freuen.
Im Zelt des Magiers oder der Wahrsagerin rieseln den Gästen kalte Schauer über den Rücken und der Bader bringt seine Wunderpillen und Kräuterwässerchen an den Mann oder die Frau.
Mit einem Fackelumzug endet der Festtag. Der Ritter, der die meisten Silberlinge (S. 110) erkämpft hat, darf den **Fackelumzug** anführen.
Zum Schluss können die Silberlinge beim **Glücksspiel „Der Goldene Stein"** (S. 105) wieder ausgegeben werden. Soll ein großes Fest mit vielen Helfern und Gästen gefeiert werden, bietet es sich an, zusätzlich einen **Handwerkermarkt** (ab S. 108) zu veranstalten.

Einladung

Siegelrolle

1. Den Einladungstext auf schönes Papier (Elefantenhaut oder Tonpapier) schreiben.
2. Aus lufthärtender roter Modelliermasse 2 kleine Kugeln formen.
3. Ein Bändchen zur Schlaufe zwischen die beiden Kugeln legen und die Kugeln breit drücken.
4. Eine Münze oder einen Knopf in die Masse drücken und trocknen lassen.
5. Die Schriftrolle durch die Schlaufe schieben.

Tipp: Für jeden Gast denkt man sich einen trefflichen Namen aus.
- So wird Kai Büttner nun **Ritter Kai von Büttenberg.**
- Anna Metzger wird **Jungfer Ännchen von Schlachtungen.**
- Martin Bauer wird **Martin Stolzer von Ackerland.**
- Melanie Pertsch wird **Dame Melanie von Pertschingen.**
- Lisa Kupfer wird **Lisa von und zu Kupferstein.**
- Jannick Kühnhold wird **Holder Ritter Jan der Kühne.**

Dekoration

Eingangstor

Durch dieses Tor muss jeder Gast gehen. Doch vorher muss er ein Losungswort sagen, z.B. seinen Ritternamen, der auf der Einladung steht.

- Vier Besenstiele mit bunten Bändern umwickeln und jeweils zwei über Kreuz aufstellen.
- Die Kreuze mit Wappen aus Wellpappe oder bunten Fähnchen schmücken.

Feldlager

Im Garten: Wäscheleinen zwischen Bäumen oder in den Boden geschlagenen Bohnenstangen spannen und viele Tücher und Decken festklammern.
Das Gelände mit Wimpelketten und selbst gebastelten Fahnen schmücken.
Im Haus:
Wimpelketten weisen den Weg zum Festsaal, der mit Fahnen und Kerzen ritterlich dekoriert wird.

Wimpelkette

Schnitt in Originalgröße auf der CD-ROM!

- Den Schnitt vergrößern oder ausdrucken und auf bunte Stoffreste übertragen.
- Mit der Zackenschere viele Dreiecke ausschneiden.
- Die Dreiecke auslegen und farblich sortieren.
- Die Wimpel der Reihe nach mit der Nähmaschine auf ein Stoffband nähen oder mit einer dicken Stopfnadel Schnur durch die geraden Ränder ziehen.

Tipp: Mit dem Schneidrad kann man gleich mehrere Stofflagen durchschneiden: Die Stoffe mit Stecknadeln zusammenstecken. Ein Dreieck auf die oberste Lage aufzeichnen und ausradeln.

Fahnen

Viele bunte Stoffreste rechteckig zuschneiden und Streifen oder Motive aus andersfarbigen Stoffen mit Bügelvlies aufbügeln.

Wappen

Aus Wellpappe ausschneiden (Schnitt auf der CD-ROM) und mit Bastelfarbe bunt bemalen, mit Silber- oder Goldfarbe verzieren oder Motive aus Alukarton aufkleben.

Die Rüstung von Ritter von Papp

Verschiedene Kartons mit Papierklebeband zusammenkleben und mit Silberfarbe bemalen.
Mit schwarzen Filzschreibern Eisenteile, Schrauben und ein Kettenhemd aufmalen. Einen Federbusch in den Helm stecken.
Lanze: einen Besenstiel mit Band umwickeln und eine silbern bemalte Lanzenspitze aus Karton aufstecken.
Helm: einen Federbusch an der Helmspitze befestigen.
Tipp: In eine Rüstung aus großen Kartons kann man sich hineinstellen, wenn die Rückwände und die Hälfte der inneren Kartonböden mit dem Cutter herausgeschnitten werden.

„Kasperle und das Burgfräulein" auf der CD-ROM!

Wappenmotive des Mittelalters

In der Wappenkunde (= Heraldik) gilt die Lilie als Symbol der Reinheit und Unschuld. Eine mittelalterliche Legende erzählt, dass ein Engel, der vom Himmel herabstieg, dem Merowingerkönig Chlodwig I. eine Lilie als göttliches Geschenk überreichte.
Es gibt rund um die Welt verschiedene Darstellungen der Wappenlilie in vielen verschiedenen Farben.

Kulissenburg

Ein altes Bett-Tuch mit Türmen, Mauersteinen, Fahnen, Gespenstern, Fledermäusen usw. bemalen.
Wird nicht im Freien gemalt, den Boden mit Folie abdecken.
• Die Konturen mit Filzschreibern vorzeichnen. Die Flächen mit verdünnter Schulmalfarbe und dicken Borstenpinseln ausmalen.
Tipp: Die Farbe kann schon vor dem Malen verdünnt und in Schraubgläser gefüllt werden.
Zum Theaterspielen ein paar Fenster herausschneiden. Die Spieler stehen hinter der Kulissenburg, die Zuschauer sitzen davor.

Kartonburg

Viele verschieden große Kartons sammeln und wie Burgmauern aufeinanderstellen.
• Die Vorderseiten kennzeichnen und mit verdünnten Schulmalfarben und dicken Borstenpinseln bemalen. Türen und Fenster aufmalen oder mit einem Cutter einschneiden.
• Nach dem Trocknen wird die Burg wieder aufgebaut und von hinten mit Papierklebeband zusammengehalten.
• Ein paar Fähnchen oder Wimpel um Rundstäbe kleben und in die Kartons stecken (vorher kleine Kreuzschlitze einschneiden).

Ein Zelt für die Wahrsagerin, den Magier und den Bader

Einen Sonnenschirm mit Stoff verkleiden: alte Gardinen, Bett-Tücher oder Tischdecken mit Wäscheklammern am Rand befestigen. Das Zelt mit Decken und Kissen auslegen oder zwei Stühle und einen kleinen Tisch hineinstellen und den Raum entsprechend dekorieren.

Stegreif-Theater

Aus einem ersten Satz entsteht eine Geschichte. Die Spieler spinnen die Geschichte so lange weiter, bis ihnen nichts mehr einfällt.
„Kuno, der Schreckliche ist im Anmarsch. Er will das schöne Fräulein von Lilienschimmer rauben …

Verkleiden

Wenn die Gäste nicht schon mit passenden Kostümen erscheinen, können diese gemeinsam gebastelt werden. Die **Edlen Damen** werden den **Hohen Herren** bestimmt gerne dabei helfen.

Die Junker

Tortendeckchen eignen sich gut als Spitzenkragen.

Kordel oder Gürtel

Strumpfhosen

Überkleid

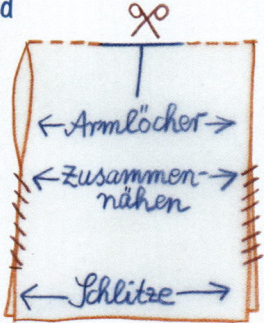

← Armlöcher →
← Zusammen-nähen →
← Schlitze →

Ballon-Kappe

1. Rohrummantelung (Baumarkt) wie Kopfumfang zuschneiden, mit Stoff einwickeln und mit groben Stichen festnähen.
2. Das Rohr zum Kreis biegen und zusammennähen.
3. Eine Stoffscheibe zuschneiden (Pizzateller) und an die Innenseite des Rohrs nähen.

Tipp: Als Alternative zur Rohrummantelung einen Stoffschlauch nähen und mit Füllwatte ausstopfen.

Vorlage zum Vergrößern auf der CD-ROM!

Wappen-Schild

Die Schnitte ausdrucken, vergrößern, auf dicke Wellpappe übertragen (auf Längsrichtung achten!) und ausschneiden. Den Griff aus Wellpappe (Querrichtung) ausschneiden und auf der Schild-Rückseite festnähen.
Die Vorderseite mit Bastelfarbe bunt bemalen, mit Silber- oder Goldfarbe verzieren oder Motive aus Alukarton ausschneiden und aufkleben.

Arm-Stulpen

Aus Tonpapier oder Wellpappe schneiden und nach Armumfang zusammenkleben oder mit Musterbeutelklammern verbinden.

Lanze

Gerade Äste oder Besenstiele sind dafür gut geeignet.
Handschutz: Mit einem Cutter Scheiben aus dicker Wellpappe (Verpackungskarton) ausschneiden, in die Mitte ein Kreuz schlitzen. Die Lanze mit Silberfarbe bemalen, den Handschutz aufstecken und ritterlich verzieren.

Schwert

Eine Klinge und einen Handschutz mit dem Cutter aus dicker Wellpappe ausschneiden (auf Längsrichtung achten!).
- Einen Schlitz in die Mitte des Handschutzes (Parierstange) schneiden.
- Alle Teile mit Silberfarbe bemalen und mit Glassteinen und Perlenmaker verzieren.
- Zum Schluss den Handschutz über den Griff schieben.

Lustige Ritter

Aus allerley Haushaltsgegenständen werden witzige Verkleidungen: Nudelsieb- und Kochtopfhelme, Bratpfannenschilde, Badetuchumhänge und Rückenbürstenschwerter, Lampenschirmhüte, Duschhaubenkappen, Badekappenhelme, Rettungsfolienrüstung, Tortendeckchen-Krägen, Knie- und Ellenbogenschutz aus Teppichbodenresten …

Die tapferen Ritter

Steckenschwert

Einen geraden Ast mit zwei Astgabeln als Griff und frischer glatter Rinde, z.B. Haselnuss oder Holunder, absägen und verzieren: Mit einem Bastel- oder Schnitzmesser Muster einritzen und die Rinde teilweise abziehen (siehe auch S. 14: Grünholz schnitzen). Die Schwertspitze mit dem Messer abziehen und mit Schleifpapier bearbeiten.

Schwertscheide

- Eine **Papprolle** ritterlich bemalen, eine Seite verschließen (Versanddeckel oder Klebeband), in die andere Seite zwei Löcher bohren und eine Kordel, einen Gürtel oder Stoffstreifen einfädeln.
- **Rohrummantelung** mit Bändern umwickeln, ein Ende fest zubinden, in das andere Ende 2 Schlitze für den Bauchgurt schneiden.
- Die Scheide um den Bauch binden.

Ritterlich verzieren

mit Gold- und Silberfarbe, Perlenmaker, Glitterliner, Konturenfarbe, Perlmuttfarbe, Metallicfarbe, Schmucksteinen und Schmucksteinkleber, Spiegelplättchen, Glasnuggets, Schellen, Goldperlen und Pailletten, Metallkarton, Metallfolie, Spiegelfolie, Alufolie, Federn, Bänder, Kordeln, Goldfaden ...

Berühmte Schwerter des frühen und hohen Mittelalters:
- **Excalibur** – das Schwert von König Artus (Artussage)
- **Balmung** – das Schwert von Siegfried (Nibelungenlied)
- **Mimung** – das Schwert von Wieland (Amelungenlied)

Brustpanzer
... aus Pappe

- Zwei ovale Scheiben aus Wellpappe ausschneiden und jeweils eine Seite mit Silberfarbe bemalen.
- Mit schwarzem Filzschreiber Metallstücke und Schrauben oder Kettenglieder aufmalen.

... oder aus Filz

- Den Schnitt von der CD-ROM ausdrucken, 2 x auf Filz übertragen, ausschneiden und die Löcher mit der Lochzange einstanzen.
- Verzierung: silberne Wellpappe zuschneiden und mit Heißkleber auf das Vorderteil kleben.

Die Papp- oder Filzteile mit Schnur verbinden (siehe oben), über die Schultern hängen und in Taillenhöhe passend verknoten.

Helm

- Den Schnitt von der CD-ROM ausdrucken und auf silbernen oder grauen Fotokarton übertragen.
- Zwei Helmhälften und ein Visier ausschneiden und die aufgedruckten Punkte mit der Lochzange einstanzen.
- Nieten, Schrauben und Verzierungen mit schwarzem Filzschreiber oder silbernem Perlenmaker aufmalen.
- Die Seitenlaschen entlang der gestrichelten Linie nach vorne umknicken und in Kopfweite mit dem Klammerhefter verbinden.
- Das Visier mit zwei Musterbeutelklammern entweder in den äußeren oder inneren Löchern am Helm befestigen.
- Einen Federbusch an der Helmspitze festklammern oder –kleben.

Schnitte in Originalgröße auf der CD-ROM!

Bundschuhe

Ein großes weiches Lederstück hinlegen, den Fuß in die Mitte stellen, das Leder am Knöchel zusammenfassen und mit einer starken Schnur festbinden.

Ritterschlag

Wer sich besondere Verdienste erworben hatte, wurde von seinem Herrscher zum Ritter geschlagen. Früher war das ein schmerzhafter Schlag auf den Hals oder die Schulter. Wenn der Neuritter dabei mit keiner Miene zuckte, konnte er gleich beweisen, wie gut er sich beherrschen konnte. Später wurde daraus ein kleines Antippen mit der Schwertspitze.
Sogar Tiere wurden zu Rittern ernannt, zuletzt im Jahre 2008 in Norwegen: Der Königspinguin Nils Olav erhielt seinen Ritterschlag von König Harald V. und heißt seither **SIR Nils Olav**.

Kein Ritter ohne Pferd ...

Lieder mit Spielanweisung auf der CD-ROM!

Sockenpferde

(siehe S. 33) basteln und ritterlich mit Bändern und Ohrenhauben verzieren.

Papp-Pferd

Einen Pferdekopf (Schnitt auf der CD-ROM) aus Wellpappe ausschneiden und bemalen.

- Zwei Schlitze für den Stiel einschneiden und Löcher für die Mähne am Rand entlang einstechen.
- Wollreste, Schnur oder in Streifen gerissene Stoffstreifen durch die Löcher ziehen und verknoten.
- Zum Schluss einen Besenstiel durch die Schlitze schieben und losreiten.

Bauchross

1. Den Umriss eines Pferdekörpers auf zwei große Wellpappen (längs gerillt) zeichnen und ausschneiden.
2. In die Bauchmitte beider Teile ein Griffloch schneiden, die Außenseiten bemalen und trocknen lassen.
3. Die beiden Teile aufeinanderlegen und die Köpfe zusammenkleben oder -tackern.
4. Für Mähne und Schwanz Löcher durch beide Pappen stechen und Schnur, Wollreste oder Krepp-Papierstreifen durchziehen und verknoten.
5. Damit man beim Reiten die Hände zum Kämpfen frei hat, eine lange Schnur wie Hosenträger über Kreuz an beiden Hälften festknoten oder Hosenträger festklipsen!

Tipp: Drachen und Einhörner können nach dem gleichen Prinzip gebaut werden.

Das Mitspiel-Lied von den tapferen Rittern

Text und Melodie: Karin Kinder

1. Der dicke Ritter Kunibert,
   der fuchtelt wild mit seinem Schwert
   und schreit erbärmlich, wenn er kämpft.
   Es klappert laut sein Kettenhemd.

Refrain:
„Komm nur her, du feiger Knappe,
schau mal, was ich für dich habe!
Siehst du meine Eisenfaust?
Kannst sie spür'n, wenn du dich traust!"

2. Der kleine Ritter Balduin
   muss in die große Schlacht nun ziehn.
   Es trampelt laut sein wildes Ross,
   beim Kämpfen ist der Teufel los!

3. Der große Ritter Friederich,
   das ist kein großer Wüterich.
   Der schreit am liebsten: „Hau mich nicht",
   und klappt die Klappe vors Gesicht.

4. Der dünne Ritter Fridolin
   hat weichen Pudding in den Knien,
   wenn er im Finstern kämpfen muss.
   Drum macht er Punkt um sechs Uhr Schluss.

Ri-Ra-Ross,
mein Pferdchen steht im Schloss.
Morgen woll'n wir Haber dreschen,
soll mein Pferdchen satt sich fressen.
Ri-Ra-Ross,
mein Pferdchen steht im Schloss.

Das große Spectaculum wird auch von Mönchen, Bettlern und Gauklern in fantasievoller Verkleidung bevölkert ...

Die Raubritter, Henker & Scharfrichter

Ein T-Shirt ohne Ärmel so über den Kopf ziehen, dass das Gesicht aus dem Halsausschnitt guckt, den Stoff rechts und links vom Hals zusammenfassen und mit Sicherheitsnadeln feststecken.

Königlicher Besuch

Schnitt für die Krone auf der CD-ROM!

... GANS stolz ...

Prinzen, Prinzessinnen, Könige und Königinnen basteln sich eine Krone aus Fotokarton (siehe auch S. 5) und verzieren sie reichlich mit Schmucksteinen, Goldfarbe (z.B. Perlenmaker) und Glitter.

Die Mönche

Bademantel

Kordel um den Bauch binden

Tritschen

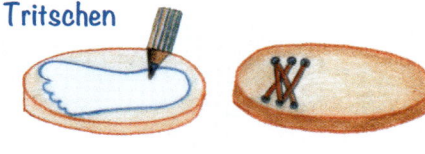

Zwei Holzbretter etwas größer als die Fußlänge oval aussägen und wie auf der Abbildung durchbohren.
Lederschnüre oder feste Schnur durch die Löcher ziehen und passend über dem Fuß verknoten.

Der Hofnarr

Er braucht bunte Kleidung, einen Handspiegel und einen lustigen Namen, z.B. Kuno Fröhlich oder Heini Purzel ...
1. Eine bunte Strumpfhose auf den Kopf setzen und den Kopfumfang markieren.
2. Die Strumpfhose wieder abnehmen und die Naht passend abnähen.
3. Die Beine abschneiden, die Öffnungen zusammennähen und Schellen an der Spitze festnähen.
4. Bastelwatte in die Beine füllen.
Tipp für die Nähmaschine: Zwei Strumpfhosen in verschiedenen Farben in der Bauchmitte auseinanderschneiden und zweifarbig wieder zusammennähen.

Narren, Schelme, Spaßmacher

Der **Hofnarr** sorgte für Unterhaltung und Belustigung. Er war auffällig bunt gekleidet, überall waren Schellen festgenäht. Je dümmer er sich anstellte, desto mehr Spaß hatten die Burgbewohner an ihm.
Oft waren Narren kleinwüchsige, sehr gescheite Menschen, die sich wegen ihrer Narrenfreiheit in alles einmischen konnten und so die Familien- und Landespolitik beeinflussten. Manchmal wurden auch humoristisch oder künstlerisch begabte Kinder als Narren ausgebildet und ernährten so ihre Familien.
Der bekannteste Stadtnarr war Till Eulenspiegel, der viele derbe Scherze mit seinem Mitmenschen trieb und den Eingebildeten oft seinen Spiegel vorhielt, in der Hoffnung, ihre Sicht der Dinge möge sich ändern.

Verkleiden

Doppelhut

Spitzhut

Minnetüchlein

Sie verkleiden sich mit langen Röcken, Tüchern, Miedern und Gardinen-schleiern.

- Sie ziehen ihr schönstes Nachthemd an und veredeln es mit einem langen Überkleid (siehe S. 94) aus Gardi-nen oder Seidentüchern.
- Statt eines Mieders kann die Brust kreuzweise mit weichen Bändern geschnürt werden.
- Rosen aus farbigen Servietten (siehe Blumen S. 21: Wiesenfest) zieren Ausschnitt und Säume.
- Das Minnetüchlein wird an einen Ring genäht und auf einen Finger gesteckt.

Das Minnetüchlein

Es diente den Damen ...
- zum Schweißabtupfen;
- zum Beträufeln für Riechsalz oder Kräuteröl bei einer Ohn-macht;
- zum Beträufeln mit wohlrie-chenden Essenzen, wenn man sich in der Gesellschaft von übel riechenden, seit Monaten ungewaschenen Besuchern befand;
- zum Winken von der Zinne, wenn der Liebste in den Krieg zog
- und auch, um auf sich aufmerk-sam zu machen: Ließ eine Dame ihr Tüchlein in der Nähe eines Ritters fallen, so bedeute-te das die Bereitschaft, sich von ihm anschmachten zu lassen.

Hüte für die Burgfräulein

Spitzhut
(Schnitt siehe S. 85: Hexenparty und auf der CD-ROM)
1. Den Schnitt ausdrucken, auf Tonkarton übertragen und ausschneiden.
2. Die Außenseite – bis auf die Klebelasche – festlich verzieren: mit Perlenmaker oder Glitterfarbe bemalen oder „Edelsteine" aufkleben.
3. Den Zuschnitt längs aufrollen und wieder öffnen.
4. Die Klebelasche mit Uhu extra einstreichen und den Hut zusammenkleben.
5. Bis der Kleber trocken ist, ein paar Gummiringe zum Fixieren über den Hut streifen.
6. Lange Bänder oder Stoffstreifen (Tüll, Chiffon, etc.) in die Hutspitze kleben.
7. Zum Aufsetzen Gummischnur am Rand festknoten.

Doppelhut
1. Den Schnitt von der CD-ROM ausdrucken, 2 x auf Fotokarton übertragen und ausschneiden.
2. Die Außenseiten mit Perlenmaker, Glitterfarbe oder Schmucksteinen verzieren. Wenn es schnell gehen soll, Klebefolie und Mosaiksticker aufkleben!
3. Zwei Halbkreise zu Tüten formen und zusammenkleben.
4. Die beiden Tüten mit einem Papiersteg verbinden.
5. Auf beiden Seiten Gummifaden im unteren Rand festknoten.
6. Streifen aus Tüll, Krepp-Papier, Stoffresten oder Seidentücher an beiden Spitzen befestigen.

Stirnreif
Ein Stoffband in Kopfweite zusammennähen.
Mehrere Zöpfe aus Geschenkband flechten und an das Stoffband nähen.
Eine alte Gardine rechteckig zuschneiden, über den Kopf legen und den Stirnreif darübersetzen.

Der Jungfernkranz
Krepp-Papier-Streifen mehrfach zusammenrollen, einen dicken Zopf damit flechten und in Kopfweite zum Kranz verknoten.

Häubchen
Mit der Zackenschere einen großen Kreis aus weißem Stoff ausschneiden.
Am Rand entlang mit einer spitzen Stopfnadel Gummifaden einziehen und passend verknoten.

Gummi einziehen

Stirnreif

Häubchen

... GANS kreativ ...

Allerley Basteley

Strohpüppchen

Langes Bastelstroh in lauwarmes Wasser tauchen, bis es weich und biegsam ist.
Die Körperteile mit Schnur umwickeln und das Gesicht mit Garn aufsticken.
Frisur: kurze Wollreste festknoten und in Form schneiden oder lange Wollreste festknoten und Zöpfe flechten.
Kleider, Westen oder Umhänge aus Stoffresten nähen.

1. Langes Stroh in der Mitte abbinden
2. Hals, Rumpf und Taille mit Schnur abbinden.
3. Arme binden und durch den Rumpf schieben.
4. Beine abbinden, dabei die Strohenden nach innen schieben.

Minnetüchlein

Minnetüchlein mit Stoffmalstiften bemalen oder mit Nähgarn besticken.

Silber-Geschmeide

... aus Aludraht, Silberdraht, Alufolie und Perlen.
- **Ringe, Gürtel, Spangen:** Aludraht mit der Schmuckzange zu Spiralen biegen und ineinanderhängen.
- **Arm- und Stirnreifen:** Alufolie zusammendrücken und verdrehen, die Enden rund biegen und ineinanderhängen.
- **Ketten:** Schmuckperlen auf dünnen Silberdraht fädeln und mit den Fingern häkeln.

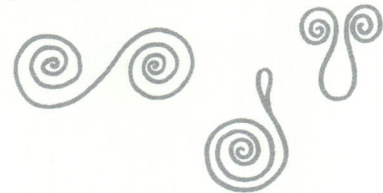

Allerley Tanzerey

Kleine Ritterfräulein beschäftigten sich am liebsten mit Tanzspielen, aber auch gerne mit Reifen und Bällen.
Oft schmückten sie sich mit Blumenkränzchen, die schnell aus Blättern und Blüten gebunden waren.
Viele Kinderspiele, die heute noch gerne gespielt werden, sind schon im Mittelalter entstanden.

Blumenkränzchen

Blumen mit langen Stielen und lange Grashalme pflücken und daraus einen Zopf flechten:
- Mit 3 fingerdicken Büscheln beginnen: Den Anfang mit einem langen Grashalm umwickeln und verknoten, dann weiterflechten, bis der Zopf etwas länger als der Kopfumfang ist.
- Bei jeder Flechtung ein paar Halme oder Stiele auflegen und mit einbinden, sodass die Stränge immer ungefähr gleich dick sind.
- Zum Schluss die Stiele abschneiden, mit langen Grashalmen umwickeln und festknoten.

Den Zopf rund biegen, den Anfang über das Ende legen und festbinden.

Machet auf das Tor
Text und Melodie: Volksweise

Ma-chet auf das Tor, ma-chet auf das Tor, es

kommt ein gold'-ner Wa-gen. ... mit Ste-cken und mit Stan-gen.

Die Kinder stellen sich gegenüber in zwei Reihen auf und bilden mit den Armen einen Torbogen. Die ersten beiden Kinder fassen sich bei den Händen, laufen gemeinsam durch den Torbogen, stellen sich am Ende der Reihe wieder als Torbogen auf. Dann laufen nacheinander die nächsten Kinder los und stellen sich hinten wieder auf.

Dabei singen alle das Lied. Bei der Verszeile „mit Stecken und mit Stangen" dürfen die beiden letzten Kinder die Arme senken und die beiden durchlaufenden Kinder festhalten. Die „Gefangenen" scheiden aus.

2.
Wer sitzet denn darin?
Wer sitzet denn darin?
Ein Prinz mit gold'nen Haaren.

3.
Was will er, will er denn?
Was will er, will er denn?
Er will die Schönste haben.

4.
Was hat sie denn getan?
Was hat sie denn getan?
Sie hat sein Herz gestohlen.

5.
Die erste will er nicht,
die zweite will er nicht,
die dritte will er fangen
mit Stecken und mit Stangen.

Drei Gäns im Haberstroh
Text überliefert

Drei Gäns im Haberstroh
saßen da und waren froh,
kommt der Bauer gegangen
mit einer langen Stangen –
ruft: „Wer do, wer do, wer do?"
„Drei Gäns im Haberstroh!"

Drei Kinder sind die Gänse.
Sie verstecken sich und rascheln
mit Papier oder machen andere
Geräusche.
Der Bauer schleicht heran,
schlägt mit einem Stock auf
den Boden und ruft: „Wer do?"
Die Gänse laufen davon. Wird
eine vom Bauer gefangen, darf
sie der Bauer sein.

schnatter
schnatter

geeeeck

Reite, reite Rösslein,
zu Basel steht ein Schlösslein,
zu Basel steht ein Herrenhaus,
da gucken drei schöne Jungfern heraus.
Die eine spinnt Seide,
die andre wickelt Weide,
die dritte schneidet Haberstroh –
das Kindlein macht es ebenso.

Allerley Spielerey

Früher haben die Kinder mit ganz einfachen Dingen gespielt und hatten dabei bestimmt genauso viel Spaß wie die Kinder in unserer hochtechnisierten Zeit mit ihrem komplizierten Spielzeug.

Viele Spiele werden – fast unverändert – heute noch mit Begeisterung gespielt wie z.B. **Himmel und Hölle, Seilspringen, Murmeln, Kreiseldrehen, Blinde Kuh, Bockspringen oder Tauziehen.**

Beim gemeinsamen Spiel war damals wie heute wichtig: **Wer spielt mit wem? Wer spielt in welcher Mannschaft?**

- Die **Ritter** werfen Münzen oder drehen das Schwert auf dem Tisch. Ausgewählt ist der, auf den die Spitze zeigt.
- Die **Burgfräulein** verstecken zwei verschieden große Tüchlein aus dem gleichen Stoff in ihren Händen. Nur ein Zipfelchen schaut zwischen Daumen und Zeigefinger heraus. Wer das große Tuch herauszieht, ist ausgewählt.

Was erhält der Gewinner?

Für jedes gewonnene Spiel gibt es einen Taler (goldene Naschtaler) oder einen Silberling (in Alufolie eingewickelte Kartonscheiben) oder getrocknete Bohnen, die in einem Säckchen oder verknoteten Tuch bis zum Ende des Festes (siehe auch S. 38: Sammelsack) gesammelt werden.

Kampfgeschrey

Das darf bei einem richtigen Ritterfest nicht fehlen und kann eingeübt werden! Das Zeichen für den Beginn könnte sein: Ein Ritter steigt auf einen Stuhl, schwenkt eine Fahne und ruft ein Losungswort: z.B. **„Es lebe König Artus"** oder **„Lange brenne Ritter von Papp"** oder **„Segen für Burg Feierstein"** … Darauf folgt ein wildes Gebrüll, bis das Zeichen zum Aufhören kommt.

Statt eines wilden Gebrülls kann auch das folgende deftige Lied ganz oft hintereinander oder als Kanon gesungen werden. Dazu wird ordentlich Krach mit Dosentrommeln, Waschbrettern, Schellenkränzen u. Ä. gemacht.

Fresset und saufet, tanzet und raufet, habt all beisammen ein' fröhliche Zeit.

Fres-set und sau-fet, tan-zet und rau-fet, habt all bei-sam-men ein' fröh-li-che Zeit!

Hopserey

Ein langes dickes Seil wird von zwei Kindern geschwungen, ein drittes Kind springt hin und her darüber. Damit alle im Takt bleiben, ist es gut, einen Vers dazu aufzusagen:

*Ritter, Ritter, hüt' dich fein —
spring nicht in den Graben rein,
brichst dir sonst das rechte Bein
und kannst nicht mehr Ritter sein.*

oder

*Über Stock und über Stein
springt das stolze Rösselein,
spring, spring, spring, spring.*

Hoppepferd

Das ist ein Spiel für Eltern und Kinder.
Man braucht dazu einfache Peitschen aus Rundstäben oder Ästen und Schnur.
Die Erwachsenen sind die Pferdchen, binden sich ein Glöckchen um den Hals, nehmen ihre Reiter mit den Peitschen in der Hand auf die Schultern und galoppieren eine Hindernisstrecke entlang, die vorher mit Wäscheleinen oder Fähnchen markiert wurde.

Söldner-Spiel

1 Würfel oder einen quadratischen Baustein so beschriften:

Seite 1: Gib 1
Seite 2: Gib 2
Seite 3: Nimm 1
Seite 4: Nimm 2
Seite 5: Gib alles
Seite 6: Nimm alles

Würfelschnitt auf der CD-ROM!

Als Startkapital erhält jeder Spieler 5 „Chips". 10 - 20 Chips kommen in den Topf. Das können abgebrochene Streichhölzer, Bonbons, Bohnen, Kieselsteine oder andere Dinge sein. Früher wurde das Spiel mit ausgekochten Wirbelknochen gespielt. Reihum wird gewürfelt. Jeder muss das tun, was der Würfel ihm sagt. Wenn einer GEBEN muss, aber nichts mehr zum Geben hat, scheidet er aus.
Das Spiel ist aus, wenn entweder der Topf leer ist oder alle Spieler keine „Chips" mehr haben.

Hoppsack

4 Kartoffelsäcke zu zwei Doppelsäcken zusammennähen.
In jeden Doppelsack steigen zwei gleich große Kinder.
Jetzt wird um die Wette gehüpft. Der Start kann erst geübt werden, bevor die Wette gilt.
Sackhüpfen kann man natürlich auch in einzelnen Kartoffelsäcken, aber das ist nur halb so lustig.

Klopp den Topp

Man braucht 4 größere Blumentöpfe, die in 4 verschiedenen Farben bemalt werden, 4 Tücher in den gleichen Farben, 4 Holzstecken oder Kochlöffel und kleine Preise (Bonbons o. Ä.).
- Die Blumentöpfe werden auf der Spielfläche verteilt und es werden kleine Geschenke darunter versteckt.
- Zwei Kinder sind ein Team. Einem Kind des Teams werden die Augen verbunden. Die „blinden" Kinder müssen nun den Topf ihrer Farbe finden. Mit einem Stecken wird die Fläche abgeklopft und die Partner helfen durch Zuruf fleißig mit: „ Blau, blau, kalt – wärmer ..." .
- Ist der richtige Topf gefunden, darf er geplündert werden.

Sänfte

Die zarte Prinzessin ist müde und will nach Hause getragen werden.
- Zwei Spieler überkreuzen ihre Hände und halten sich fest. Die Prinzessin setzt sich darauf und sagt den Sänftenträgern, wo sie hingetragen werden will. Sie gibt auch noch andere Kommandos wie „Schaukeln!", „Stehen bleiben!", „Nach oben!", „Nach unten!".
Haben die Träger genug, zwinkern sie sich zu, zählen bis drei und lassen die Prinzessin vorsichtig aus der Sänfte purzeln.

Drachensuppe

Der Hausdrache, der neben dem Burgtor lebt und die Bewohner beschützt, ist schon alt und zahnlos und muss täglich mit Unmengen von Suppe gefüttert werden.
- Die Spieler stellen sich mit weitem Abstand zueinander auf. Am Anfang der Strecke stehen der 1. Träger und mehrere gefüllte Wassereimer. Ein Stück nach dem letzten Träger steht eine leere Wanne, aus der der Drache seine Suppe schlürfen wird. Auf Kommando geht es los: Der 1. Träger rennt mit dem Wasser los, überreicht es dem 2. Träger und rennt sofort wieder zurück, um den nächsten Eimer auf den Weg zu bringen. Der 2. Träger rennt zum nächsten Spieler und so weiter, bis der Eimer beim letzten Träger angekommen ist, der das Wasser in die Wanne schüttet.
- Es wird mit zwei Mannschaften und zwei Wannen gespielt.
Wer zum Schluss die meiste Drachensuppe sammeln konnte, hat gewonnen und darf einen Schluck Drachenblut, z.B. Kirschsaft, das unverwundbar, tapfer und mutig macht, trinken.

Pilgerzug

Man braucht grobe Säcke oder derbe Stoffreste und eine Trommel.
- Die Säcke (einer weniger als Mitspieler da sind) auf dem Boden verteilen.
- Solange der Trommelschlag ertönt, laufen die Pilger um die Säcke herum.
- Verstummt die Trommel, müssen sie ein Nachtlager (Sack) suchen. Der Pilger, der keinen Schlafplatz mehr ergattert, muss die Heimreise antreten.
- Die Nachtlager werden von Runde zu Runde immer knapper, denn jedesmal wird ein Sack entfernt.
- Der Pilger, der am Ende übrig bleibt, hat sein Ziel erreicht.

Knöcheln

Im Mittelalter haben die Kinder mit den Wirbelknochen der Hühner gewürfelt.
- Die Halswirbel eines Suppenhuhns sorgfältig auskochen (geht prima in der Spülmaschine), reinigen und trocknen. Drei Seiten der Knochen schwarz bemalen, die anderen bleiben weiß.
- Nun wirft jeder die gleiche Menge Knochen vor sich auf ein Tuch. Wer die meisten schwarzen hat, gewinnt.
- Statt der Knochen kann man auch kleine eckige Steinchen nehmen und statt der Farbe Zahlen aufmalen, die nach dem Wurf zusammengezählt werden. Der höchste Wurf gewinnt.

Reifensprung

Ein Spieler bringt auf einer Wiese einen großen Gymnastikreifen zum Rollen und ein anderer Spieler muss hindurchspringen.

Tritschenlauf

Oft mussten unsere Vorfahren auf schlammigen Wegen gehen und durch hohen Morast waten. Es gab ja noch keine Abwässer-Kanäle ...

Bastelanleitung auf Seite 97

- Jeweils 2 Löcher in zwei stärkere Holzbrettchen bohren, dickes Seil oder Lederriemen durchziehen und festknoten.
Mit diesen Tritschen muss man nun so schnell wie möglich eine bestimmte Strecke gehen, die auch originalgetreu „schön schlammig" sein darf.

... GANS fix ...

Das Ritterturnier

findet am besten draußen statt, denn bei solchen gefährlichen Kämpfen kann es heiß hergehen. Die **Erste-Hilfe-Tasche** sollte in der Nähe und gut gefüllt sein – besonders mit süßen Trösterchen, weil „Sich stoßen" ja auch schon ganz schön schlimm sein kann und dringend der mitleidenden Verarztung bedarf.

Station 1:
Lanzenstich
Verschieden große Ringe (z.B. Zweige mit Draht binden) mit bunten Bändern umwickeln. Lange Nägel in eine Dachlatte schlagen oder einen Ast so beschneiden, dass mehrere Zweigstückchen als Haken stehen bleiben. Die Latte oder den Ast waagerecht zwischen zwei Bäumen befestigen und die Ringe daran aufhängen. Die Ritter müssen mit ihrer Lanze (Besenstiel) durch einen Ring stechen und ihn über die Lanze bis zur Hand rutschen lassen. **Jeder muss mindestens 3 Ringe stechen.** Schwerer wird es, wenn die kleinen Ritter das Ziel auf den Schultern von Erwachsenen anreiten. Um gegenseitiges Verletzen auszuschließen, gibt es die Lanze erst kurz vor Beginn des Stechens.

Station 2:
Stiefelschuss
Alle Ritter müssen sich hinter einer Linie aufstellen, ihre rechten Schuhe ausziehen und diese in einen 3 bis 4 Meter entfernten großen Wäschekorb werfen. Wer trifft, bekommt einen Silberling.
* Zum Schluss müssen alle auf einem Bein von der Linie bis zum Wäschekorb hüpfen und dürfen ihre Schuhe wieder heraussuchen.

Station 3:
Kampfsack
Eine Zielscheibe auf einen Strohsack malen, den Sack mit Stroh füllen, zubinden, aufstellen und mit Pfeil und Bogen (siehe S. 39: Indianerfest) oder einer Zwille darauf schießen.
* Wer die Mitte trifft, erhält einen Punkt. Für 3 Punkte gibt es einen Silberling.

Station 4:
Plümperschubs
Zwei Ritter sitzen sich auf zwei Strohballen oder Hockern gegenüber und versuchen, sich gegenseitig mit einem Plümper (Abfluss-Saugglocke) mit verlängertem Stiel oder einem Besenstiel, der an beiden Enden gut gepolstert und mit Stoff umwickelt wurde, vom „Pferd" zu stoßen.

Station 5:
Beinstark
Zwei Ritter stehen auf einem Bein und versuchen, sich gegenseitig durch Aneinanderdrücken ihrer Schilde aus dem Gleichgewicht zu bringen.
* Sieger ist, wer zuletzt noch auf einem Bein steht.

Station 6:
Ringwurf
Über einen verzweigten Ast, der mit bunten Bändern geschmückt ist, werden Ringe (Weidenringe o. Ä.) geworfen.
* Jeder hat 6 Versuche! 2 Ringe müssen an den Zweigen hängen bleiben.

Hau-Ruck

... GANS wild ...

Kampfsack

Ringwurf

Station 7:
Hau-Ruck
Zwei Mannschaften treten gegeneinander an. Sie stehen sich gegenüber und halten ein langes Seil fest. Die Seilmitte ist gekennzeichnet und befindet sich über einer Linie auf dem Boden.
- Die Mannschaft, die zuerst das gegnerische Feld betritt, hat verloren.

Station 8:
Baumwurf
Bei diesem Kräftemessen müssen die Ritter nacheinander 3 ähnlich große dicke Äste von einer Ziellinie aus auf eine freie, für andere Gäste abgesperrte Fläche werfen. Nach jedem 3-er-Wurf wird die Strecke des am weitesten entfernten Astes gemessen (mit Schwertlängen oder einem Stock) und aufgeschrieben.
- Sieger ist, wer nach mehreren Durchgängen insgesamt die weiteste Strecke erzielt hat.

Station 9:
Drückarm
Zwei Gegner sitzen sich an einem Tisch gegenüber, durch dessen Mitte ein Kreidestrich gezogen wurde.
Die Kämpfer stützen ihre rechten Arme auf und verschränken die Hände. Auf Kommando wird gedrückt.
- Wer zuerst den Unterarm des Gegners flach auf den Tisch drücken kann, hat gewonnen.

Die Krönung des Ritterturniers:
Der goldene Stein

Hier kann man ganz schnell viele Silberlinge loswerden und auch die Edlen Damen dazu einladen.
- Einige größere Kieselsteine sammeln und ein paar davon mit Goldfarbe bemalen.
- Stein für Stein mit Schnur umwickeln, fest verknoten und das Schnurende 2 - 3 Meter lang hängen lassen.
- Einen Stuhl aufstellen, die Steine hinter den Stuhl legen und die Schnüre über die Lehne und den Stuhlsitz nach vorne ziehen.

Einmal ziehen kostet einen Silberling und wer bezahlt hat, darf sich auf einen Stuhl vor den Schnurstuhl setzen und einen Faden herausziehen. Wer den Goldklumpen erwischt, darf – ohne Hineinzuschauen – in einen großen Karton greifen und sich einen Preis herausholen. Darin könnten schon lange ausgemistete Spielsachen sowie kleine Naschereien sein oder auch Zettel, auf denen witzige Dinge stehen, die man tun kann: z.B.

Wünsche dir ein ordentliches Kampfgeschrey!

oder

Alle sollen auf einem Bein hüpfen und gackern, bis sie sich vor Lachen biegen.

Wer seine Silberlinge lieber für seine Schatzkiste behalten und als reicher Mann heimkommen will, muss beim Goldklumpen-Ziehen nicht mitmachen …

Lieder

Singen war die Lieblingsbeschäftigung der Rittersleute, wenn sie nicht gerade mit Kämpfen beschäftigt waren.
Ein **Sängerwettstreit** war eine beliebte Abendunterhaltung – quasi die Superstar-Suche des Mittelalters.
Die Teilnehmer setzen sich in die Runde. Reihum darf jeder einen Vers dichten und singen.
Es ist gar nicht schlimm, wenn sich der Vers nur ein bisschen reimt.

Gesang der fröhlichen Burgfräulein

Text und Melodie: Karin Kinder

Lieder auf der CD-ROM!

Komm nur her, du dickes Hähnchen,
musst heut' in den Suppentopf!
Schmückt die Burg mit bunten Fähnchen,
flechtet Blumen in den Zopf.

2. Heut kommt unser Ritter wieder,
singet, singet frohe Lieder.
Lange, lange war er fern,
hat gekämpft für seinen Herrn.

3. Komm doch her, du weißes Gänschen,
sollst heut auf dem Tische stehn,
knusprig zart von Hals bis Schwänzchen.
Siehst du nicht die Fahnen wehn?

4. Bald wird er geritten sein
durch das Tal den Berg hinan.
Heute woll'n wir fröhlich sein!
Mägde, schürt den Ofen an!

Minnesänger

Sie zogen von Burg zu Burg, dichteten und sangen von und für edle Damen gefühlvolle Lieder über die Rätsel von Liebe und Freundschaft. Auf verschiedenen Burgen gab es Sänger-Treffen.
Das berühmteste fand um das Jahr 1200 auf der Wartburg statt. Bekannte Minnesänger waren Walther von der Vogelweide, Heinrich von Veldeke, Oswald von Wolkenstein, Wolfram von Eschenbach und Reinmar von Hagenau, genannt der Alte. Die Lieder sind handschriftlich aufgezeichnet und reichlich illustriert und mit Gold verziert worden.
Die teilweise deftigen Texte werden heute noch gesungen und bearbeitet.

Ja, so war'n s' ...

Die Melodie des Liedes „Ja, so warn's, die alten Rittersleut …" kennt jeder.
Es gibt Hunderte von Versen.
Hier sind 4 neue:

Das Mönchlein mit dem dicken Bauch
muss pilgern, weil: so ist's der Brauch,
geht barfuß durch den finstern Wald.
Das Mönchlein friert, denn dort ist's kalt.

Der Ritter mit dem schwarzen Ross
hat siebzehn Taler in der Hos.
Die drücken ihn beim Laufen.
Er soll sie halt versaufen!

Die blonde Maid sitzt auf der Zinne
und starrt in eine Regenrinne,
das Schlüsselchen fiel da hinein.
Jetzt wird sie gleich um Hilfe schrei'n.

Das holde Fräulein Kunigund
hat heute in der Morgenstund
ein Tüchlein bunt besticket
denn sie ist frisch verliebt.

*Die Verse singt einer allein,
beim Refrain singen alle mit.*

... GANS verliebt ...

Rittergelage

Am offenen Feuer brutzeln ein knuspriges Spanferkel oder deftige Ritterspieße und der Duft lockt die Helden bald aus dem Getümmel in die Feldküche ....

Wer speisen will wie die Raubritter, schlägt das Lager auf dem Boden auf und serviert die Speisen auf einer großen Decke. Auf Kissen und Kisten um die Decke herum lagern die Gäste. Dekorativ in der Mitte aller Köstlichkeiten gibt es Käse vom Stück, Fladenbrot und reichlich Obst. Edlere Ritter sitzen lieber an einer Tafel und essen genauso wie die Raubritter mit den Fingern, wischen sie aber nicht an ihren Kleidern ab, sondern tauchen sie vorher in Schalen mit Zitronenwasser. Natürlich muss es erlaubt sein, sich unflätig zu benehmen und abgenagte Knochen hinter sich zu werfen ...

Häufig wird während des Essens mit deftigen Trinksprüchen angestoßen.

So findet jeder sein Trinkgefäß wieder:
Alle dürfen ein persönliches Wappen (Schnitt auf CD-ROM) ausmalen, ausschneiden und mit Schnur um ihren Humpen wickeln.

„**ALL VOLL**" haben die alten Ritter nicht nur beim Anstoßen gerufen. Es bedeutet so viel wie „Gesegnete Mahlzeit", „Prost", „Guten Appetit", „Habt ihr alle genug?" oder „Seid ihr zufrieden?"

Feindliche Hühnerbeine

Gegrillte Hühnerschenkel schmecken auch kalt gut: Mit Salz, Pfeffer und Paprika würzen, mit Öl einpinseln und 30 Min. bei 220 °C im Backofen grillen. Am Ende der Garzeit mit dem Grillsaft einpinseln und eine Etage höher schieben, damit sie schön knusprig werden.

Ritters Krafttrunk

... ist Multivitaminsaft oder Fruchtsaft, der in Bierhumpen serviert wird.

Burgfräuleyns Schönheitstrunk

... ist gekühlte Vanillemilch, die aus zierlichen Tässchen oder Likörgläsern besonders edel schmeckt.

Mönchsgebräu

... ist Malzbier oder Apfelsaft und wird in Bierkrügen serviert.

Arme Ritter

Zutaten:
500 g Kastenbrot oder
6 – 8 Semmeln vom Vortag
zum Einweichen:
2 – 3 Eigelb
50 g Zucker
1 Prise Salz
Zitronenschale
½ Liter Milch
zum Panieren:
2 Eiweiß mit 2 EL Wasser verschlagen
Semmelbrösel
zum Ausbacken:
Fett
Zimt und Zucker

Zubereitung:
1. Das Brot in etwa 1 cm dicke Scheiben schneiden.
2. Eigelb, Zucker, Zitronenschale und Salz mit der Milch verrühren, über die Brotscheiben gießen und durchziehen lassen.
3. Die Scheiben vorsichtig in Eiweiß und Semmelbröseln panieren, in heißem Fett goldbraun backen, in Zimtzucker wenden und heiß essen.

Noch mehr Rezepte auf der nächsten Seite.

Rittergelage

... GANS eilig ...

Hexentopf

Zutaten:
500 g Pilze
(z.B. Champignons aus der Dose)
50 g Butter
1 TL gehackte Zwiebel
evtl. 1 zerdrückte Knoblauchzehe
Salz & Pfeffer
10 – 20 g Mehl
1/8 Liter süße Sahne

Zubereitung:
- Die geputzten Pilze in Scheiben schneiden.
- Die Zwiebelwürfel in der heißen Butter goldgelb rösten, die Pilze zugeben und weich dünsten.
- Alles mit Mehl bestäuben und gut durchschmoren lassen.
- Die Soße mit Sahne auffüllen, salzen, abschmecken und heiß essen, am besten mit Fladenbrot.

Der „Hexentopf" kann auch ein bunter Gemüseeintopf sein, falls die ritterlichen Gäste keine Pilze mögen. Das Wichtige an diesem Gericht ist der Name und eine geheimnisvolle Geschichte, die sich um die Zutaten rankt und während des Essens erzählt wird.

Bettlers deftige Fladen

... schmecken am besten frisch!

Darauf gibt es einen Klecks Frischkäse oder Quark, der mit frischen gehackten Kräutern wie Schnittlauch, Kerbel, Oregano, Basilikum, Petersilie und gehackten Zwiebeln und in Ringe geschnittenen Zwiebelschloten bestreut wird.

Zutaten:
600 g Weizenmehl
1 Würfel Hefe
1 TL Zucker
300 ml lauwarmes Wasser
50 g Butter
1 TL Salz
3 EL Olivenöl
Butter für das Backblech
oder Backpapier

Zubereitung:
- Das Mehl in eine vorgewärmte Schüssel sieben, in die Mitte eine Kuhle drücken, die Hefe hineinbröseln, mit Zucker bestreuen und mit Wasser und Mehl zu einem Vorteig verrühren. 20 Min. zugedeckt gehen lassen.
- Die Butter schmelzen, abkühlen lassen und zusammen mit dem restlichen Wasser, Salz und Öl auf den Mehlrand geben.
- Alles mit dem Vorteig verkneten, bis der Teig Blasen wirft. Den Teig zudecken und 45 Min. gehen lassen, bis er doppelt so groß ist.
- Den Teig durchkneten, in Stücke teilen und Kugeln daraus formen.
- Die Kugeln auf einer bemehlten Arbeitsfläche zu ca. 2 cm dicken Fladen ausrollen.
- Die Fladen auf dem gefetteten Backblech ca. 15 Min. gehen lassen, dann mit Wasser einpinseln und einritzen.
- Im vorgeheizten Backofen 25 Min. bei 225 °C goldgelb backen.

... GANS klein geschnippelt

Hirseauflauf mit Feigen

warm als Mahlzeit – kalt statt Kuchen oder als Dessert

Zutaten:
1 Liter Milch
250 g Hirse
1 Prise Salz
3 Päckchen Vanillezucker
abgeriebene Zitronenschale
½ TL Zimt
50 g Butter
80 g Zucker
4 Eigelb
3 Eiweiß
250 g getrocknete Feigen
1 EL Puderzucker
Fett für die Form

Zubereitung:
- Milch mit Salz, Vanillezucker, Zitronenschale, Hirse und Zimt aufkochen und bei milder Hitze etwa 25 Min. quellen lassen, dabei öfter umrühren.
- Eigelb, Zucker und Butter schaumig schlagen, Feigen in kleine Stücke schneiden und alles in den Hirsebrei rühren.
- Aus 3 Eiweiß und Puderzucker steifen Schnee schlagen, unter den abgekühlten Hirsebrei heben und die Masse in eine gefettete Auflaufform füllen.
- Bei 200 °C im Backofen auf der untersten Schiene backen.

Ehrwürdige Naschwappen

Zutaten:
50 g Haferflocken
200 g Mehl
50 g Butter
75 g Zucker
1 Päckchen Vanillezucker
1 TL Backpulver
3 EL Milch
1 Prise Salz
1 Ei

Zubereitung:
- Butter, Zucker und Eigelb schaumig rühren, nacheinander Haferflocken, Milch und das mit einer Prise Salz zu steifem Schnee geschlagene Eiweiß dazugeben.
- Mehl mit Backpulver vermischen, alle Zutaten verkneten, auf bemehlter Arbeitsfläche dünn ausrollen und mit einem scharfen Messer Wappen ausschneiden.
- Bei guter Hitze lichtbraun backen.
- Nach dem Auskühlen mit dem Pinsel bunt glasieren und mit Zuckerperlen und Schokoladenstreuseln verzieren.

... GANS fertig ...

Grundnahrungsmittel der alten Ritter war Hirsebrei. Hat mal einer, der aus dem Kreuzzug zurückkam, getrocknete Feigen mitgebracht, dann wurde ein leckerer Hirseauflauf damit gekocht.

Handwerker-Markt

Handwerker, Händler und Schausteller zogen mit ihren Karren von Stadt zu Stadt und von Burg zu Burg und boten ihre Waren und Dienste an. Alles, was der Mensch brauchte, konnte er dort kaufen: Seife, Besen, Kerzen, Schmuck, Tonwaren, Wolle und mehr.

Schreiber verfassten Briefe für Menschen, die weder lesen noch schreiben konnten, Künstler porträtierten Frischvermählte oder ehrwürdige Ratsherren. Für Unterhaltung sorgten Gaukler, Feuerschlucker, Stelzenläufer, Seiltänzer, Musiker und Puppenspieler (siehe auch ab S. 116: Jahrmarkt).

Auch für die Ernährung war gesorgt. Aus großen Kesseln dampfte Suppe oder Sauerkraut (siehe S. 67), über kleinen Feuern wurde Brot geröstet.

Einladung

Jeder Gast darf sich aussuchen, welche Waren oder Dienste er feilbieten will.

Zugleich sorgt jeder für seinen eigenen Klappladen (Bier- oder Campingtisch) oder Bauchladen mit einem selbst gemachten Pappschild (siehe Zunftzeichen) und für einen Sonnenschutz. Wenn nicht Geld für einen bestimmten gemeinnützigen Zweck gesammelt werden soll, erhält jeder Gast 10 oder 20 Taler oder Silberlinge, die er auf dem Markt ausgeben darf.

Tauschgeschäfte und Feilschen sind ausdrücklich erlaubt.

Marktsprech

Diese lustige und phantasievolle Sprache ist erst in unserer Zeit auf Mittelalter-Märkten entstanden und hat mit dem Mittelalter fast gar nichts zu tun. Man begrüßt sich mit einem theatralischen „Seyd gegrüßet" oder „Seyd bewillkommt sehre!" und redet sich mit „Edler Recke" oder „Holde Maid" an.

Es macht Spaß, sich passende Wörter in Marktsprech auszudenken und anzuwenden. Links einige Beispiele.

MARKTSPRECH

Schere = Schneideisen
Säge = Zahnbrumme
Suppe = Schmeckgeplätscher
Lebkuchen = Süßkau
Seife = Waschstein
Löffel = Maulspaten
Feuerzeug = Taschendrachen
Handtuch = Wischlump
Uhr = Zeiteisen
Kerze = Brennstange
Bürste = Schrubbholz
Stift = Kielkratzer
Waffeln = Breiklatsch
Morgen = Frühauf
Mittag = Hochsonn
Abend = Bettsteig
usw.

Silberlinge

Aus Pappe runde Scheiben ausschneiden.
Die Scheiben mit silberner oder goldener
Metallfolie einwickeln.

Schmauserey

... und iţo ſchlaget Euch den Wanſt voll ...

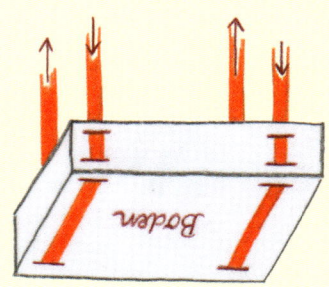
Rezepte
auf der
CD-ROM!

Während die Ritter auf der Burg schmaus-
ten, ernährte sich das einfache Volk von
einfachen Gerichten wie Blümchensuppe,
Hirsebrei, Brennnesselspinat, Kräuterbrot
und heißen Fladen, Sauerkraut, Flieder-
suppe ...
In der Küche stand die Suppe immer
auf dem Ofen und wurde jeden Tag mit
Wasser und ein paar neuen Zutaten ver-
längert. So schmeckte sie jeden Tag ein
bisschen anders.
Gegessen wurde aus einem großen Topf,
in den alle ihre Löffel tauchten, oder mit
den Fingern. Gabeln gab es damals noch
nicht!
Nüsse und Kräuter wurden in Säckchen
aufbewahrt. Obst wurde selten roh ver-
zehrt, sondern in Scheiben geschnitten
und auf Schnüren getrocknet.
Wasser musste mühsam aus Ziehbrunnen
geholt und nach Hause getragen werden.
In der Nacht war es dunkel. Außer Kerzen,
Mond und Sternen und dem Flackern
des Feuers im Küchenherd gab es keine
Beleuchtung.

Bauchladen

Den Deckel eines flachen Kartons
abschneiden. Beidseitig je 2 Schlitze
in Randnähe in den Boden und in
Vorder- und Rückwand schneiden.
Stoffstreifen oder Seilstücke in passender Länge durch die Schlitze
(siehe Abb.) ziehen und verknoten.

Musik und Tanz

Musiker zogen mit ihren Instrumenten
über den Marktplatz und machten
Stimmung.
Sie sangen Lieder, die lärmend mit
Bumbass, Schellenkranz und Trommel
begleitetet wurden und forderten
Handwerker und Gäste zum Tänzchen
auf.
Oft wurden sie von Geschichten-
Vorlesern begleitet und sorgten für die
passende Musik zu oder zwischen den
Texten (siehe S. 129: Die Klapper-
Schepper-Blech-Papp-Band).

Lieder-Tipps

- Wer will fleißige Handwerker seh'n?
- Grün sind alle meine Kleider
- Zeigt her eure Füßchen

Vorlese-Tipps

- Der Besenbinder und der König
  (Märchen aus Finnland)
- König Drosselbart
  (Märchen der Gebrüder Grimm)
- Das tapfere Schneiderlein
  (Märchen der Gebrüder Grimm)

Alte Handwerkskunst – neu gebastelt

Mehr Bastel-vorschläge für alte Handwerks-techniken auf der CD-ROM!

Die folgenden einfachen Bastelvorschläge sind alten Handwerkstechniken nachempfunden und lassen sich mit „modernem" Material leicht umsetzen.

Zunftzeichen

Die mittelalterlichen Handwerker taten sich in Zünften zusammen. Jede Zunft hatte ihr eigenes Zunftzeichen, das nicht nur Bedeutung für das Zusammengehörigkeitsgefühl hatte, sondern auch Kunden, die des Lesens und Schreibens nicht mächtig waren, über den Standort informieren sollte.

In historischen Gassen findet man heute noch alte geschmiedete Nasenschilder, die an Stangen über der Haustür hängen und in die Gasse ragen.

Der Seiler

Seile waren für die Landwirtschaft und die Seefahrt von größter Bedeutung. Hanffasern wurden mit dem Seilerrad zu einem Faden versponnen, der dann immer wieder miteinander verdreht wurde, bis das Seil dick genug war.

Bastelvorschlag: Freundschaftsbändchen
1. Schnur, Wolle oder Garn etwa 2 Meter lang abschneiden. 3 Stück doppelt aufeinanderlegen (= 1 Meter) und die Enden verknoten.
2. Ein Seiler schiebt einen Stift durch das Schlaufenende und hält den Stift fest.
3. Der zweite Seiler zieht den Strang straff, schiebt durch das andere Ende noch einen Stift und dreht ihn so lange, bis der Strang genug Spannung hat.
4. Dann legt er einen Finger in die **Mitte** des Seils, geht auf den 1. Seiler zu und führt dabei die beiden Enden zusammen. Dabei verdreht sich das Seil.
5. Den Finger wieder wegnehmen, die Stifte herausziehen, beide Enden verknoten und die Fransen abschneiden.

Mehr zum Thema Malen machen auf der CD-ROM!

Der Portraitmaler

… zog von Burg zu Burg, von Markt zu Markt, um Aufträge zu bekommen. Es gab ja noch keine Fotografie und so war ein Gemälde die einzige Möglichkeit, die Gesichter seiner Familie während ihrer oft langen Abwesenheit betrachten zu können. Wichtiger als eine genaue Wiedergabe der Gesichtszüge war es, das Wesen des Porträtierten in dem Gemälde zu erkennen.

Bastelvorschlag: Miniaturen
Mit Acrylfarbe und Pinsel fertigen die Marktbesucher gegenseitig Porträts von sich an. Damit sie sich richtig anschauen können, sitzen sie sich gegenüber und bemalen kleine Malpappen oder Bierdeckel mit fröhlichen Farben. Zum Schluss wird mit Buntstiften ausgebessert und mit Goldfarbe (Stifte, Konturmittel, Perlenmaker) verziert.

Mehr zum Thema Farben machen auf der CD-ROM!

Der Färber

Färben galt im Mittelalter als schmutziges Geschäft, denn man brauchte dazu übel riechende Zutaten.

Die Farben wurden in großen Bottichen gekocht und fixiert, z.B. mit Urin. Die Färber waren auf natürliche Farbstoffe angewiesen: Mineralien (Ocker, Zinnober …), Färberpflanzen (Indigo, Waid, Blauholz …) und Tiere (Schildlaus, Purpurschnecke …).

Bastelvorschlag: Stärkefarbe
Damit kann man gleich die Reiterhüte (siehe CD-ROM: Hutmacher) bemalen! Färbende Fruchtsäfte aus Holunder, Roten Beten, pürierten Spinatblättern oder Farbpulver mit flüssiger Wäschestärke vermischen. Farbpulver muss vorher „angerieben" werden. Wie das gemacht wird, steht im Kapitel „Farben machen" auf der CD-ROM.

Die Puppenspieler

schnitzten die Handpuppen oder Marionetten für ihre Theateraufführung meistens selbst, bemalten sie und kleideten sie ein. Mit ihrem Theater zogen sie von Markt zu Markt und führten ihre Possen auf. Ein Fest ohne sie war undenkbar. Die beliebteste und älteste Figur, die man auf der ganzen Welt unter verschiedenen Namen kennt, ist das Kasperle.
Stücke zum Nachspielen für das Kasperletheater gibt es auf der CD-ROM.

Bastelvorschlag: Kleine Stabpuppe
1. Einen Rundstab in eine kleine Styroporkugel stecken.
2. Einen Stoffzuschnitt (ca. 30 x 50 cm) zur Hälfte aufeinanderlegen (= ca. 30 x 25 cm).
3. Die Stab-Kugel in die Mitte schieben und den Stoff unter der Kugel fest um den Stab binden.
4. Die Taille mit einem Stoffstreifen umwickeln.
5. Die Arme zusammenrollen, die Hände abbinden und verknoten.

Kleine Kräuterhexe: Genauso wie die Stabpuppe basteln, aber den Stab weglassen. Einen Hexenhut aus Papier (Viertelkreis) basteln oder ein Kopftuch zuschneiden und aufsetzen.
Zum Schluss ein Kräuterbündel (Thymian, Lavendel o. Ä.) auf dem Rücken festbinden und die Hexe mit Heißkleber auf einen Besen kleben (siehe Besenbinder).

Der Spielzeugmacher

... schnitzte oder modellierte Püppchen, Pferdchen, Tiere und Ritter aus Holz oder Ton. Für die Mädchen baute er Puppenhäuser mit allem Zubehör und für die zukünftigen Ritter Schaukelpferde, die reichlich bemalt und mit Gold verziert wurden. Für die Kinder aus dem Volk gab es einfache Holzkreisel, Tonmurmeln und Bälle aus Bast.

Bastelvorschlag: Wickelkind
1. In das obere Drittel eines runden Holzbriketts mit Buntstiften oder Fasermalern ein Gesicht malen.
2. Für die Augen zwei Ziernägel (z.B. Polsternägel) einklopfen.
3. Das Kindchen mit Mullbinden oder Stoffstreifen (z.B. aus abgetragenen T-Shirts) einbinden und die Enden mit Polsternägeln befestigen.

Der Imker

... sorgt schon seit dem Jahr 500 n. Chr. mit seinen Produkten dafür, dass die Menschen gesund bleiben, denn im Honig sind alle wichtigen Abwehrstoffe enthalten. Früher war Honig neben dem Süßholz, das in manchen Gegenden Deutschlands angebaut wurde, das einzige Süßungsmittel. Auf Märkten konnte man den süßen Honigwein, Met genannt, verkosten. Aus dem Wachs der eingeschmolzenen Waben wurden Kerzen und Siegel gegossen.

Bastelvorschlag: Bienenwachskerzen rollen
Wachsplatten in Streifen schneiden, ein Stück Docht an den Rand legen, festdrücken und die Kerze langsam um den Docht herum aufrollen.

Der Kerzenzieher

Ohne ihn wäre es abends ganz finster gewesen. Früher wurden Kerzen aus Talg und Hammelfett gemacht, die Dochte waren aus gebleichten Schnüren und mussten ständig gekürzt werden. Heute nimmt man dafür Parafin und Stearin und geflochtene Baumwolldochte.

Bastelvorschlag: Kerzen und Fackeln
Zum Wachsschmelzen im Wasserbad braucht man eine Heizquelle, z.B. einen Campingkocher, einen großen Topf mit Wasser und einen Schmelztopf. Wie Kerzen gezogen und Fackeln getaucht werden, steht im Kapitel „Kerzen machen" auf der CD-ROM.

Der Besenbinder

... band viele kleine Bündel aus Birkenreisern oder Ginsterzweigen mit Weidenruten oder Haselgerten zu einem großen Bündel zusammen. Für den Stiel schälte und glättete er ein gerades angespitztes Eschenstämmchen und rammte es in die Mitte des Bündels.

Bastelvorschlag: Hexenbesen
Ein Bastbündel zur Hälfte aufeinanderlegen, einen kleinen Ast in die Mitte legen und den Bast fest um den Ast wickeln.
Die Bastenden in Form schneiden.
Die passende Hexe gibt es beim Puppenspieler!

Mehr zum Thema „Modellieren" auf der CD-ROM!

Der Töpfer

... mischte durch Kneten und Schlagen verschiedene Tonerden miteinander und formte daraus Essgeschirr und Töpfe für alle Zwecke. Nach dem Brennen bei hohen Temperaturen in Lehm- oder Steinöfen wurden die Gefäße durch einen Glasurbrand wasserfest gemacht. Für die Glasurmischung aus verschiedenen Mineralmehlen hatte jeder Töpfer sein eigenes Geheim-Rezept. Die Töpferei ist wahrscheinlich die älteste Handwerkskunst der Welt. Die ältesten Tonfiguren sind mehr als 24 000 Jahre alt. Die ältesten Gefäße mit über 18 000 Jahren wurden in China gefunden.

In Tontöpfen blieben Lebensmittel lange haltbar. Auch heute noch setzt man darin Sauerkraut, Gurken und Früchte an und legt bis zur Reife einen Holzdeckel darauf, der mit Steinen beschwert wird.

Bastelvorschlag: Bunte Murmeln

1. Lufthärtende Modelliermasse in verschiedenen Farben gut durchkneten, mehrere dünne Würste ausrollen und zu einer Schlange zusammenfügen.
2. Die Schlange verdrehen und rund rollen.
3. Mit einem scharfen Messer Stückchen abschneiden: so lang wie die Schlange breit ist.
4. Die Stückchen zu glatten Kugeln rollen.
5. Damit sie schön glänzen, die Kugeln nach dem Trocknen mit Schuhcreme polieren.

In deutschsprachigen Ländern haben die Murmeln viele Namen: Marbeln, Märbeln, Marmeln, Schusser, Datzer, Dötze, Duxer, Glaser, Heuer, Illern, Klicker, Knicker, Kicker ...
Der Name Murmeln kommt jedenfalls von **Marmor**, aus dem sie früher am häufigsten hergestellt wurden.

Der Münzpräger

... drückte kunstvolle Stempel in dünnes Silberblech. Von Zeit zu Zeit, je nachdem wie viel Geld der Landesherr brauchte, wurden die alten Münzen einberufen. Für 4 alte Münzen gab es 3 neue. Die einbehaltene 4. Münze wanderte in das Steuersäckel.

Bastelvorschlag: Gold- und Silbertaler

Prägestock: Die Abbildung, die auf der Münze zu sehen sein soll, sowie den Münzenrand aus Aludraht formen und auf einen Bierdeckel kleben.
Prägetisch: Eine Holzscheibe mit Filz bekleben.
Münzen: Metallprägefolie in passende Quadrate schneiden und einzeln auf den Prägestock legen.
Prägen: Den Prägestock mit dem Draht nach unten auf die Münzfolie legen und fest drücken.
Die geprägte Münze rund ausschneiden.

Der Knopfmacher

... schnitzte seine Kunstwerke aus besonders schönen trockenen Ästen, aus Speckstein oder aus Kuh- oder Hirschhörnern. Es gab auch Knöpfe aus feinen geflochtenen Lederstreifen, die in nassem Zustand geformt wurden, dazu mit Schnur umwickelte Lederschlaufen.

Bastelvorschlag: Holzknöpfe

Trockene Äste schräg oder gerade absägen, mit Schleifpapier glätten und 2 oder 4 Löcher in die Mitte bohren.

Mehr Bastelvorschläge für alte Handwerkstechniken auf der CD-ROM!

Der Kupferstecher

... konnte als Erster Kopien von Zeichnungen anfertigen. Die Zeichnung ritzte er in eine Kupferplatte und rieb dunkle Farbe oder Ruß in die Vertiefungen. Mit einem angefeuchteten Papier zog er die Farbe nun wieder heraus (Tiefdruckverfahren) und hatte so einen seitenverkehrten Abdruck, der auch bunt ausgemalt werden konnte. Der berühmteste Kupferstecher war Albrecht Dürer. Er wurde im 15. Jahrhundert in Nürnberg geboren.

Bastelvorschlag: Kupfersonne

1. Eine Scheibe aus Metallprägefolie ausschneiden (Teller oder Gefäß als Schablone verwenden).
2. Eine Sonne mit Bleistift auf die Scheibe zeichnen, dabei nur wenig aufdrücken, damit die Linien flach bleiben.
3. Mit verschiedenen Werkzeugen können die Linien nun eingedrückt werden: Schraubenzieher, stumpfe Stopfnadel, Schaschlikstäbchen, Modellierholz, dicker Buntstift u. Ä.
4. Zum Schluss noch die Sonnenstrahlen herausschneiden und die Sonne aufhängen. Die eingedrückte Seite ist die Rückseite.

Die Kupfersonnen wehren hervorragend Wespen ab (siehe auch S. 5: Ungeladene Wespengäste).

Mehr zum Thema „Stempeln" auf Seite 30!

Der Buchdrucker

Erst im 15. Jahrhundert erfand Johannes Gutenberg aus Mainz eine Druckmaschine mit beweglichen Lettern, die jedes Mal neu zusammengesetzt wurden. So konnten viele Bücher auf einmal gedruckt werden. Vorher musste für jede Seite eine eigene Holztafel gestochen werden, die als Druckplatte diente, und jede Seite wurde einzeln gedruckt. Deshalb waren Bücher wertvolle Einzelstücke.

Bastelvorschlag: Ast-Stempel

1. Äste in handlicher Größe in Stücke zersägen und eine der Schnittflächen mit Schleifpapier glätten.
2. Buchstaben aus Moosgummi ausschneiden.
3. Auf jeden Astgriff einen Buchstaben kleben.

Die Lettern nacheinander auf ein Stempelkissen oder ein mit Bastelfarbe gesättigtes Filzstück drücken und große Papierbogen oder Stoffbahnen bestempeln, z.B. mit der Marktordnung, Preislisten, Hinweisschildern oder Sätzen, die allen Spaß machen.

Tipp: Stoffbeutel mit Namen bestempeln! Darin kann jeder seine Schätze verstauen!

Lieder-Tipps

- Wer will fleißige Handwerker seh'n?
- Grün sind alle meine Kleider
- Zeigt her eure Füßchen

Vorlese-Tipps

- Der Besenbinder und der König (Märchen aus Finnland)
- König Drosselbart (Märchen der Gebrüder Grimm)
- Das tapfere Schneiderlein (Märchen der Gebrüder Grimm)

Mehr zum Thema „Farben machen" auf der CD-ROM!

Herzeliebes Vrowelin

Der Schreiber

... hat für alle, die des Lesens und Schreibens unkundig waren, Briefe verfasst, wenn sie es sich leisten konnten. An Markttagen hatte er natürlich besonders viel zu tun. Weil die Schreiber auch der lateinischen Sprache mächtig waren, verfassten sie auch Chroniken und Bücher, Gesetze und Urkunden sowie wichtige Mitteilungen ihres Landesherrn.

Bastelvorschlag: Feder und Tinte

Gänsekiel: Den Schaft einer Gänsefeder mit einem scharfen Messer an der Unterseite zur Spitze hin schräg abschneiden. Die Spitze mit einem Längsschnitt teilen. Der sorgt dafür, dass die Tinte gut nachfließt.

Tinte: Wie Holundertinte gemacht wird, steht im Kapitel „Farben machen" auf der CD-ROM! Kurzfristig haltbare Mitteilungen können auch mit dunklem Fruchtsaft (z.B. von Holunder, Kirschen, Heidelbeeren ...) verfasst werden, den man stilecht in kleine Arzneifläschchen füllt.

Dû bist mîn, ich bin dîn.
des solt dû gewis sîn.
du bist beslozzen
in mînem herzen;
verlorn ist das sluzzelîn:
dû muost ouch immer darinne sîn.
aus einer Tegernseer Handschrift,
Ende des 12. Jahrhunderts

Mehr zum Thema „Filzen" auf der CD-ROM!

Der Schäfer

... hat einen der ältesten Berufe der Welt. Schon vor 10 000 Jahren wurden Schafherden gehalten, um Milch, Fleisch und Wolle zu gewinnen. Der Schäfer führte die Schafe von Weide zu Weide und ein Hütehund half ihm dabei. Nach der Schafskälte im Juni wurden die Schafe geschoren oder die lose Wolle wurde aus dem Fell gekämmt oder gezupft. Bevor die Wolle von den Webern zu Stoffen verarbeitet werden konnte, wurde sie mehrmals gewaschen, gekämmt und in der Spinnstube zu Fäden versponnen.

Bastelvorschlag: Filzbälle

Märchenwolle aus dem Strang zupfen, handgroße Kugeln formen. Die Kugeln mit heißem Schmierseifenwasser so lange in der Handfläche rollen, bis ein fester, glatter Ball entstanden ist.

Mehr zum Thema „Flechten" auf der CD-ROM!

Der Korbflechter

... fertigte Körbe für jeden Bedarf aus Ruten und Zweigen von Weiden, Haselnüssen und anderen biegsamen Hölzern, aber auch aus Schilfgras, Stroh, Holzspänen und anderem Material, das sich verflechten ließ. Schon die Kelten im 5. und 6. Jahrhundert beherrschten diese Kunst.

Bastelvorschlag: Korbfisch

Dünnes und dickes Peddigrohr in Wasser einweichen.
Aus dem dicken Rohr eine Fischform legen und zusammenbinden.
Die Form mit dem dünnen Peddigrohr umwickeln. Die Rohrenden im Geflecht verstecken.

Jahrmarkt

Auf dem Jahrmarkt geht es rund!
Biertischgarnituren und Campingtische mit Schatten spendenden Sonnenschirmen müssen als **Losbuden, Schießbuden und Futterbuden** herhalten. Es gibt **Popcorn, glasierte Apfelspieße, Lebkuchenherzen, Früchtespieße, Waffeln oder Bratwürste und andere Leckereien vom Grill.**
Wahrsager, Zauberer und **Gaukler** vom Ritterfest (siehe ab. S. 90) sind herzlich willkommen. **Handwerker** verkaufen ihre Ware in Bauchläden (siehe S. 110) oder breiten sie auf Decken auf der Wiese aus.
Der **Doktor Eisenbarth** gibt eine Vorstellung seines Könnens und verteilt allerhand segensreiche Pillen und Wässerchen. Sein Unsterblichkeitstee ist zwar nicht billig und man weiß auch nicht, ob er wirkt, doch wenn alle Einnahmen einem guten Zweck zugeführt werden oder ein Projekt damit finanziert wird, das der Allgemeinheit dient, ist das schon in Ordnung.
Bei der **Zirkusvorführung** gibt es wilde Raubtiere zu besichtigen, Clowns albern herum und Seiltänzer üben schon mal auf Bierbänken für die spätere Vorstellung.
Auf dem Tauschmarkt wird lautstark gefeilscht und die **Klapper-Schepper-Blech-Papp-Band** zieht mit ihrem Handwagen herum.
Auf dem Laufsteg gibt es eine **Kost-fast-nix-Modenschau** und im **Puppentheater** wird das Stück „Kasperle und das Müllmonster" aufgeführt (Text auf der CD-ROM).
Attraktionen des Jahrmarkts sind die Ballonfahrt rund um den Festplatz und erst recht das Ponyreiten ohne Pferde ...
Am Ende kommt der **Lumpensammler Fritz** mit seinem Handwagen (Lied auf der CD-ROM) und alle helfen ihm beim Aufräumen.

Vorbereitung

Damit die Organisation nicht allein beim Veranstalter liegt, werden die eingeladenen Gäste gefragt, welche Aktionen sie gestalten wollen. Sie tragen sich in eine Liste ein und sorgen selbst für die nötige Ausstattung.
Sind viele Aktionen geplant, muss das Gelände groß genug sein (Wiese, Schulhof ...).
Soll ein Straßenfest gefeiert werden, muss rechtzeitig vorher eine Genehmigung eingeholt werden. Außerdem sollten Hinweisschilder am Anfang und Ende der Festmeile aufgestellt werden.

Manche Jahrmarkt-Aktionen könnten auch Motto für ein eigenes kleines Fest sein: Modenschau, Der Zirkus kommt, Floh- oder Tauschmarkt, Besuch vom Kasperle oder eine Kost-fast-nix-Bastelparty.

Lieder auf der CD-ROM!

- Das Lied vom Doktor Eisenbarth
- Der Zirkus kommt
- Das Alles-aufheb-Lied
- Das Lied vom alten Socken
- Der Knüllwalzer
- Der Lumpensammler Fritz
- Bimbambulla
- Das Lied vom kleinen Zauberer
- Der lustige Clown
- Engelbert, das Warzenschwein
- Das Lied vom kleinen Flöhchen

Die Ballonfahrt

Einsteigen und schon geht die Reise los! Eine Schubkarre gemütlich mit Decken und Kissen auspolstern und mehrere Luftballonbündel an die Griffstangen binden.
Der Fahrgast setzt sich hinein und wird einmal um den Festplatz gefahren!
- Eine Ballonfahrt könnte auch der Hauptgewinn bei einer Los-Aktion sein!

Ponyreiten ohne Pferde ...

Dafür müssen die Papas herhalten! Sie dürfen eine Mähne (gebündelte Krepp-Papier- oder Stoffstreifen, Wischmopp o. Ä.) mit einem schönen Kopfputz aus Federn aufsetzen, nehmen die kleinen Reiter auf die Schultern und los geht's immer im Kreis herum zu Walzer, Polka oder Marschmusik. Das macht so viel Spaß, dass die Pferde immer wieder vor Begeisterung wiehern und sich dabei vor Freude schütteln müssen ...

WURFBUDEN

Der goldene Schuss

Die Deckellaschen eines großen Kartons abschneiden und den Karton mit der Öffnung nach vorne auf einen Stuhl stellen.

Viele saubere Blech- oder Pappdosen ohne Deckel mit der Öffnung nach vorne in den Karton schichten.

- Die Dosen-Ränder sollen glatt sein. Notfalls muss man sie mit dem Hammer flach klopfen.

Punkteverteilung: Scheiben so groß wie der innere Dosenboden aus Fotokarton in verschiedenen Farben ausschneiden und mit Punktzahlen beschriften. Die Scheiben in die Dosen stecken und bis zum Boden hinunterdrücken. Für den „Goldenen Schuss" eine Scheibe aus Goldkarton in die mittlere Dose drücken, Dosen ohne Farbscheiben sind Nieten ohne Punktzahl.

Beispiel:

100 Punkte = Gold
50 Punkte = Rot
25 Punkte = Blau
10 Punkte = Gelb
5 Punkte = Grün

Man schießt mit der Pappkanone oder wirft mit Zeitungspapier- oder Strumpfbällen (siehe auch S. 35: Socken-Bola).

- **Papierball:** Zeitungs- oder Seidenpapier knüllen und fest mit Bindfaden umwickeln.

Jeder hat 3 Schuss: Die Punkte werden zusammengezählt und aufgeschrieben.

Tipps:

- Damit die Dosen beim Werfen nicht herausfallen, kann man sie reihenweise mit Klebeband verbinden.
- In manche Dosen werden schwarze Scheiben gedrückt: Wer da hineintrifft, dem werden Minuspunkte abgezogen.
- Wer in eine Freischuss-Dose mit weißer Scheibe trifft, darf 1 x zusätzlich schießen.

Pappkanone

Material:
eine Versandröhre aus Pappe
Gummilitze
Holzstäbchen
bunte Papierreste
Kleber
Schere

1. An einem Ende einer bunt beklebten Papproöhre beidseitig ein kleines Loch durch die Pappe bohren.
2. Ein Stück Gummilitze doppelt und von innen durch die Löcher nach außen ziehen.

3. Beide Enden straff verknoten und zusätzlich ein Holzstäbchen zwischen Knoten und Loch schieben, damit der Gummi nicht nach innen rutschen kann.
- Der Gummi muss sehr straff sein. Eventuell muss man ihn kürzer verknoten.
- Als Munition sind Korken, Kugeln aus Alufolie, Bonbons, Kunststoff-Eier und ähnliche Dinge geeignet.

Hut auf!

- Besenstiele oder Äste nebeneinander in die Erde oder in mit Sand gefüllte Eimer stecken.
- Eine Abwurflinie ziehen (Kreide oder Absperrband), hinter der viele verschiedene Hüte liegen: Strohhut, Zylinder, Cowboyhut, Pelzmütze … oder auch Küchensieb, Eimer, Salatschüssel, Blumenübertopf, Kochtopf.
- Jetzt wird von der Linie aus versucht, jeder Stange einen anderen Hut aufzusetzen. Mit einem Wurf muss der Hut hängen bleiben.

Herzblatt

Viele Herzrahmen in verschiedenen Größen aus gefaltetem Tonpapier ausschneiden (siehe Abb.). Seidenpapier auf die Rahmen kleben und überstehendes Papier abschneiden.
Viele Herzen mit Wäscheklammern der Reihe nach an eine Leine hängen.

- Jetzt kommt Amor mit der Pappkanone und versucht, mitten ins Herz zu treffen!

Die erbeuteten Herzen kann man dann seiner Liebsten schenken …

Monsterfütterung

Auf den Boden eines großen Kartons mehrere Monster mit offenen Mäulern malen (Bastelfarbe).

- Die Mäuler nach dem Trocknen mit einem Cutter herausschneiden.
- Den Karton so aufstellen, dass die Monster nach vorne gucken. Die Deckellaschen als Stütze nach außen klappen.

Nun werden die hungrigen Monster aus angemessener Entfernung mit Bonbons, Fallobst oder Vitaminbomben (Wasserbomben) gefüttert.

Wasserbomben

Bombenschuss
Einen alten Autoreifen in einen Baum hängen und mit Wasserbomben durch die Öffnung schießen!

Doppelbombe
Zwei Wasserbomben mit einer etwa 50 cm langen Schnur zusammenbinden und versuchen, ein Ziel zu treffen.

Eimerkönig
Viele Eimer dicht aneinanderstellen und Wasserbomben darin „versenken". Der mittlere Eimer ist mit einer Krone gekennzeichnet. Wer in diesen Königseimer trifft, hat einen Freischuss!

Fensterschuss
Eine Gucklochwand (siehe S. 123) mit Wäscheleinen zwischen 2 Bäumen aufhängen.
Die Fenster mit Punktzahlen kennzeichnen, z.B. beschriftete Bierdeckel mit Wäscheklammern befestigen. Jetzt wird mit Wasserbomben auf die Fenster gezielt. Jeder darf 1 x der Reihe nach auf alle gekennzeichneten Fenster werfen.
Sieger ist, wer die höchste Punktzahl erreicht.

Hut ab!

1. Große Papprörhen mit Bastelfarbe als Figuren (z.B. Onkel, Tante, Bräutigam, Zauberer …) bemalen.
2. Aus dicker Wellpappe für jede Figur eine kuchentellergroße Scheibe ausschneiden und in der Farbe des Hutes, den die Figur später erhalten soll, bemalen.
3. Etwa 10 cm breite Wellpappestreifen aufrollen und mit Klebeband umwickeln. Die Rollen sollen etwas dünner als die Papprörhen sein.
4. Die Rollen mit Heißkleber oder Klebeband in die Mitte der Scheiben kleben.
5. An den unteren Scheibenrand passende Frisuren kleben: Zöpfe aus Bast, Kräusellocken aus aufgetrennter Wolle …
6. Die Hutscheiben auf die Röhren setzen und verschiedene Hüte auflegen.

So fallen die Figuren nicht um: Rundstäbe oder Äste in die Wiese oder in Sandeimer stecken und die Röhren darüberstülpen.

Man kann die Hüte mit Astschleudern, Bällen oder mit der Pappkanone abschießen.

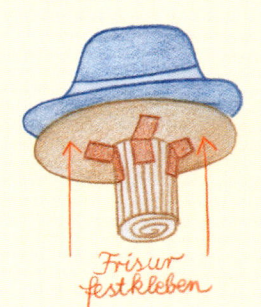

Frisur festkleben

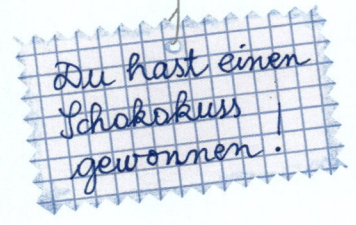

Wimpelkette
aus Plastiktüten

Wimpelketten

Viele bunte Plastiktüten so zuschneiden:

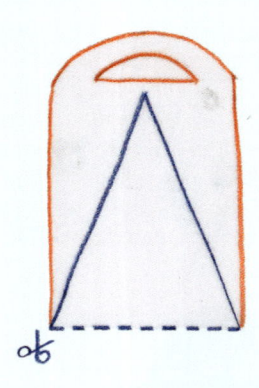

Die Doppelwimpel über lange Wäscheleinen hängen und mit Wäscheklammern befestigen.

Der „Billige Jakob"

… ist nicht nur ein Verkaufstalent. Er
braucht auch eine laute Stimme, witzige
Ideen und muss schlagfertig sein! Für ein
paar Cent kann man bei ihm alles Mög-
liche erwerben: ausrangiertes Spielzeug
und aussortierte Klamotten, Taschen,
Hüte, Haushaltsgegenstände … Das wird
vor dem Jahrmarkt alles in Wäschekörben
gesammelt.
Wahllos greift der Jakob hinein und preist
seine Superwaren für wenig Geld und viele
Draufgaben lautstark an, lobt ihre unver-
zichtbaren Vorzüge und lässt nicht locker,
bis er sie unter die Leute gebracht hat.

Losbude

Eine gute Gelegenheit, um übrig gebliebe-
ne Basteleien vom Weihnachtsbasar, gut
erhaltene Bücher oder CDs loszuwerden.

- Alle zur Verfügung stehenden Teile mit
  Klebeetiketten nummerieren und die
  gleichen Nummern auf die Rückseite
  von Haftzetteln (z.B. Post-its) schreiben. Nieten mit einem Kreuz oder
  einem traurigen Smiley kennzeichnen.
- Die Lose zusammenrollen und den
  Kleberand fest andrücken.

Glücks-Fahrrad

Dafür wird ein altes Fahrrad aufgehängt.
Das Vorderrad sollte sich leicht drehen
lassen, denn es muss als Glücksrad herhalten und wird mit Krepp-Papierstreifen
in 5 verschiedenen Farben ausgeflochten.
Jede Farbe steht für eine andere
Gewinnkategorie: z.B.

Rot = Hauptgewinn
Gelb = 1 Freirunde
Grün = Gewinn
Blau = Trostpreis
Schwarz = Niete

Zeiger: Eine große Wäscheklammer an die
Radstange klemmen.
Stopper: Einen Gummiplümper kurz an
den sich drehenden Reifen halten und
gleich wieder wegziehen, damit das Rad
allmählich ausdrehen kann.

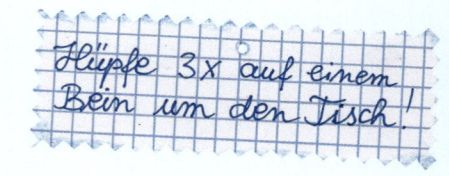

Überraschungskiste

1. Einen großen Karton bunt bemalen.
2. In den Boden viele Löcher stechen und
   in den Deckel einen etwa 2 cm breiten
   Schlitz schneiden.
3. Wollreste oder Schnur in etwa 1 Meter
   lange Stücke schneiden.
4. Für jede Schnur einen Zettel mit
   Aufgaben, Rätseln oder Losnummern
   und Nieten beschriften und die Fäden
   daran festknoten.
5. Die Fäden von unten durch die Löcher
   im Boden ziehen und im Karton zu
   einem Strang zusammenfassen. Den
   Strang durch den Schlitz wieder nach
   außen ziehen. Den Karton so aufstellen, dass die Zettelfäden unten heraus-
   baumeln können.
6. Den Deckel schließen und schon kann
   es losgehen!

Jeder darf einen Faden aus dem Strang
ziehen. Der Zettel steigt dabei nach oben.
Treffer werden abgerissen und müssen
gleich eingelöst werden. Nieten bleiben
hängen. Es kann so lange gezogen werden,
bis keine Treffer mehr da sind.
Tipp: Statt der Zettel kann man auch
Naschereien oder andere Dinge an die
Schnüre knoten.

Knöpfe-Schnipsen

- Einen Biertisch mit einer großen, auf-geschnittenen Mülltüte straff beziehen. Die Ränder unter dem Tisch mit Klebeband fixieren.
- Mit einem wasserfesten dicken Filz-schreiber Querlinien über die schmale Tischseite ziehen. Das erste Kästchen ist das Startfeld. Die anderen werden mit Zahlen von 1 - ?? beschriftet. Das sind zugleich die Punkte, die später zusammengezählt werden.
  Das letzte Kästchen am Tischende hat also die höchste Punktzahl.

Jetzt werden vom Startfeld aus Knöpfe geschnipst und die Punktzahlen in den getroffenen Feldern zusammengezählt. **Es zählen nur getroffene Kästchen. Fällt der Knopf herunter, gilt der Wurf als ausgeführt und darf nicht wiederholt werden.** **Variante:** Das Spielfeld wird kreuz und quer in Kästchen eingeteilt und mit Ziffern beschriftet. Manche davon werden schwarz und manche rot ausgemalt. Wer auf die roten Felder trifft, darf 1 x zusätz-lich schnipsen. Auf den schwarzen Fel-dern werden leider 3 Punkte abgezogen!

Juxbox

1. In einen großen Karton (z.B. Wasch-maschinen- oder Möbelverpackung) mit dem Cutter Fensterläden mit je einem Griffloch einschneiden.
2. Neben dem Fensterrahmen einen Schlitz für das Geld und in die Rückwand ein paar Luftlöcher einschneiden.
3. Die Box lustig bunt bemalen und mit einem Schild beschriften: 1 x gucken: 10 Cent
4. Im Karton sitzt (oder steht) ein Kind und hält die Fensterläden fest.
5. Wird jetzt von außen eine Münze durch den Schlitz in den darunter stehenden Topf geworfen, reißt das Kind die Fensterläden auf, guckt hinaus, macht „Bäääh", schnei-det Grimassen oder streckt die Zunge heraus und macht die Fensterläden sofort wieder zu.

Klopf-den-Stock

- Einen großen Eimer oder ein Gurken-fass mit Sand füllen.
- Besenstiele in verschiedenen Längen für verschiedene Körpergrößen absägen.
- Das untere Stielende im 2-cm-Abstand mit Ringen und Ziffern kennzeichnen.

Jetzt geht's los: Mit einem Gummihammer muss der Besenstiel so weit wie möglich in den Sandeimer geklopft werden. **Jeder hat 3 Schläge!**

Riesen-Puzzle

Eine große dicke Wellpappe mit großflä-chigen Mustern bemalen (Bastel- oder Acrylfarbe) oder bekleben (Papierreste, Fotos aus Illustrierten) und nach dem Trocknen kreuz und quer in beliebig viele Teile zerschneiden.

Die Stücke müssen jetzt wieder – allein oder im Team – zusammengesetzt werden. **Tipp:** Schwieriger wird es, wenn die Pappe doppelseitig bemalt oder beklebt wurde.

Feuerspucker

... veranstalten bei Beginn der Dämme-rung magische Schauspiele. Gesund-heitlich weitgehend unbedenklich funktio-niert es mit Bärlapp-Sporen, die in den Mund genommen werden und dann gegen eine Flamme (Fackel oder Kerze) gespuckt oder geblasen werden.
Allergiker und Asthmatiker sollten sie aber lieber nicht einatmen!

Fackeln siehe „Kerzen machen" auf der CD-ROM!

Bärlapp-Sporen

... werden auch Hexenmehl, Erd-schwefel, Blitzpulver oder Teufelskraut genannt. Sie wurden bereits im Mittel-alter für magische Rituale und Zaube-reien benutzt. Die Sporen bestehen zur Hälfte aus Öl, enthalten aber auch wert-volle Proteine, weswegen sie in manchen Ländern sogar gegessen werden. Die ganzen oder gemahlenen Sporen werden in die Luft geblasen und entzündet. Die entstehende helle Stichflamme ist nicht besonders heiß.

Das Kasperle ist auch da!

Da freuen sich nicht nur die Kinder. Wird der Spielvorhang als Theater aufgehängt, können dahinter mehrere Personen mit Handpuppen oder Stabpuppen (siehe S. 113: Puppenspieler) agieren. Die Requisiten der Reihe nach und gut sicht- und greifbar auf eine Bierbank hinter den Spielvorhang legen.

Strumpfpuppen

Für Tiere, die im üblichen Handpuppen-Bestand nicht enthalten sind, müssen Socken und Handschuhe herhalten.

Faustpuppen

Einen Strumpf über die Hand ziehen und die Strumpfspitze zwischen die Finger stopfen. Das sieht aus wie ein Mund oder Maul. Mit ein paar Kleinigkeiten (Knöpfe, Woll- und Filzreste) und Nähzeug wird ein lustiges oder gefährliches Tier aus dem harmlosen Strumpf.

Beispiele
Pferd: Schnauze aufsticken, Mähne aus Wollresten und Knopfaugen festnähen.
Hund: Ohren und Zunge aus Filz und eine Knopfschnauze festnähen.
Schwein: Eine Pappscheibe mit 2 Knöpfen als Schnauze, Filzohren und ein Pfeifenputzerschwänzchen festnähen.

„Das Lied vom alten Socken" auf der CD-ROM!

Dreifinger-Puppen
Kopf:
- Den Strumpf umwenden und den Fuß in der Mitte abbinden.
- Den Strumpf wieder umdrehen, bis zur Ferse mit Bastelwatte oder Stoffresten ausstopfen und so abbinden, dass der Zeigefinger noch hineinpasst. Das geht am besten zu zweit: Einer steckt den Finger in den Kopf und der andere bindet den Hals ab.

Körper und Arme:
- Den Zeigefinger im Kopf stecken lassen und in der Höhe von Daumen und Mittelfinger zwei Löcher für die Arme seitlich in den Strumpf schneiden. Die Ränder umsäumen, damit nichts auftrennen kann.

Gestalten: Gesichter aufsticken, Haare und Bärte aus Wolle, Märchenwolle oder Bast einknüpfen oder festnähen. Aus Stoffresten Kostüme und aus Papierresten Hüte ausschneiden und festkleben.

Lustiges Küchentheater

Statt mit Handpuppen wird mit Küchengeräten gespielt: Messer und Gabel, Nudelsieb, Pfeffermühle, Napfkuchenform ... Man braucht dafür kein Textbuch, nur eine Idee. Handlung und Dialoge entstehen spontan im kreativen Austausch mit dem Publikum.

Die nächste Vorstellung beginnt um 13 Uhr!

NÄCHSTE VORSTELLUNG

Eine Pappscheibe ausschneiden, in Felder einteilen und bunt bemalen. Die in Frage kommenden Anfangszeiten in die Felder schreiben.
Einen Pfeil aus Pappe ausschneiden, eine Wäscheklammer an die Unterseite kleben und entsprechend der nächsten Anfangszeit an den Scheibenrand klemmen.

Der Spielvorhang

... ist vielseitig verwendbar: als Puppentheater, als Fotokulisse oder als Wurfwand.

Ein altes Bett-Tuch bemalen:
mit einem Schloss, einer Stadt oder einem Wald ...
und schön verteilt ein paar runde oder eckige Löcher in das Tuch schneiden.
An jede Ecke Schnur knoten und das Tuch zwischen Bäumen aufhängen oder quer durch ein Zimmer spannen.

Theater-
stücke
auf der
CD-ROM!

Bänkelsänger

tragen schaurige **Moritaten** oder **traurige Lieder aus der Küche** vor und unterstützen ihren Gesang mit selbst gemalten Bildtafeln und einem Zeigestock. Statt Leierkasten-Begleitmusik passen auch Akkordeon, Gitarre oder Violine.
Statt des Äffchens zum Geldeinsammeln stellt der Sänger einen Hut auf.

Lied-Tipps:
- Sabinchen war ein Frauenzimmer
- Die schaurige Geschichte vom Ritter Hadubrand
- Mariechen saß weinend im Garten
- Die Geschichte vom Räuber Rinaldo Rinaldini
- Ein Mops kam in die Küche

Tauschmarkt

Hier wird jeder Sachen los, die er nicht mehr braucht, und bringt neue mit nach Hause.
Jeder darf eine Obststeige mit Dingen zum Tauschen mitbringen. Auf dem Rand der Kiste soll in großen Buchstaben „TAUSCHE" stehen.
Jeder verstaut seine Kiste mit der Ware bis zu Tauschbeginn in einem großen Kartoffel- oder Müllsack, beschriftet ihn mit seinem Namen und bindet ihn zu.
Die Tauschzeit wird auf eine festgelegte Zeit begrenzt, z.B. von 14 – 16 Uhr.
Tausch-Beginn und -Ende wird mit 3 Glocken- oder Gong-Schlägen angezeigt. Man kann auch zwei große Topfdeckel aneinanderschlagen.
Jetzt darf fleißig untereinander getauscht werden, bis das Signal ertönt, dass die Zeit um ist.
Dann steckt jeder seine Kiste wieder in seinen Müllsack und bindet ihn zu. Alle Säcke werden in einem verschließbaren oder gut einsehbaren Sacklager bis zum Ende des Fests sicher aufbewahrt.

Flohmarkt
siehe
Kindertheater/
Mitmachsical
auf der
CD-ROM!

Top-Designer-Modenschau

Die Models basteln sich ihre Kostüme selbst.

Dafür wird fleißig Material gesammelt: aussortierte Klamotten, Gardinen, Schals, Strümpfe, Bänder, Handschuhe, Gummihandschuhe, Dekoblumen, Schmuck, Hüte, Schirme, Handtaschen, Perücken, Nachthemden, Badesachen, Tücher, Ohrenschützer, Schulterpolster, Schuhe …

Zusätzlich braucht man: Stoffreste, Rettungsfolie, Krepp-Papier, Scheren, Nähzeug, Klammerhefter, Schnur, außerdem Schminke, einen Spiegel und einen Fotoapparat.

Zuerst basteln sich alle Teilnehmer phantasievolle Kostüme. Danach wird bekanntgegeben, wann die Modenschau beginnt.

Dekoration und Ausstattung

- **Laufsteg:** 2 - 3 zusammengeklappte Biertische aneinanderlegen.
- **Diskokugeln** aufhängen.
- **Scheinwerfer:** Die Öffnungen von Plastikschüsseln mit silberner Rettungfolie bespannen.
- **Plätze für die Zuschauer:** Stuhlreihen und Bänke rechts und links vom Laufsteg aufstellen.
- **Getränke:** Es gibt Champagner der Saison (z.B. Holunder-, Himbeer- oder Waldmeistersirup mit Sprudelwasser) in Plastik-Sektkelchen zum Zusammenstecken.
- **Moderator:** Er begrüßt die erlesenen Gäste, lobt mit viel Übertreibung ihre Vorzüge und kommentiert mit viel Witz das Geschehen auf dem Laufsteg.
- **Mikrophon:** Einen Luftballon oder Ball in die Öffnung einer mit Alufolie eingewickelten Papprolle kleben.
- **Nummern-Schilder:** Für jedes Model einen Pappzuschnitt mit einer gut lesbaren Zahl beschriften.
- **Jury-Tisch:** 3 oder 4 ausgewählte Jury-Mitglieder bewerten vor und geben zu jedem Model ihren Kommentar ab.
- **Hut:** Damit werden die Stimmzettel eingesammelt.
- **Siegerkrönchen und Schärpe** aus goldener Rettungsfolie schneiden.

Jedes Model läuft am Publikum vorbei über den Laufsteg und wieder zurück und zeigt seine Nummer nach allen Seiten. Die Zuschauer applaudieren mehr oder weniger. Die Jury beurteilt die Qualität des Kostüms.

Wenn alle auf dem Laufsteg waren, schreibt jeder Zuschauer die Nummer seines Lieblingskostüms auf einen Zettel, faltet ihn und wirft ihn in den Hut.

- Jeder darf nur einen Zettel schreiben.
- Zettel mit mehr als einer Zahl sind ungültig.

Wer die meisten Stimmen bekommen hat, wird mit einem Sieger-Krönchen und einer breiten Schärpe zum Super-Kreativ-Model des Jahres gekürt.

New York, New York

Insektenhut

Verschleierte Lady

Lieder zum Basteln auf der CD-ROM!

Hutmacher-Wettbewerb

Aus Papptellern entstehen phantasievolle Hüte (siehe auch S. 21: Blumenhüte). Außer Schere, Bastelmesser, Heißkleber und Klebeband braucht man noch jede Menge Papierreste, Bänder, Folie, Plastiktüten, Pfeifenputzer, Deko-Blumen, Spielzeugfiguren, Gardinen, leere Schachteln, alte Tücher …

Aufsetzen: in Kopfbreite beidseitig 2 Löcher durch den Tellerrand stechen und Gummifaden festknoten.

Sonnenschilde: einen Pappteller in 2 Hälften zerschneiden, die Schnittseite nach innen abrunden.

Ein paar verrückte Beispiele:

New York, New York: Verschieden große Schachteln als Häuser anmalen und zusammen mit Spielzeugautos in die Tellermitte kleben.

Insektenhut: 2 Kartonscheiben ausschneiden, Augen aufmalen, abknicken und auf den vorderen Rand des Papptellers kleben. Eine rote Papier-Zunge unter den Teller kleben. Beine aus Karton ausschneiden oder Hexentreppen, Schnüre oder Pfeifenputzer unten an den Teller kleben.

Verschleierte Lady: Eine Käseschachtel mit Buntpapier beziehen und in die Tellermitte kleben. Eine große Schleife an den Rand kleben. Einen Schleier aus alten Gardinen vorne am Tellerrand befestigen.

Schulterpolster mit Glitter, Schmucksteinen, Feder und Tüll verzieren. Mit Gummifaden aufsetzen.

Heute kommt der Zirkus in unsre kleine Stadt ...

Eine Zirkusvorstellung muss nicht unbedingt vorher einstudiert werden. Das Programm kann ganz spontan entstehen. Ein Wäscheplatz wird zum Zirkuszelt (z.B. Rettungsfolien oder Krepp-Papier mit Klammern an die Wäscheleinen hängen und mit Luftballons dekorieren) und ist Kostüm-Werkstatt mit Biertischen und Spiegeln, Schminkraum und Manege zugleich.

Erst verwandeln und verkleiden sich die Teilnehmer in gefährliche Raubtiere, lustige Clowns und Akrobaten. Dann wird aufgeräumt: Alles, was herumliegt, wird in Kartons oder Säcken versteckt. Die bleiben gleich als Hindernisse und Requisiten (mit Decken oder Folie abdecken) in der Manege.

Nach jeder Nummer wird der Vorhang von zwei lustigen Clown-Kindern zugezogen, bis der Zirkus-Direktor mit witzigen Worten die nächste Programm-Nummer ankündigt: z.B. **„Vorhang auf für die unvergleichliche Dressurreiterin Annabelle auf ihrem zierlichen Ross Enrico …"**, und die **Klapper-Schepper-Blech-Papp-Band** einen Tusch spielt!

Bei spontanen Vorführungen braucht jede Gruppe einen **VORMACHER**. Die anderen machen einfach alles nach oder laufen und hüpfen hinterher.

Seiltänzer balancieren mit einem Schirm in der Hand über eine Bierbank oder auf einem Geschenkband, das auf dem Boden liegt.

Akrobaten machen Handstand, schlagen Rad und Purzelbäume und jonglieren mit Bällen und Tüchern (siehe S. 141: Jongliertipps).

Die **Clowns** können das alles natürlich auch und noch viel besser – und machen doch alles falsch. Sie jonglieren mit Luftballons oder Riesen-Seifenblasen, stolpern tollpatschig über ihre eigenen Füße, singen falsch und brauchen ständig ihr riesengroßes Taschentuch – nicht nur zum Naseputzen.

Die **Pferdedressur** wird bestimmt ganz lustig, denn die hintere Pferdehälfte sieht ein bisschen schlecht …

Das **Pinguin-Ballett** watschelt zu einer passenden Musik im Takt hintereinander her und klatscht dazu in die Flossen, wogegen die Elite-Truppe der Flamingo-Tanzschule im Tutu zu klassischer Ballettmusik auftritt.

Die **Tiger- und Löwendressur** ist ganz besonders gefährlich, denn die Tiere fauchen und zeigen ihre Zähne.

Ein Dompteur lässt sie auf Hocker und durch Reifen springen. Zum Schluss dürfen sich alle zusammen auf dem Boden herumwälzen.

Elefanten schwenken ihre Rüssel und nehmen sich gegenseitig Huckepack. Sie trampeln im Kreis, drehen sich einzeln um sich selbst oder tanzen Cancan.

Die **Robben** robben auf Händen und Knien und spielen Kopfball mit einem Luftballon. Zur Belohnung gibt es Marshmallows.

Die **Bauchtänzerinnen** führen zu orientalischer Musik einen aufregenden Tanz auf.

Indianer sind auch zu Besuch und zeigen mit Tomahawks bewaffnet ihren berühmten Sonnentanz (siehe S. 43).

Der **Steppenhase**, der größte und einzige Balalaika spielende Hase der Welt, verzaubert die Zuschauer im Osterhasen-Plüschkostüm mit seiner einzigartigen Zupfmusik.

Gewichtheber zeigen ihre Muskelkraft.

Ein **Magier** verzaubert die Zuschauer mit seiner geheimnisvollen Kunst.

Ein **Zauberer** tritt mit furchteinflößendem Getöse (Eisenblech-Gewitter) auf und droht, alle Zuschauer in Mäuse zu verwandeln. Seine Zauberkraft reicht aber nur für ein paar harmlose Tricks.

Die bayerische **Süßwaren-Verkäuferin** hat nicht nur Naschereien in ihrem Bauchladen, auch Brezeln kann man bei ihr kaufen.

... und last but not least die Sensation aus Brasilien: der Tango tanzende, gestern erblühte Kaktus Opuntio mit seiner Panflöte spielenden Partnerin Cochenille, der Blutlaus aus Peru …

Solche sensationellen Raritäten kann man sich selbst ausdenken und dabei auf die Vorlieben und Begabungen der Teilnehmer eingehen!

Die Vorstellung ist aus! Weil der Eintritt frei war, lässt der Zirkusdirektor seinen großen Zylinder herumgehen.

Verkleidung

Viele passende Sachen findet man im Kleiderschrank: Strumpfhosen, Leggins, T-Shirts, Badeanzüge, Gymnastikschuhe, Hüte …

Zusätzlich braucht man noch Kniestrümpfe, abgeschnittene Ärmel oder Strumpfbeine, Stoff-, Papier- oder Filzreste, Märchenwolle, Glitzerfolie, Krepp-Papier, Haarreifen, Gummifaden usw., außerdem Sicherheitsnadeln, Klebeband, Nähzeug, Schere, Klammerhefter und natürlich Schminke (siehe S. 5).

Kostüm-Tipps

Tiger/Löwe: Strumpfhosen-Beine als Tatzen über Arme und Hände ziehen.

Löwenmähne: Streifen aus Stoffresten oder Rettungsfolie an den Rand einer Schirmmütze tackern.

Schwänze: aus Stoffstreifen oder Krepp-Papier flechten und mit einer Sicherheitsnadel am Hosenrücken befestigen.

Elefant: einen großen Pullover anziehen, den Bauch mit Kissen ausstopfen und unter der Taille mit geflochtenen Stoffstreifen zubinden. Das Ende als Schwanz hängen lassen.
- 2 große Filzohren ausschneiden, schlitzen und einen Haarreif durch die Schlitze schieben.
- **Rüssel:** Ein Strumpfhosenbein locker ausstopfen, beim Zunähen einen doppelt gelegten Gummifaden einnähen. Den Gummi in Kopfweite verknoten, beim Aufsetzen jeweils einen Faden über und unter dem Ohr vorbeiführen.

Pferd: Da stecken zwei Personen drin. Die erste trägt die Mähne, die zweite den Schwanz; die erste steht gerade, die zweite bückt sich und hält sich an der Taille der ersten fest. Auf Kommando wird losgelaufen. Achtung: vorher die Beine sortieren!

Pinguin: schwarze Hose, weißes T-Shirt, schwarze Weste.
Füße: gelbe Gummihandschuhe anziehen oder Füße und Schnäbel aus Fotokarton basteln, siehe CD-ROM: Vogelhochzeit.
Schminken: schwarzes Gesicht mit weißen Brillen-Augen.

Flamingo: Ballett-Dress und Tutu in Rosa. Ein Arm wird zu Hals und Kopf: Ein Strumpfhosenbein in Rosa anziehen, für den Schnabel die Fußspitze rot bemalen oder mit Schminke einfärben. 2 kleine Knöpfe als Augen und ein paar Federn festnähen.
Schminken: helles Gesicht.

Robbe: In den Boden eines großen blauen Müllsacks einen Schlitz für den Kopf schneiden und anziehen. In Armhöhe seitlich 2 Schlitze für die Arme einschneiden. Den Sack unter den Füßen zubinden und einen Schwimmreifen anziehen.
Schminken: schwarze Nase, Barthaare mit dem Pinsel aufmalen.

Umhang aus einer Fleece-Decke: vorne mit Sicherheitsnadeln schließen. Mähne und Schwanz: Rettungsfolie in Streifen schneiden und bündeln. Haarreif mit Ohren aufsetzen.

Schnitt für die Ohren auf der CD-ROM!

Zirkusdirektor: Anzug und Zylinder anziehen und den Bauch mit einem Kissen ausstopfen. Einen Schnurrbart aus Märchenwolle drehen und mit Gummifaden hinter den Ohren befestigen.

Süßwaren-Verkäuferin: Dirndl anziehen, eventuell mit Luftballons ausstopfen, Zöpfe aus Wolle flechten und an ein Kopftuch nähen.
Schminken: rote Lippen, rote Wangen Bauchladen aus Karton oder Obststeige mit Gummibärchen und Naschereien füllen, Luftballons am Bauchladen festbinden.

Clown: große Hose mit großen Taschen und Hosenträgern, lustiges T-Shirt und zu große Schuhe (vorne mit Bastelwatte ausstopfen) anziehen. Fliege aus einem Geschirrtuch binden und mit Sicherheitsnadeln am T-Shirt befestigen. Ein lustiges Hütchen oder einen Haarreif mit einer Filzblume aufsetzen.
Schminken: weißes Gesicht und rote Nase – oder rote Stecknase aufsetzen.

Akrobat: Badeanzug, Leggins und Gymnastikschuhe anziehen. Umhang mit großem Stehkragen aus Rettungsfolie um den Hals binden und vor dem Auftritt mit großen Gesten wieder abnehmen.

Gewichtheber: Leggins anziehen, Strumpfhosenbeine über die Arme ziehen und Muskelpakete aus Füllwatte hineinstopfen. Ein Ringel-Hemd und Turnschuhe anziehen.
Gewichte: 2 Käseschachteln in der Mitte schlitzen (Kreuz oder Stern) und einen Besenstiel durch die Schlitze schieben oder zwei Wassereimer an einen Besenstiel hängen.

Kaktus: grüne Kleidung anziehen, Gesicht und Hände grün schminken, eine große Papierblume aufsetzen oder auf einer grünen Mütze festnähen.

Zauberer: einen Umhang aus Rettungsfolie umlegen, einen Spitzhut (siehe S. 85: Hexenhut) aus Fotokarton basteln und goldene Sterne aufkleben. Jetzt fehlen noch ein Nikolausbart, ein Zauberstab, Zauberpulver und ein dickes Zauberbuch.

Riesen-Seifenblasen

Aludraht zu Formen biegen. Die Drahtenden verdrehen, mit dem Seitenschneider abzwicken und mit Gewebeklebeband an Laternenstäben befestigen.
Kleinere Formen können auch aus Pfeifenputzern gebogen werden!
Formen waagerecht in Seifenlauge eintauchen und mit Schwung durch die Luft ziehen.

Große Seifenblasen – selbst gemacht

500 ml lauwarmes Wasser
275 g Neutralseife
12,5 g trockener Tapetenkleister
250 g Puderzucker
Alles miteinander verrühren und 24 Stunden ruhen lassen.
Dann mit 4,5 Liter Wasser verrühren und wieder 24 Stunden stehen lassen!

Clownslied

Text und Melodie: Lene Abend

Das wird vom Clown abwechselnd mit den Zuschauern gesungen.

Zuschauer:
Du machst, dass ich lach'
und dumme Sachen mach'!
Clown:
Ich mach', dass du lachst
und dumme Sachen machst!

Alle zusammen:
Stolpern, fliegen in den Dreck,
BUMS, da ist die Nase weg.
Purzelbaum und gucken dumm,
rennen, tanzen, rundherum.

Eimer hin und Eimer her,
auch Jonglieren ist nicht schwer.
Bunte Bälle, Seifenblasen,
große Schuhe, rote Nasen.
Hopplahopp und Purzelbaum!
Wunder gibt's nicht nur im Traum.

Die Klapper-Schepper-Blech-Papp-Band

... zieht mit Hüten und Sonnenbrillen verkleidet mit ihrem Handwagen voller selbst gebastelter Instrumente über den Festplatz und spielt Ständchen: den Dosenrock, den Knüllwalzer, das Zirkuslied und andere lustige Lieder. Noten und Texte siehe CD-ROM unter „Lieder und Gedichte".

Die Anleitung für verschiedene Trommeln, Rasseln, Shaker und Schellenstäbe aus Kartons, Dosen und Plastikeimern gibt es auf der CD-ROM unter „Musikinstrumente basteln".

Zusätzlich blasen die Musiker in Gartenschlauch-Stücke und Gießkannentüllen, trommeln auf Töpfen und scheppern mit Topfdeckeln oder Löffeln – aber im Rhythmus, sonst wird der Krach zu groß und das findet keiner schön. Man kann ja vorher ein bisschen üben!

Zirkuslieder auf der CD-ROM!

Der Dosen-Rock

Text: Karin Kinder
Melodie: Rock around the clock

Klapper, schepper, plopp und popp,
wir spielen jetzt den Dosen-Rock!
Schepper, klapper, klipp und klapp,
da geht die Sause richtig ab.
Hol die Dosen her,
das ist gar nicht schwer!
Wir machen jetzt 'ne schöne Blechmusik!

Schepper, klapper, klack und klick,
da spielt die ganze Welt verrückt.
Klipper, schepper, plopp und popp,
gefällt euch unser Dosen-Rock?
Mach mal kräftig Krach,
das geht Schlag auf Schlag!
Wir machen jetzt 'ne schöne Blechmusik.

Raschelmusik

Eine Plastiktüte zusammenknüllen, mit beiden Händen hineinfassen und einen fetzigen Rhythmus rascheln.
Plastiktüten rascheln alle anders, je nach Qualität und Größe. Das muss man einfach ausprobieren.

Luftmusik

... kann man mit allen möglichen Dingen machen. Es lohnt sich, auf eine Klangentdeckungsreise zu gehen.

Luftballon-Arie

Luftballons aufblasen, die Enden zusammendrücken und die Luft rhythmisch entweichen lassen.

Schlauchorchester

Die Musiker blasen und pusten in lange Wasserschläuche oder schwingwn verschieden lange Stücke schnell im Kreis.

Solo für einen Butterbrotbeutel

Den Beutel aufblasen und an passender Stelle mit lautem Knall zerplatzen lassen.

Papp-Saxophon

Papprollen bunt bemalen. Über eine Öffnung Butterbrotpapier spannen und mit Gummiringen befestigen.
In die andere Öffnung hineinsingen.

Dosen-Shaker

Saubere Getränkedosen bunt bemalen oder bekleben und mit Rasselmaterial füllen: Reis, Erbsen, Linsen, Sonnenblumenkerne, Büroklammern, kleine Nägel oder Schrauben ...
- Beim Füllen ausprobieren, wie es klingt. Die Rasseln klingen schöner, wenn sie nicht zu voll sind.

Zum Schluss das Loch mit Klebeband verschließen.

Stampfbass

Auf einer Tretluftpumpe kann man den Bass stampfen.

Flaschenband

Die Musikanten blasen über die Öffnungen von Flaschen hinweg.

Bumbass

Er wird auch Teufelsgeige oder Bettelgeige genannt.
Verschiedene ausrangierte Haushaltsgegenstände (Sieb, Topfdeckel, Dosen ...) und Glöckchen oder Schellen an einem Besenstiel befestigen.
An die Spitze des Stiels bunte Bänder binden und einen Kasper- oder Teufelskopf (z.B. vom Puppentheater) draufsetzen.
Spielen: Mit einem Kochlöffel auf die Töpfe und Deckel schlagen und den Stiel dabei im Rhythmus kräftig auf den Boden stampfen.

„Musik instrumente basteln" auf der CD-ROM!

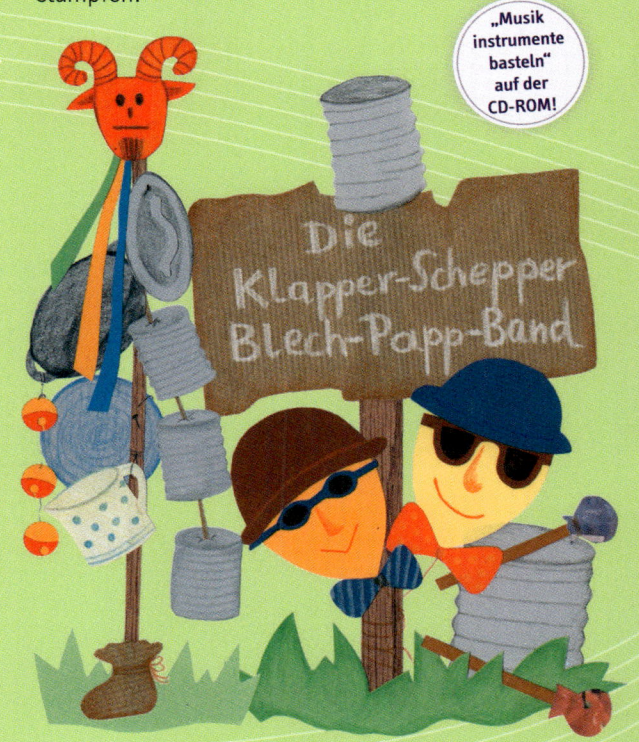

Die Klapper-Schepper Blech-Papp-Band

FIT VON KOPF BIS FUSS

Die Ferien sind vorbei ...

Die Großen, die schon rechnen und schreiben können, müssen sich wieder an den Umgang mit Buchstaben und Zahlen gewöhnen und ABC-Schützen können zeigen, was sie schon wissen. Das ist gar nicht langweilig und macht sogar viel Spaß.

Lustige Spiele bringen die Gehirnzellen in Schwung und außerdem kann man erfahren, wie 1x1-Plätzchen beim Dichten helfen und welche Zutaten in den Verzähl-dich-nicht-Eintopf kommen, der gemeinsam gekocht wird. Größere Schlaumeier beweisen sich beim großen **Rätsel- und Wissensquiz** auf Seite 135 oder freuen sich auf einen Besuch bei **Professor Genius**, der auf Seite 136 zu einem Experimente-Nachmittag einlädt.

Spiel-Ideen für einen sportlichen **Gaudi-Nachmittag** im Freien gibt es ab Seite 138.

SCHLAUMEIER-FEST

EINLADUNG

Bierdeckel beidseitig mit Papierresten bekleben und beschriften, lochen und mit Garn oder Schnur aufhängen.

DEKORATION

RIESENBUNTSTIFTE

- Große Pappröhren bunt bemalen oder bekleben.
- Einen Kreis aus Fotokarton ausschneiden, den Kreis in Viertelkreise zerschneiden und jeweils eine Spitze daraus formen und zusammenkleben.
- Die Minenspitze bunt bemalen oder eine farbige Spitze aus Tonkarton aufsetzen.

Tipp: Kleinere Buntstifte aus Papprollen als Tischkarten basteln!

· Zuckertütenfest · Zuckertütenfest · Zuckertütenfest · Zuckertütenfest · Zuckertütenfest · Zuckertütenfest · Zuckertütenfest · Zuckertütenfes

Einladung

Zuckertüte

Darin stecken eine Einladung, eine kleine Süßigkeit und für jeden Gast ein paar Holzperlen, die mit Buchstaben beschriftet wurden. Die Gäste sollen ein Wort aus den Buchstaben bilden, die Perlen in der richtigen Reihenfolge auf eine Schnur fädeln und als „Eintrittskarte" um das Handgelenk binden.

Dekoration

Zuckertütenbaum

Viele kleine Zuckertütchen, die mit den Namen der Gäste beschriftet sind, an einen Ast in der Wohnung oder einen Baum im Garten hängen. Die Gäste dürfen die Zuckertüten später mitnehmen. Bonbons an eine Schnur knoten und als Girlande dazwischenhängen.

ABC-Girlande

Buchstaben und Zahlen aus buntem Papier ausschneiden oder auf Kopierpapier malen und abwechselnd mit Schulheften und bemalten Luftballons aufhängen.

Mein erster Buchstabe

Jeder Gast darf seinen Anfangsbuchstaben aus Pappe gestalten: aufzeichnen, ausschneiden, bemalen, bekleben, mit Glitzerfarbe, Schmucksteinen und Papierresten verzieren.

Zuckertüten

Anleitung für die Zuckertüte auf der CD-ROM!

Kostüme

Nasentafeln für Fräulein Dreizehn und Herrn Sieben

- -

Material:
schwarzer Fotokarton
Tafelkreide
Schere und Cutter

- -

1. Den Schnitt von der CD-ROM ausdrucken, auf schwarzen Fotokarton übertragen und ausschneiden.
2. Die Brillenbügel nach hinten umknicken.

Jeder Gast darf sich eine Zahl aussuchen, die er mit Kreide auf die Nasentafel schreibt, und heißt ab sofort auch so …

> **Schnitt auf der CD-ROM!**

Spiele

Schulbus-Fahren

Zwei Reihen Stühle aufstellen und – wie im Bus – einen Gang dazwischen frei lassen.
Für jedes Kind gibt es einen Stuhl.
Der Spielleiter ist der Schulbusfahrer und gibt die Kommandos.
Wenn er sagt **„Alles einsteigen!"**, steigen alle vorne ein und setzen sich hin.
Bei **„Abfahrt"** machen alle ein lautes Motorengeräusch **„Brrrmmbrmmm"**, bis der Busfahrer klingelt oder pfeift und **„Haltestelle … (z.B. Goethestraße)! Alles aussteigen!"** sagt.
Nun müssen alle aufstehen, zum Hinterausgang hinausgehen, um den Bus herumlaufen und vorne wieder einsteigen.
Mittlerweile hat einer, der nicht im Bus mitfährt, einen Stuhl entfernt.
Das Kind, das keinen Platz mehr findet, muss sich jetzt mit einem anderen Kind den Stuhl teilen.
Bei der nächsten Haltestelle steigen wieder alle hinten aus und vorne ein und der nächste Stuhl wird weggenommen.
Das Spiel kann man so lange spielen, bis nur noch ein Stuhl übrig ist.

Stillsitzen

Alle sitzen sich gegenüber.
Auf Kommando müssen alle still sein.
Keiner darf etwas sagen, zappeln, sich am Kopf kratzen oder mit den Ohren wackeln. Alle tun so, als ob sie gar nicht da wären.
Mal sehen, wer das am längsten aushält!

Ich packe meinen Ranzen

Alle Spieler sitzen im Kreis.
Einer fängt an und sagt: „Ich packe meinen Ranzen. Ich lege ein Rechenheft hinein." Der nächste sagt: „Ich packe meinen Ranzen und lege ein Rechenheft und einen Apfel hinein." Der Dritte sagt: „Ich packe meinen Ranzen und lege ein Rechenheft, einen Apfel und einen Bleistift hinein."
So geht es weiter. Immer müssen alle Dinge aufgezählt werden, die schon gesagt wurden.
Wenn die Reihenfolge mal nicht ganz stimmt, ist das nicht so schlimm.
Wer jedoch ein Wort vergisst, scheidet aus. Aber ein bisschen helfen darf man schon!

Spiele mit Zahlen und Buchstaben

Zahlen-Rendezvous

Die Spieler haben ihre Nasentafeln auf, stellen sich in einem doppelten Kreis auf und fassen sich bei den Händen.

- Der äußere Kreis guckt nach innen, der innere Kreis nach außen. Der Spielleiter ist für die Musik zuständig.
- Wenn die Musik spielt, laufen alle rechtsherum los. Die Kreise bewegen sich also gegeneinander.
- Wenn die Musik aufhört, bleiben alle stehen. Die sich jeweils gegenüberstehenden Spieler zählen schnell ihre beiden Zahlen zusammen und rufen sie dem Spielleiter zu.

Dann geht's weiter im Kreis herum, solange man Lust hat.

Fortsetzung folgt

Die Spieler setzen sich im Kreis hin und spielen reihum.
Einer sagt ein Wort, z.B. **OFEN**.
Der nächste muss mit dem letzten Buchstaben ein neues Wort bilden, z.B. **NATUR**.
Der Dritte sagt z.B. **RING**, der Vierte z.B. **GARTEN** usw.

Schreibkunst

Nacheinander versuchen die Gäste, mit dem Mund (Stift zwischen die Zähne klemmen) oder mit dem Fuß (Stift zwischen die Zehen klemmen) ihren Namen zu schreiben!

Luftballon-Wörter

Dafür braucht man einen Spielleiter, der gut buchstabieren kann.
Vor dem Spiel denkt er sich einige Wörter aus und schreibt die vorkommenden Buchstaben mit wasserfesten Filzschreibern einzeln und groß auf aufgeblasene Luftballons.
So wird gespielt: Der Spielleiter sucht so, dass keiner mitbuchstabieren kann, die Buchstaben heraus, die in seinem Wort vorkommen und verteilt sie an die Spieler. Die müssen es schaffen, das Wort herauszufinden und sich in der richtigen Reihenfolge aufzustellen.

Zahlenschuss

9 Dosen mit Ziffern von 1 - 9 beschriften und auf einem Tisch (Unterlage darunterlegen) zu einem Turm aufbauen:

Reihe 1: 4 Dosen
Reihe 2: 3 Dosen
Reihe 3: 2 Dosen
Reihe 4: 1 Dose

Jetzt wird nacheinander mit einem Ball in den Dosenturm geworfen.
Wer zuerst die Summe aller umgeworfenen Dosen sagt, darf als Nächster werfen.

Spiegelschrift

Jedem Spieler wird ein Wort vorgegeben, das er in Spiegelschrift auf einen Zettel schreibt. Ob das Wort richtig geschrieben ist, kann man überprüfen, wenn es im Spiegel gelesen wird.

8-ung, 8-ung!

Die Spieler erzählen oder lesen sich eine Geschichte vor, in der kein Zahlwort vorkommen darf:
nicht **ein/eine/eins, nicht zwei, drei, vier und nicht acht**, z.B. in N(acht) oder gem(acht).
Das ist ganz schön schwierig, auch für die Zuhörer. Denn die müssen genau aufpassen.
Wer sich verspricht, muss mit dem Erzählen aufhören und der Nächste darf weitermachen.

Gute N8!

Kinder-theater auf der CD-ROM!

Würfel-Bild

Material:
Zeichenpapier
schwarzer Filzschreiber
Buntstifte oder Fasermaler
zwei Würfel

1. Auf ein großes Blatt Papier mit schwarzem Filzschreiber ein Schulhaus oder ein Schloss mit vielen Türmchen oder ein anderes Motiv malen. Damit beim Ausmalen der Tisch nicht bekleckert wird, kann man vorher einen etwa 2 cm breiten Rand um das Bild ziehen.
2. Kreuz und quer über die Zeichnung viele Linien ziehen, sodass das Motiv in viele kleine Kästchen zerteilt wird.
3. In jedes Kästchen eine Zahl von 2 - 12 schreiben oder Würfel-Punkte hineinmalen.

Spielregel:
Jetzt wird reihum gewürfelt. Wer seine Zahl laut gesagt hat, darf sich eine Farbe aussuchen und ein Kästchen mit der passenden Zahl ausmalen.
Dabei entsteht ein tolles Bild, das man sich zur Erinnerung bestimmt gerne aufhängt, besonders wenn alle Gäste noch ihren Namen daraufgeschrieben haben.

Spiele

Buchstaben würfeln

10 Pappwürfel basteln (direkt von der CD-ROM auf festem Papier ausdrucken und ausschneiden) und die Flächen mit dem ABC beschriften: Auf die 60 Flächen passt 2 x das ganze Alphabet.
- Auf die übrigen Flächen schreibt man noch 2 x E und 2 x R.
- Jetzt werden die Würfel zusammengeklebt.
- Auf Kommando wird mit allen 10 Würfeln gleichzeitig gewürfelt.

Aus den Buchstaben, die auf der Oberseite zu sehen sind, müssen so viele Wörter wie möglich gebildet und aufgeschrieben werden.
Vor dem nächsten Wurf lesen alle nacheinander ihre gefundenen Wörter vor. Richtige Wörter sind 1 Punkt wert.
Sieger ist, wer zum Schluss die meisten Punkte sammeln konnte.

Zählweg

Ein Rechenspiel für einen Spieler und viele Zuschauer:
Pappscheiben oder Bierdeckel bemalen oder mit Buntpapier bekleben, z.B. eine Seite grün, die andere blau, und auf jede Seite verschiedene Zahlen schreiben.
Der Spieler wirft eine Scheibe vor sich hin, merkt sich die Zahl und tritt darauf. Dann wirft er die nächste Scheibe, addiert die Zahl zur ersten Zahl und ruft laut das Ergebnis.
Die Zuschauer kontrollieren, ob es stimmt. Ruft keiner „Falsch", wird weitergehüpft. Wer sich verrechnet hat, scheidet für diese Runde aus und der nächste Spieler ist an der Reihe.
So wird's schwieriger: Liegt nach dem Werfen die blaue Seite oben, wird die Zahl vom bisherigen Ergebnis abgezogen.

Wörterweg

Hier geht es um Schnelligkeit im Denken.
Auf die Pappscheiben Buchstaben statt Zahlen schreiben oder kleben:
Das sind die Anfangsbuch-staben, mit denen ganz schnell Wörter gerufen werden müssen.
Wem kein Wort einfällt, der muss aufhören und der nächste Spieler ist dran.

> **„Reise um die Welt" auf der CD-ROM!**

> Herumhüpfen hilft beim Denken, besonders wenn bei der Hüpferei Überkreuzbewegungen mit Armen und Beinen gemacht werden. Das hilft, die beiden Gehirnhälften miteinander zu verkoppeln und die Gehirnzellen einzuschalten.
> Also: Zwischen den Spielen immer mal eine Hüpfrunde einlegen!

> **Würfelschnitt auf der CD-ROM!**

Zehn zahme Ziegen zogen zehn Zentner Zucker zum Zug.

Brautkleid bleibt Brautkleid und Blaukraut bleibt Blaukraut.

Zwanzig Zwerge zeigen Handstand; zehn im Wandschrank, zehn am Sandstrand. • Zwischen zwei Zwetschgenzweigen sitzen zwei zechenschwarze tschechisch zwitschernde Zwergschwalben. • Fischers frisch frisierter Fritze frisst frisch frittierte Frisch-Fisch-Frikadellen. • Der mopsgedackelte Windhundspudel traf einen windhundsgepudelten Dackelmops.

Mit K bin ich ein Tier, mit H fehlt die Hälfte mir!
Mit B ist man ein Lümmel, ohne B fliegt man im Himmel!
Warum legen die Hühner Eier?
Wann sagt ein Indianer „Guten Morgen"?
Was will ein jeder werden und doch nicht sein?

Das große Wissensquiz

Quizfragen kann man sich selber ausdenken. Oder man schaut in ein Lexikon. Dort findet man tolle Wörter und ihre Bedeutung. Dann noch 2 falsche Antworten ausdenken und die Fragen mit den 3 Antworten auf kleine Kärtchen schreiben – schon ist das Quiz fertig!
Reihum darf jeder ein Kärtchen ziehen. Der Spielleiter liest die Antwort vor und verteilt die Punkte: z.B. Spielgeld, Nüsse und andere Dinge.
Tipp: Alle Kärtchen nummerieren und alle Fragen und richtigen Antworten zum Nachprüfen in eine Nummernliste schreiben.

> Wie viele Strophen hat die griechische Nationalhymne?
> - 32
> - 96
> - 158

> Wie viele Meter Nylonfaden werden für eine Damenstrumpfhose verstrickt?
> - 2000 Meter
> - 5000 Meter
> - 7000 Meter

> Was sind die Malediven?
> - eine Krankheit
> - eine Inselgruppe
> - Südfrüchte

> **Rätsel- und Quizkärtchen zum Ausdrucken auf der CD-ROM!**

Wer hört alles und sagt nichts?
Was muss man unbedingt tun, bevor man aufsteht?
Es hat viele Blätter und ist doch kein Baum?
Womit fängt der Tag an und hört die Nacht auf?
Welches Tier geht in Hemd spazieren?

Rezepte

Einmaleins-Plätzchen

EINMALEINS-PLÄTZCHEN

Die sind nicht nur zum Essen da! Vor dem Vernaschen kann man lustige Rechenspiele damit machen:
Zwei Kinder zeigen sich ihre Plätzchen. Wer zuerst die Summe der beiden Plätzchen sagt, darf seines aufessen. Der Verlierer muss sich einen neuen Rechenpartner suchen, bevor er naschen darf.

Zutaten für den Teig:
250 g Weizenmehl
1 Messerspitze Backpulver
80 g feiner Zucker
1 Päckchen Vanillezucker
1 Prise Salz
130 g weiche Butter oder Margarine

für die Glasur:
200 g Puderzucker
3 EL Zitronensaft
Lebensmittelfarbe und zum Verzieren: bunte Streusel, Smarties, bunte Herzchen, Gummibärchen, Pistazienkerne, Schokostreusel, Hagelzucker und alles, was lustig aussieht.

1. Mehl und Backpulver mischen und in eine Rührschüssel sieben.
2. Die übrigen Zutaten hinzufügen und alles zu einem krümeligen Teig verkneten.
3. Den Teig etwa 2 Stunden im Kühlschrank ruhen lassen.
4. Die Arbeitsfläche mit Mehl bestäuben und darauf kleine Würstchen rollen, aus denen die Zahlen geformt werden.

Backen: 10 bis 15 Min. bei 180 °C.
Glasur: Puderzucker mit Zitronensaft und Lebensmittelfarbe verrühren, bis die Masse cremig ist. Notfalls noch ein paar Tropfen Wasser zugeben.
Die Plätzchen damit bestreichen und gleich die Dinge zum Verzieren hineindrücken.

VERZÄHL-DICH-NICHT-EINTOPF

Zutaten:
1 Kohlrabi
2 Zwiebeln
3 Stangen Lauch
4 Petersilienwurzeln
5 Möhren
6 Kartoffeln
7 Häufchen grüne Bohnen
8 Esslöffel Erbsen
9 ???
10 ??? ← *(bestimmt fällt den Köchen etwas Passendes ein!)*
11 ???
Salz
½ Liter Brühe
50 g Speck zum Anbraten
50 g Speck zum Anrichten
Petersilie zum Garnieren

1. Das Gemüse putzen und in dünne Scheiben schneiden.
2. Die Zwiebeln und den Speck in feine Würfel schneiden, in einen heißen Topf geben und glasig dünsten.
3. Das Gemüse lagenweise in den Topf schichten und mit Salz würzen.
4. Zuletzt die Kartoffelscheiben obendrauf legen.
5. Die heiße Brühe seitlich in den Topf gießen, Deckel drauf und das Gemüse bei mäßiger Hitze weich dünsten.

Den Eintopf mit viel Petersilie und gerösteten Speckwürfeln servieren.

WÜRFELBROT

Der Tisch wird festlich gedeckt und viele Teller werden in die Mitte gestellt.
Auf jedem Teller liegt etwas anderes zu essen: Brot, Butter, Wurst, Schinken, Käse, Tomatenscheiben, Melonenstücke, Quark und andere Leckereien. An jeden Teller kommt ein Nummern-Schildchen (2 - 12).
• Es wird mit zwei Würfeln reihum gewürfelt. Die erwürfelten Speisen dürfen auf den eigenen Teller gelegt und aufgegessen werden.
Man kann sich auch eigene Würfel-Brot-Spielregeln ausdenken!

GEHEIMNISVOLLES BUCHSTABEN-ORAKEL

Reichlich Russisches Brot auf einen Teller in die Tischmitte legen und mit einem Tuch abdecken. Reihum zieht jeder in 3 Runden jeweils 5 Buchstaben, legt sie vor sich ab und versucht, damit ein Wort zu bilden. Übrige Buchstaben können auch unter den Mitspielern getauscht werden.
Hat jeder sein Wort gefunden, wird reihum **gemeinsam** überlegt, was dieses Wort für die Zukunft bedeuten könnte.
Beispiele:
Himmel: Eine Flugreise steht bevor.
Hund: Achtung! Nicht in Hundeminen treten!
Käse: Zeit zum Sockenwechseln.
Regen: Segen kommt von oben!

STUDENTENFUTTER

Walnüsse, Haselnüsse und Mandeln mit Rosinen mischen. Man kann auch Paranüsse, ungesalzene Cashewkerne, Erdnüsse oder in kleine Stückchen geschnittene Schokolade dazugeben.

Studentenfutter, auch Pfaffenfutter genannt, kennt man schon seit dem 17. Jahrhundert. Diese „Schleckerey deutscher Gymnasiasten und Burschen" stärkt die Nerven und kräftigt den Körper bei allgemeinen Schwächezuständen.

Erfinder-Kinder
zu Besuch bei Professor Genius

Als Einladungen werden kleine, mit Namen beschriftete Notizblocks mit Bleistiften verschickt. Vorher wird auf das erste Blatt ein Rätsel geschrieben (siehe S. 134). Die Gäste müssen das Rätsel lösen und die Antwort als „Eintrittskarte" zur Party mitbringen.

Die Gäste werden gebeten, ein altes weißes Hemd vom Papa mitzubringen. Der Partyraum wird in ein keimfreies Labor verwandelt:

- Tapeziertische aufstellen, mit weißen Decken oder Folie abdecken.
- Darauf nebeneinander das Material für die geplanten Experimente bereitstellen und dazu jeweils die passende Beschreibung legen.
- Eine Maltafel oder eine große Pappe in Kästchen einteilen und die Kästchen der Reihe nach von oben nach unten mit 1, 2, 3 usw. beschriften. In die obere Kästchenreihe von links nach

rechts die Namen der Gäste schreiben. Nach Durchführung des Experiments kann jeder ein Kreuzchen in sein Feld machen und seine Notizen in seinen Block schreiben.

Sind die Wissenschaftler eingetroffen, ist der Spaß schon garantiert, denn sie müssen sich zuerst „keimfrei" verkleiden:

- Jeder zieht sein weißes Hemd mit den Knöpfen nach hinten an. Zu lange Ärmel kann man mit Gummiringen nach hinten schieben.
- Jeder steckt seine Schuhe in 2 Plastiktüten, die mit Schnur am Knöchel festgebunden werden und setzt eine Einweg-Duschhaube auf den Kopf.
- Als Krönung noch eine Papp-Brille aufsetzen, einen Bleistift hinter das Ohr klemmen und schon kann es losgehen!

Filtertüten-Blüten

Die Ecken von Kaffeefiltertüten in verschiedene flüssige Farbe tauchen oder mit einem dicken Pinsel große Tupfen auftropfen. Dann ein bisschen warten und schauen, was passiert. Wenn die Tüten schön bunt geworden sind, lässt man sie trocknen. Jetzt kann man sie falten und Blütenblätter einschneiden. Der Boden soll ganz bleiben!

Die Blüten kann man seinem Schatz schenken. Sie sind eine tolle Dekoration, wenn sie in grün bemalte oder beklebte Küchenpapierrollen gesteckt werden!

Experiment: Mehlkleister

1. Mehl wird mit wenig Wasser gemischt, bis eine zähe Pampe entstanden ist.
2. Die Pampe etwa 1 Stunde stehen lassen, bis sich der natürliche „Kleber", der im Mehl enthalten ist, mit dem Wasser verbunden hat.

Dann kann man damit Papier und Pappe kleben, kann ihn als Malgrund verwenden, sogar mit Lebensmittelfarbe einfärben und Strukturen einritzen. Für Mörtel wird er mit Sand oder kleinen Steinen vermischt – allerdings ist er nicht wetterfest!

Soll der Mehlkleister mit dem Pinsel aufgetragen werden, wird er mit wenig Wasser wieder verdünnt.

Als Fenstermalfarbe – besonders für Schneeflocken – eignet er sich wunderbar und lässt sich einfach mit warmem Wasser und einem Küchenschwamm wieder abwischen. In einem Schraubglas hält er sich eine ganze Weile, wenn er kühl steht.

Experiment: Salzbild

Man braucht dafür eine Packung billiges Salz, Farbpulver und leere Joghurt-Becher. In die Becher viele Löcher stechen, das Salz mit dem Farbpulver mischen und in die Becher füllen.

- Mehlkleister auf ein Blatt pinseln und solange er noch feucht ist, das farbige Salz darübersieben.

Wenn der Leim trocken ist, kann das überschüssige Salz wieder zurück in den Becherstreuer gefüllt und für ein weiteres Bild verwendet werden.

	Jonas	Ben	Fabian	Tom	Paul
1	×			×	
2		×	×		
3		×			×
4	×	×			×
5				×	×
6			×		
7					

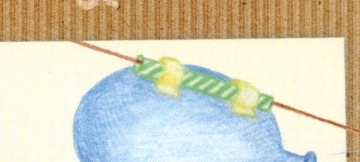

Experiment: Geheime Botschaften

4 Esslöffel Natron in 4 Esslöffel Wasser auflösen.

Mit der Lösung kann man mit einem Pinsel oder einem Wattestäbchen einen Text auf weißes Papier schreiben oder ein Bild malen. Nach dem Trocknen kann man das Papier falten.

Der Empfänger kann erst etwas sehen, wenn er mit Wasserfarbe über das Papier malt.

Mit Zitronensaft oder Essig und einer Schreibfeder auf weißem Papier schreiben.

Der Empfänger kann den Text erst dann lesen, wenn er den Brief erwärmt (heiß bügeln oder auf die Heizung legen).

Hallo, Jo

Experiment: Blubberpulver

Dafür braucht man Zitronensäure und Natron. Beides gibt es in der Apotheke oder im Supermarkt.

1. Von beiden Zutaten einen Esslöffel voll verrühren und die Mischung in den Schraubdeckel eines kleinen Twist-off-Glases füllen.
2. Ein Glas, das größer als der Schraubdeckel ist, mit Wasser füllen und mit ein paar Tropfen Lebensmittelfarbe oder Tinte einfärben.
3. Den Schraubdeckel im Wasserglas schwimmen lassen und einen tiefen Suppenteller, der so viel fasst, wie Wasser in das Glas passt, darüberdecken.
4. Den Teller fest auf das Glas drücken und beides ganz schnell umdrehen.

Wenn sich das Pulver im Wasser auflöst, beginnt es zu blubbern, bis alles Wasser aus dem Glas auf den Teller gedrückt ist.

Experiment: Ballon in der Flasche

Ein Luftballon soll in einer Flasche aufgepustet werden. Geht nicht?

Das kann auch nicht gehen, denn in der Flasche ist schon so viel Luft, dass die neue Pusteluft keinen Platz mehr hat.

Es gibt aber einen Trick, wie es doch funktioniert: Neben den Luftballon einen Trinkhalm stecken, durch den die Luft entweichen kann, während der Ballon aufgepustet wird.

Experiment: Sprudelbad

Mundstück: Einen kurzen Trinkhalm in einen Luftballon stecken und festkleben. Den Ballon aufblasen und den Trinkhalm umknicken, sodass nur wenig Luft entweichen kann.

Den Trinkhalm in eine Flasche stecken, die mit Wasser und Spülmittel gefüllt ist.

Experiment: Vulkan im Sandhaufen

1. Den Experimentiertisch mit Folie abdecken.
2. Einen Karton oder eine Plastikbox mit feuchtem Sand füllen und einen Vulkanberg formen.
3. Eine kleine Glasflasche zur Hälfte mit doppeltkohlensaurem Natron (gibt's in der Apotheke) füllen.
4. Eine Pappröhre in die Mitte des Vulkans stecken und die Flasche vorsichtig in die Röhre gleiten lassen, bis sie auf dem Sand aufsitzt.
5. Essig mit roter Lebensmittelfarbe einfärben und vorsichtig durch die Röhre in die Glasflasche gießen! **Jetzt schnell zurücktreten, bevor der Vulkan ausbricht!**

Experiment: Düsenantrieb

Das Experiment muss man zu zweit machen!

Einen langen glatten Garnfaden durch einen Trinkhalm ziehen und quer durch das Zimmer spannen.

Der Faden soll straff sein.

- Einer bläst einen Luftballon auf und hält die Öffnung zu, damit keine Luft entweichen kann.
- Der andere befestigt den Luftballon mit Klebestreifen am Trinkhalm.
- Auf Kommando (PUST – KLEB – SAUS) wird der Luftballon losgelassen und düst am Faden entlang durch das Zimmer.

Da guckt der Papa aber dumm, wenn plötzlich das Ei aus dem Frühstücksbecher hüpft …

Experiment: Das Gummi-Ei

Ein rohes Ei in ein Glas mit Essig legen und ein paar Stunden warten.

Der Essig löst die Kalkschale auf und nach ein paar Stunden ist sie ganz verschwunden.

Nur das zarte Eihäutchen, das unter der Schale ist, hält das Ei noch zusammen.

Man kann mit dem Hüpf-Ei fast so viele Dinge machen wie mit einem Gummiball: z.B. ein Schleifchen um den Bauch binden und es über den Tisch hüpfen lassen.

Achtung: Das Häutchen darf nicht beschädigt werden, sonst läuft das rohe Ei heraus.

Experiment: Riesengummi-Bärchen

Ein Gummibärchen in ein Glas Wasser legen. Ein paar Stunden später nachschauen, was passiert ist …

Krepp-Papier-Absperrband

Spiel-dich-fit-Nachmittag im Freien

Die Gäste werden gebeten, in Sportkleidung und Turnschuhen zu kommen.
Unsportliche Gäste werden, um Frust und Tränen zu vermeiden, gleich zu Beginn als Linienrichter oder Platzhelfer eingeteilt. Sie dürfen natürlich trotz ihrer Funktion an jedem Spiel teilnehmen, zu dem sie Lust haben.

Pokale

Der Hüpf-Kriech-Roll-Parcours

… macht Spaß und Muckies.
Zuerst wird festgelegt, wie groß der Parcours sein soll und welche Hindernisse und Spiele eingebaut werden sollen, z.B.
- über Hindernisse (Kartons, Softbausteine, Eimer, Bierbänke …) springen
- durch einen Tunnel (aus Stühlen und alten Decken oder Betttüchern bauen) kriechen
- mit Lauf-Dollies oder Stelzen ein Stück gehen
- auf dem Hüpfpferd oder dem Springball drei Runden um einen Baum oder ein aufgestelltes Hindernis hopsen
- drei Purzelbäume mit einem Hut auf dem Kopf machen
- 10 Bauch-Schwünge mit dem Hula-Hoop-Reifen
- einen großen Reifen mit einem Stöckchen ein paar Meter weit treiben
- zum Entspannen ein paar Minuten auf einem Trampolin springen

Man kann Freunde fragen, welche Spielgeräte sie mitbringen könnten.

Parcours aufbauen
Start und Ziel festlegen und falls nötig seitliche Begrenzungen anbringen.
Dazwischen verschiedene **Hindernisse** aufbauen, um die man herumgehen oder über die man springen muss: z.B. gefüllte Wassereimer und Plastik-Wasserflaschen, Bierbänke, nasse zusammengerollte Tücher, Autoreifen, über Stühle gelegte Besenstiele usw.

Start und Ziel
Je zwei große Plastikflaschen mit Wasser füllen:
- Die Startflaschen mit grüner und die Zielflaschen mit roter Lebensmittelfarbe oder Farbtabletten einfärben.
oder
- Banderolen aus buntem Papier um die Flaschen kleben.
oder
- Zuckertütchen aus buntem Papier basteln und auf die Flaschen setzen (siehe S. 131 und CD-ROM).

Parcours-Absperrungen
- Rot-weißes Absperrband aus dem Baumarkt
- Krepp-Papier-Streifen
- Wimpelketten (siehe S. 120)

Mannschaftskennzeichnung
- Filzstreifen in verschiedenen Farben um Arm oder Bein binden.
- Gesichter mit Streifen oder Punkten schminken.

Startnummern
Papierstreifen mit Startnummern beschriften, zusammenrollen und mit einem Gummiring fixieren. **Jetzt wird ausgelost:** Jeder darf seine Startnummer ziehen.
- Die Streifen um das Handgelenk legen und mit einem Klammerhefter zusammentackern.

Nach jeder erfolgreich durchlaufenen Spielstation wird das Armband mit einem Strich oder Kreuz gekennzeichnet oder abgestempelt.

Siegerehrung
Medaillen: Bierdeckel mit goldener, silberner und bronzefarbener Farbe bemalen, ein Loch hineinstechen und eine Schnur zum Umhängen festknoten.
Pokal: Einen Blumentopf, eine Blumenvase oder eine Papprröhre dick mit Alufolie umwickeln und dabei seitlich zwei Henkel abdrehen.

LECKEREIEN FÜR SPORTLER

Rezepte auf der CD-ROM.

QUARKAUFSTRICH

Zutaten:
500 g Quark
4 - 8 EL Sauerrahm, Dosenmilch oder Sahne
1 geraspelte Salatgurke
1 Zitrone
Dill, Salz und Pfeffer

Quark und Rahm (Milch, Sahne) verrühren. Die geraspelte Gurke und den klein geschnittenen Dill dazugeben. Die Zitrone ausdrücken und den Saft unterrühren. Mit Salz und Pfeffer würzen. Wer mag, kann noch zwei zerdrückte Knoblauchzehen hinzufügen.

KÄSEBUTTER

Zutaten:
120 g weiche Butter
125 g Quark
2 TL fein gehackte Zwiebeln
Salz und Paprikapulver nach Geschmack
etwas saure Sahne oder Joghurt

Die Butter mit dem Handmixer schaumig rühren und die übrigen Zutaten untermischen, bis eine streichfähige Masse entstanden ist.

DREIECKS-BROT

Je 2 quadratische Brotscheiben mit Frischkäse, Quarkaufstrich oder Käsebutter bestreichen.
Auf eine Scheibe ein gewaschenes, gut abgetropftes Salatblatt (Eissalat bleibt besonders lange knackig), eine Scheibe Käse und 2 - 3 dünn geschnittene Salatgurkenscheiben legen. Die zweite Brotscheibe auflegen und die beiden Brotscheiben diagonal in Dreiecke schneiden.
Mit Tomaten- oder Paprikastückchen und verschiedenen frischen Kräutern schmeckt der gleiche Brotbelag jedes Mal etwas anders.

SCHMECKERLECKER-HAUS

Das macht schon ein bisschen Arbeit. Allerdings vergisst diese Imbiss-Platte so schnell keiner. Und es kann passieren, dass sie schneller verputzt wird, als man sich vorstellen kann! Man braucht dafür ein Backblech, ein paar Scheiben Brot, viel verschiedenes Gemüse, Wurstscheiben und Käse in Würfeln und Scheiben. Alles, was der Kühlschrank hergibt, kann man verwenden: Frischkäse, Mozzarella, Weintrauben, Pfirsichstückchen, Radieschen, Maiskörner, Oliven und frische Kräuter. Damit alles noch knackig aussieht und auch schmeckt, wird das Backblech erst kurz vor dem Verzehr belegt.

Zuerst das Gemüse putzen:
• Petersilie waschen und klein schneiden
• Möhren putzen und in Stifte schneiden
• Bohnen weich kochen oder welche aus der Dose abgießen
• Salatgurken in dünne Scheiben schneiden
• Radieschen in Scheiben schneiden oder Röschen daraus schnitzen
• Käse, Äpfel, Pfirsiche in kleine Würfel schneiden
• Blumenkohlröschen abdrehen und in Salzwasser blanchieren
• ein gekochtes Ei in Scheiben schneiden

Jetzt kommt der kreative Teil:
Haus: Möhrenstifte als Haus in die Mitte des Backblechs legen.

KINDER-FIT-BOMBE

Kiwis und Orangen auspressen, mit der gleichen Menge Apfelsaft oder weißem Traubensaft mischen und mit Grapefruit- oder Zitronensaft würzen. Den Saft in gezuckerte Gläser füllen, einen Obstspieß hineinstecken und auf jedes Glas eine Kiwi- oder Orangenscheibe klemmen.
Gläser zuckern: Den Rand erst in Zitronensaft und gleich danach in Zucker in eine Schüssel mit Zucker tauchen.

Dach: zugeschnittene, mit Scheibenwurst belegte Brotscheiben
Tür: eine Scheibe Käse
Fenster: 2 Gurkenscheiben
Schornstein: ein Stück Käse
Wiese: Die Petersilie hinter dem Haus verteilen und um das Haus herum die Bohnen.
Garten: Die Fläche vor dem Haus mit „Blumen" auffüllen: Radieschen- und Gurkenröschen, Maiskörner, halbierte Cocktailtomaten …
Weg: „Steine" aus Käse-, Kürbis- oder Apfelstückchen legen.
Baum: Ein Wurzelpetersilienbaum steht neben dem Haus.
Wolken: Blumenkohlwölkchen fliegen um die Eierscheiben-Sonne, die bestimmt jeder zuerst essen will! Deshalb noch ein paar Ersatzsonnen schneiden, damit jeder eine abbekommt.

Serviert wird das Schmecklecker-Haus mit verschiedenen Soßen: Mayonnaise, Remoulade, Cocktail-, Knoblauch- oder Currysoße. Dazu gibt es Brot mit Käse oder Kräuterbutter.

OBSTSPIESSE

Verschiedene Obststücke (Weintrauben, Mandarinen- und Apfelscheiben, Bananenstücke, Kirschen) auf Schaschlikstäbchen spießen.

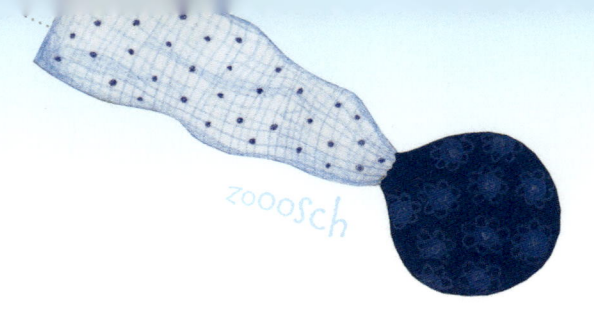

zooosch

schnuppp

Schweifbälle

... aus Tennisbällen:

- In ausgediente Tennisbälle mit dem Cutter einen kleinen Schlitz schneiden.
- In den Schlitz ein kleines Seidentuch oder bunte Stoffstreifen stecken.

... aus Socken:

Zeitungspapier rund knüllen und die Spitze eines Sockens damit ausstopfen.
Die Kugel mit Schnur fest abbinden, den Socken umstülpen und wieder abbinden – noch einmal umstülpen und abbinden, bis nur noch ein kleines Stück Strumpfbein übrig ist.
Das übrige Strumpfbein fest mit Schnur einwickeln, dabei ein paar bunte Stoffstreifen als Schweif mit einbinden.

Schweifball über die Schnur

Es wird eine Schnur gespannt. Auf jeder Seite der Schnur steht eine Mannschaft in einer Reihe hintereinander.

- Der Vordermann einer Mannschaft wirft. Der Vordermann der anderen Mannschaft muss den Ball fangen und darf gleich wieder zurückwerfen. Dann rennt er nach hinten und stellt sich hinten an.
- Jetzt ist der Zweite dran. Das Spiel ist aus, wenn der Erste wieder vorne an der Schnur steht.

Meiner

Drei Werfer mit Schweifbällen und drei Fänger mit Küchensieben stehen sich an einer Linie mit mindestens 2 m Abstand gegenüber. Die Werfer werfen die Schweifbälle gleichzeitig kreuz und quer in Richtung der Fänger.

- Wer einem Ball am nächsten steht, ruft „Meiner" und hält sein Küchensieb so, dass der Ball hineinfliegt.

Werden in einer Wurfaktion alle drei Bälle aufgefangen, tauschen die Werfer mit den Fängern.

Ballspiele

Herumballern macht Spaß

Kinder, die noch nicht so gut fangen können, spielen mit einem Luftballon.
Der fliegt langsamer und man hat mehr Zeit zum Schauen und Reagieren. Außerdem tut es nicht weh, wenn man getroffen wird. Fast genauso leicht ist ein aufblasbarer Springball, aber er fliegt ein bisschen schneller.

Zehnerle

Das ist ein tolles Spiel zum Fangenüben und man kann es auch alleine spielen.
Man muss die ganze Aufgabenliste von vorne bis hinten durchspielen. Wer einen Fehler macht oder den Ball nicht fängt, muss wieder von vorne anfangen.

So wird der Ball an die Hauswand geprellt:

- 10 x mit der rechten Handfläche nach oben
- 9 x mit der linken Hand nach unten
- 8 x mit der rechten Faust
- 7 x mit gefalteten Händen
- 6 x mit einem Knie
- 5 x mit dem Rücken
- 4 x mit flach aneinandergelegten Händen
- 3 x mit dem Kopf
- 2 x mit der Brust
- 1 x mit beiden Händen. Dabei muss man sich umdrehen und den Ball rückwärts auffangen.

Man kann sich auch andere Wurfarten ausdenken, z.B. durch das angehobene Knie durchwerfen, hinter dem Rücken werfen oder den Ball mit verschränkten Händen auffangen.

Verliebt, verlobt, verheiratet

Im Kreis aufstellen und den Ball reihum zuwerfen. Wer den Ball einmal fallen lässt, ist „verliebt", wer ihn zweimal fallen lässt, ist „verlobt", wer ihn dreimal fallen lässt, ist „verheiratet" und beim vierten Mal hat der Spieler ein „Kind".

- Bis zu 20 Kinder darf man haben, dann muss er/sie ausscheiden.
- Wie viele Kinder jeder haben darf, kann man natürlich auch vorher festlegen.

Der Letzte, der übrig bleibt, ist der Sieger.

Ringe werfen

Mehrweg-Flaschen mit Wasser füllen und mit Lebensmittelfarbe – für jede Punktzahl eine andere – einfärben. Die Flaschen verschließen und mit Abstand aufstellen.

Wurfringe aus Verpackungskartons schneiden oder aus Zweigen binden und mit Krepp-Papierstreifen umwickeln.

Die Ringe über die Flaschen werfen und die getroffenen Punkte zusammenzählen.
Wie viele Punkte ein Wurf wert ist und mit welchem Abstand geworfen wird, hängt von der Größe der Ringe ab und wird vorher festgelegt.
Sieger ist, wer die meisten Punkte erzielt hat.

Noch mehr Wurfspiele, z.B. mit Wasserbomben, siehe S. 119: Jahrmarkt.
Tipp: Statt Wasserbomben nasse Küchenschwämme oder verknotete Filzplatten werfen!

Pi-Pa-Pappkarton-Golf

- Die langen Deckellaschen von verschieden großen Pappkartons abschneiden.
- Die Innenseiten der Seitenlaschen bunt bemalen und mit Punktzahlen beschriften.
- Die Kartons mit Abstand auf den Boden stellen und die Seitenlaschen aufklappen.
- Mit einem Schrubber oder Besen von einer Ziellinie aus Bälle in die Kartons schießen und die getroffenen Punkte zusammenzählen.

Jonglierbälle selber machen!

Drei verschiedenfarbige Luftballons ein bisschen aufblasen und die Luft wieder entweichen lassen.
- Einen kleinen Trichter in einen Luftballon-Hals stecken und Sand oder Reis hineinrieseln lassen, bis er rund und voll ist.
- Den Luftballon verknoten.
- Mit der Schere kleine Löcher in die beiden anderen Luftballons schneiden und die Hälse dort abschneiden, wo die Rundung beginnt.
- Die zerlöcherten Luftballons über den gefüllten Ball ziehen.

Jonglieren – kurze Anleitung für Anfänger

- Locker und entspannt hinstellen. Die Ellenbogen liegen leicht am Körper, die Unterarme sind ungefähr in Bauchhöhe.
- Zuerst mit **einem Ball** üben: Den Ball aus der rechten Hand in einem Bogen so nach links werfen, dass er genau auf die Mitte der linken Handfläche herunterfällt.
- Ball auffangen und die Wurfhand wechseln.
- Klappt die Bewegung, kommt der **zweite Ball** dazu:
  Während der erste Ball seinen höchsten Punkt erreicht hat (ungefähr Kopfhöhe), wird der zweite Ball in einem Bogen nach rechts unter dem 1. Ball hindurchgeworfen. Den 1. Ball mit der linken und den 2. Ball mit der rechten Hand auffangen.
- Wenn das klappt, kommt der **dritte Ball** dazu:
  Zuerst sind 2 Bälle in der rechten und 1 Ball in der linken Hand.
- Erst die beiden rechten Bälle werfen, den 2. kurz nach dem ersten. Dann den linken Ball werfen.
- Jetzt abwechselnd mit der rechten und linken Hand werfen und immer schön im Rhythmus bleiben.
  Dazu kann man im Viervierteltakt zählen:
  1 – 2 – 3 – 4 – 1 – 2 – 3 – 4
  oder laut im Rhythmus sagen:
  WURF WURF WURF WURF – WURF WURF WURF WURF
  Auch ein Wort mit 4 Silben hilft, den Rhythmus zu halten:
  z. B. ERD – BEER – KU – CHEN – ERD – BEER – KU – CHEN
  Der Ball geht immer zur Hand, niemals die Hand zum Ball!

Rennen, hüpfen, fangen, springen ...

Wettlauf der gigantischen Großfuß-Echsen

Die Gegner ziehen Schwimmflossen statt Schuhe an und liefern sich ein Zeit- oder Hindernisrennen.

Terror im Teich

Die Ente zieht Schwimmflossen und der Frosch grüne Gummihandschuhe an die Füße.
Die Ente will den Frosch fangen. Weil aber die Ente watscheln und der Frosch hüpfen muss, ist das gar nicht so einfach.

Sumpfüberquerung

Bierdeckel sind die Trittsteine, auf denen der Sumpf überquert werden muss.
Jeder Spieler hat 10 Steine und wirft einen vor sich hin, tritt mit dem Fußballen darauf und bleibt auf einem Bein stehen.
Das gibt 1 Punkt.
Dann wird der nächste Stein geworfen und so weiter, bis alle Deckel aufgebraucht sind.
Immer, wenn der andere Fuß den Boden berührt, wird 1 Punkt abgezogen.
Wer die meisten Punkte erreicht, ist Sieger.
Als **Wettspiel** gespielt, gewinnt der, der zuerst über alle Trittsteine gelaufen ist, ohne mit dem zweiten Fuß den Boden zu berühren.

Dingdongdilli-Jagd

Das gefährliche Dingdongdilli muss endlich gefangen werden.
Das gelingt aber nur, wenn man auf seinen Schwanz tritt.
Für den Dingdongdilli-Schwanz eine lange Luftmaschenschnur mit dem Finger häkeln und an ein Ende ein Stückchen Stoff knoten.
Das andere Ende bindet sich ein Spieler um den Bauch.
Wer das Dingdongdilli sein darf, wird ausgelost.
Während die anderen Spieler versuchen, auf den Schwanz zu treten, müssen sie höllisch aufpassen, denn wer vom Dingdongdilli berührt wird, muss erstarrt stehen bleiben.

Schlangenlauf

Alle Spieler stellen sich hintereinander auf.
Jetzt werden alle rechten Füße mit einem langen Stück Hüpfgummi verbunden.
Das gleiche passiert mit den linken Füßen.
Die Schlange muss nun so schnell wie möglich eine kurvige Strecke ablaufen.
Der vordere Spieler bestimmt den Weg.

Teddybär, dreh dich um

Zwei Spieler halten ein langes Springseil fest und schwingen es in weitem Bogen. Während das Seil oben ist, springt ein Springer oder zwei, die sich an den Händen fassen, hinein.
Die Seilschwinger sprechen jetzt im Schwungrhythmus:

Teddybär, Teddybär, dreh dich um,
Teddybär, Teddybär, mach dich krumm.
Teddybär, Teddybär, hüpf nur zu,
Teddybär, Teddybär, wie alt bist du?
1, 2, 3, 4, 5, 6, 7 ...

Jetzt wird so lange weitergezählt, bis die Springer einen Fehler machen.
Wer das Seil berührt, scheidet aus.

Salat

Auch bei diesem Springseil-Vers kommt es darauf an, wer am längsten fehlerfrei springt:

Salat, Salat,
ich esse gern Salat!
Im Januar,
Februar,
März, April ...

Alte Kinderspiele auf der CD-ROM!

Jetzt werden alle Monate aufgezählt. Wenn es der Springer länger schafft, wird bei Januar wieder angefangen.

Sackhüpfen

Die Spieler bilden 2 Mannschaften und stellen sich in einer Reihe hintereinander auf. Jede Mannschaft erhält einen Kartoffelsack. Der erste in jeder Reihe steigt in den Sack und hüpft eine mit Stoffstreifen oder Fähnchen markierte Strecke entlang, in die auch ein paar Hindernisse eingebaut sind.

Dann hüpft er wieder zurück zum Start, steigt aus dem Sack und stellt sich hinten an.

Der Zweite steigt schnell in den Sack und hüpft los usw.

Sieger ist die Mannschaft, die den Durchgang am schnellsten geschafft hat.

Doppelhüpfer

Zwei Spieler stehen nebeneinander und verbinden die beiden mittleren Füße mit einem Stück Hüpfgummi.

Auf los geht's los! Der Hüpf-Parcours ist mit allerhand Hindernissen bestückt worden: gefüllte Wassereimer, Bierbänke, nasse Fußmatten usw., über die die Spieler gemeinsam steigen oder auf denen sie balancieren müssen.

Wenn die Strecke gemeinsam bewältigt wurde, ist das nächste Spielerpaar an der Reihe.

Doppelte Gaudi: Doppel-Sackhüpfen

Zwei Kartoffelsäcke seitlich aneinandernähen.

Zwei Kinder steigen ein und hüpfen gleichzeitig eine Strecke entlang.

Doppelsackhüpfen

Wer hüpft am höchsten?

Wer kann hüpfen wie ein Frosch, ein Känguru, ein Affe, ein Hase oder gar wie eine Bachstelze oder ein Floh?

Die Affen rasen durch den Wald

Dafür braucht man einen Spielleiter mit einer Trillerpfeife.

Alle stellen sich im Kreis auf. Der Spielleiter pfeift und macht eine Übung vor, die alle gleich mitmachen müssen. Pfeift er das zweite Mal, kommt die nächste Übung dran … usw.

Hier ein paar Beispiele für Übungen:

- **Zappel-Philipp**: zum Aufwärmen mit Armen und Beinen wackeln und locker werden.
- **Hampelmann**, wo bist du?: Ein paarmal wie ein Hampelmann hüpfen, dann den Oberkörper nach unten hängen lassen und durch die Beine nach hinten gucken.
- **Die Affen rasen …**: Im Kreis hintereinanderher rennen und dabei schreien.

- **Taube auf dem Dach**: Vorsichtig einen Fuß ganz gerade vor den anderen setzen.
- **Huckepack**: Zwei Spieler nehmen sich Rücken an Rücken Huckepack und schaukeln mehrmals hin und her.
- **Storch im Salat**: Alle laufen vom Kreis zur Mitte und wieder zurück und ziehen dabei die Knie so hoch es geht.
- **Kaugummi**: Zwei Spieler fassen sich an den Händen und ziehen in die entgegengesetzte Richtung.
- **Müder Bär**: Jeder dehnt und streckt sich und gähnt nach Herzenslust.
- **Tutto kaputto**: Alle legen sich hin und entspannen sich.

Spiele zur Entspannung gibt es auf Seite 10.

Spiele zur Entspannung gibt es auf Seite 10.

20 lustige Spiel-Aktionen mit einem Wurf: Bastelanleitung für die Spiel-mit-Kugel auf der CD-ROM!

Galoppiere wie ein Pferd und wiehere!

Mache 6 große Känguru-Sprünge!

Watschle 20 Schritte und quake dabei wie eine Ente!

Gulaschsuppe 1,50
Kinderpunsch 0,50
Fladenbrot 1,-

Draußen feiern – nur im Sommer?

Ideen für ein vergnügliches **Fest in Schnee und Eis** mit Minigolf und Schneebar, mit Eisbeleuchtung, Schneemann-Modenschau und Eisbildhauern, Bibbermusik und leckerem Kinderpunsch gibt es auf der CD-ROM!

IN DIESER REIHE SIND BEREITS ERSCHIENEN:

Band I

Die Sachenmacher-
Bastelwerkstatt
Band 1
Buch + CD-ROM

ISBN 978-3-9811077-6-0
Bestell-Nr.: 076-804

Band II

Die Sachenmacher-
Bastelwerkstatt
Band 2
Buch + CD-ROM

ISBN 978-3-9811077-5-3
Bestell-Nr.: 077-915

**Weihnachts-
werkstatt**

Die Sachenmacher-Weihnachtswerkstatt
Buch + CD-ROM

ISBN 978-3-9811077-7-7
Bestell-Nr.: 076-802

**Herbst-
werkstatt**

Die Sachenmacher-Herbstwerkstatt
Buch + CD-ROM

ISBN 978-3-9397761-0-9
Bestell-Nr.: 636-779

**Kinder-
Feste**

Die Sachenmacher:
Ideenbuch Kinderfeste
Buch + CD-ROM

ISBN 978-3-941805-38-5
Bestell-Nr.: 070-383

**Frühlings-
Werkstatt**

Die Sachenmacher-Frühlingswerkstatt
Buch + CD-ROM

ISBN 978-3-941805-40-8
Bestell-Nr.: 070-379

Das enthält die beiliegende CD-ROM:

- Checkliste für Feste
- Kinderfest-Rezeptkartei
- Lieder und Gedichte
- Kindertheater
- Rätsel und Zungenbrecher
- Kinder- und Abzählreime
- Musikinstrumente selber machen
- Wissenswertes zu folgenden Themen:
  - Farben machen
  - Maltechniken
  - Modellieren
  - Flechten
  - Kerzen machen
  - Filzen
  - Holzbearbeitung
  und noch viel mehr

... sowie alle Schnittvorlagen!

Die in diesem Ideenbuch verwendeten Materialien können Sie bestellen bei:

Wehrfritz

August-Grosch-Straße 28 - 38
96476 Bad Rodach

E-Mail: service@wehrfritz.de, service@wehrfritz.at
www.wehrfritz.com
Bestell-Hotline Deutschland: 0800 9564956
Bestell-Hotline Österreich: 0800 8809400

JAKO·O
Kindersachen mit Köpfchen!

Werner-von-Siemens-Straße 23
96476 Bad Rodach

www.jako-o.de